高等院校学前教育
专业创新型系列教材

幼师说课和试讲技能训练

赵敏晅 主 编
杨美男 阳德华 董艳娇 张秋菊 杨 薇 副主编

清華大學出版社
北 京

内容简介

本书旨在加强幼儿教师及在校师范生对说课原理的理解和试讲技能的提高，培养幼儿教师或在校师范生说课及试讲所必须具备的基本知识和专业能力，引导幼儿教师及在校师范生在说课、试讲的实践训练中不断研究和学习，提升其教育、教学能力，促进幼儿教师的专业成长。

本书可作为各级各类师范院校学前教育专业的教材，也可作为幼儿园教师培训教材。此外，还可供广大的幼教工作者阅读和参考。本书配套课件和教学视频，扫描书中二维码可参考使用。

图书在版编目(CIP)数据

幼师说课和试讲技能训练/赵敏晅主编．—北京：清华大学出版社，2022.5(2024.7重印)
高等院校学前教育专业创新型系列教材
ISBN 978-7-302-60762-5

Ⅰ．①幼…　Ⅱ．①赵…　Ⅲ．①学前教育－课堂教学－教学法－高等学校－教材　Ⅳ．①G612

中国版本图书馆 CIP 数据核字(2022)第 076095 号

责任编辑：张　弛
封面设计：于晓丽
责任校对：刘　静
责任印制：曹婉颖

出版发行：清华大学出版社
网　　址：https://www.tup.com.cn，https://www.wqxuetang.com
地　　址：北京清华大学学研大厦 A 座　　**邮　　编**：100084
社 总 机：010-83470000　　**邮　　购**：010-62786544
投稿与读者服务：010-62776969，c-service@tup.tsinghua.edu.cn
质量反馈：010-62772015，zhiliang@tup.tsinghua.edu.cn
课件下载：https://www.tup.com.cn，010-83470410
印 装 者：北京嘉实印刷有限公司
经　　销：全国新华书店
开　　本：185mm×260mm　　**印　　张**：12　　**字　　数**：273 千字
版　　次：2022 年 7 月第 1 版　　**印　　次**：2024 年 7 月第 5次印刷
定　　价：49.00 元

产品编号：087331-01

前　言

幼儿教师是履行幼儿园教育工作职责的专业人员，是需要经过严格的培养与培训，具有良好的职业道德，掌握系统的专业知识和专业技能的专业人员。无论作为一线幼儿教师还是在校师范生，说课与试讲技能都是其专业能力中的重要组成部分。目前，说课和试讲广泛应用于幼儿教师招聘选拔、幼儿园日常教研、幼儿教师教学技能比赛、幼儿教师在职培训等。在培养幼儿教师的各级各类师范院校或职业院校中，说课和试讲训练是学生必须掌握的教学技能之一，也是人才培养的重要组成部分。所以，无论是一线幼儿教师还是在校师范生，都有必要学习和掌握说课与试讲的理论和技能，从而丰富其专业知识和提高其专业能力。因此，本书从幼儿教师或即将走上工作岗位的师范生的角度，紧紧围绕幼儿教师在如何准备不同类型的说课、试讲的相关技能与技巧等方面内容进行编写。

本书共包含九章，第一章至第五章为说课篇，第六章至第九章为试讲篇。其中，说课篇：第一章介绍了说课概述；第二章介绍了幼儿教师说课技能；第三章介绍了不同类型的说课技巧；第四章介绍了说课评价；第五章列举了幼儿园说课案例。试讲篇：第六章介绍了试讲概述；第七章介绍了试讲的流程与内容；第八章介绍了试讲的策略与注意事项；第九章列举了幼儿园活动设计案例。

本书的特色是理论指导实践，实践丰富理论。章节精简，条理清晰，从说课篇、试讲篇两大部分展开讲解，先理论，后实践，再反思。幼儿教师说课与试讲技能，是幼儿教师从师任教的行为方式，决定了幼儿教师是否能在了解幼儿的心理发展和年龄特征的前提下，实施有效且有意义的教学活动。培养幼儿教师说课试讲职业技能的目的是教会幼师如何与幼儿进行有效互动。说课和试讲技能培养的核心是通过学习和练习，将教学活动的内容内化为自身的职业素养，通过建构设计思路，形成有效的教育教学行为方式。书中运用了大量的五大领域优秀说课案例和活动设计案例来阐述幼儿园说课及试讲的程序、方法和应注意的问题，力求体现说课和试讲理论与实践紧密结合，具有较强的知识性、实用性和可读性。本书力求成为一本对幼儿教师有参考价值，对在校师范生有示范作用，其理论性、技术性、针对性、实践性、示范性强的幼儿教师教学和实习实训指导用书。此外，本书还配备了部分优质说课试讲的完整视频，供读者参考。

特别感谢阳德华老师对本书编写提出的宝贵建议。本书由赵敏晅担任主编，杨美男、阳德华、董艳娇、张秋菊、杨薇担任副主编。杨尘、张玲、漆心玫、唐小燕、游丹、冯丽、万艺、陈洪义等参加编写。赵敏晅完成全书的框架结构、体例编排、通稿、校稿及组织说课试讲案例视频的录制。本书编写分工为：赵敏晅编写前言、第一章；杨美男编写第二章；张秋菊编写第三章；杨薇编写第四章；杨尘、张玲、漆心玫、唐小燕等编写第五章；董艳娇编写第六～八章；游丹、冯丽、万艺、陈洪义等编写第九章。第五章、第九章配套的说课、试讲视频由赵敏晅带领成都师范学院2018级学前教育专业吕红梅、王中玉等30名同学共同参与录制。本书的内容与观点是编写团队关于幼儿教师说课试讲训练技能问题的阶段性探索和思考，在编写过程中，编写成员虽投入大量心血和精力，由于时间和水平有限，难免存在诸多不足之处，希望各位同行、专家、读者提出宝贵意见，予以批评、指正。

编　者

2022年6月

教学课件

目　录

第一章 说课概述

第一节 说课的基本知识

一、说课的由来

1987 年年底，河南省新多市红旗区为参加市“教坛新秀的评比”，需要选出本区的参赛人员，但因时值期末，时间紧，任务重，课程已经结束，采用上课评比的方式选出参赛人员已没有足够的时间和条件来完成。这时有教师提出推选几节课，重点听一听教师的课堂设计和教学思路。大家听后都认为这种方式既省时、高效、简便易行，还能考评出教师的业务素质、专业素养、理论水平和教学能力。于是，借鉴戏剧界导演给演员“说戏”一词，把这种教研活动取名为“说课”。红旗区及时抓住这偶然一得，经过几年的试验、研究和推广，最后完成了由偶然到必然、由感性到理性、由自发到自觉、由生疏到成熟的转变，形成了一套完整的说课体系并迅速在全省乃至全国得到推广和普及。1992 年，全国说课协会在河南省新乡市成立。1993 年 11 月，全国第一部说课专著《说课探索》出版发行，随后出版和发表了多部相关著作和文章，召开了多次全国性的会议。这种新形式受到了各教研室和学校的好评。

教育工作者不断地学习和实践，促进了“说课”形式不断成熟，直至 20 世纪 90 年代，说课在教育领域得到广泛应用，各地各级各类学校逐渐开展有利于提高教师专业能力的说课活动。实践证明，说课活动有效地调动了教师投身教学改革，学习教育理论，钻研课堂教学的积极性。如今，说课被广泛地应用于一线教师日常教研和教师培训与评比活动中，是培养造就研究型、学者型青年教师的最好途径之一。在师范生培养过程中，说课也是师范生培养必须掌握的一项教学技能。在全国各省市及学校的教师招聘中，也把说课作为面试教师的一种方式。

二、说课的理论依据

说课是用教育控制论指导教学的一种表现和实践。自1948年美国数学家维纳创立控制论以来，经过半个世纪的发展，这一科学理论被广泛地运用于工业生产、交通运输、军事、教育等各个方面。德国大学教授弗兰克博士于1962年提出了教育控制论。该理论的提出是控制论在教育领域里的实践和应用，对教育教学产生了积极影响。弗兰克博士最早提出"空间形式"这个概念并产生了深远影响。他主张建立六维空间，认为教育教学是由六个相互影响和制约的因素构成的，只要对这六个因素施以影响和控制，就能有效地改善教育教学。这六个因素包括：教学目的、教学内容、教学方式、教学媒介、心理环境、社会环境。

那么，如何更好地对这六个因素加以控制和施以影响呢？"说课"为这种控制和影响提供了条件和机会。说课就是教育控制论在教学上的具体应用。说课是教育者经过对教材的深入研究，从这六个方面对教学进行控制和影响，使整个教学活动、教学过程目的更明确，内容更充实，方法更灵活，教学手段、教学环境与学生的实际更相符，是教育控制论教育教学上的具体应用。

三、说课的含义

说课就是教师口头表述具体课题的教学设想及其理论依据，也就是授课教师在备课或上课的基础上，面对同行或教研人员，主要运用口头语言或辅助手段，阐述某一学科课程或某一具体课题的教学设计（或教学得失）及理论依据，并与听者一起就课程目标的达成、教学流程的安排、重难点的把握及教学效果与质量的评价等方面进行预测或反思，共同研讨进一步改进和优化教学设计的教学研究过程。

简单地说，说课就是说说你是怎么教的，你为什么要这样教。对于职前教师和师范生来说，"说课"的目的重在培养理论联系实践的能力，强化教育教学的目标意识，培养其分析与表达能力。

四、说课的性质

（一）科学性

在说课中，重点是要说清楚其教学构想、设计思路，同时需要说明为什么要这么做，也就是要求教师以科学的教育理论为支撑，对教育现象和教学行为进行理性思考，说明其设计意图的理论依据。这是说课的重要性质。

（二）功能性

说课活动本身具有一定的功能性。说课活动具有提高教师反思的功能，有利于提高教师自身的教育教学修养。

（三）工具性

说课具有工具性。所谓工具性，主要体现在两个方面。第一，说课是以语言表达为主要形式，使教师与教师之间的专业交流更有深度。第二，说课是促进教师专业成长和发展的一种方式和工具。

（四）研究性

说课是一种教学研究形式。教师用理性的思考、科学的眼光，反思和审视自己的教学行为，是教师研课磨课的主要方式之一。说课人人可以参与，人人可以评价，是一种具有普及性的研究形式，对教育教学研究具有积极意义。

五、说课的功能及意义

（一）说课的功能

说课既是课堂教学研究活动中的一个基础性环节，也是贯穿于整个教学研究过程的常规性内容。在听课、评课等教研活动中，说课也是一种主要的研讨形式和表现手段。其功能表现在以下四个方面。

1. 检查督促功能

管理者对教师的日常教学行为的检查，一般只停留在教师的日常工作完成与否的层面上。而通过说课活动，管理者可从深层次了解教师课前准备的质量。由此可督促教师改进教学方法，提高备课质量。

2. 评价测试功能

通过说课，可以评价教师的教育理论水平、教师的专业知识程度，以及教师的教学业务能力。这有利于发现教师教学设计与课堂教学诸环节存在的问题及问题产生的原因。

3. 培训提高功能

常规课堂教学侧重体现教师的课堂组织能力、教师对教材的驾驭能力和教师的专业知识功底，而不能体现教师的教学理论水平。要说好课，教师就必须钻研教材、教法和教学理论，促使教师提高自身的综合素质。这有利于培养授课者的教学分析能力，帮其厘清教学思路，实现教学创新。

4. 研究探讨功能

说课有利于提高听课者的听课与反思的效果，有利于讲课者与听课者的沟通。很多研讨型、选拔型的说课，是为突破某一学科和教学领域中的专门课题以及探讨其解决办法而展开的。这样的说课活动有助于提高教师的教科研能力。

（二）说课的意义

1. 说课有利于提高教研活动的实效

以往的教研活动一般都停留在上几节课，其他教师再评课的传统方式。授课教师处于一种完全被动的地位。听课教师也不一定能理解授课教师的意图，导致教研实效低下。通过说课，让授课教师说说自己教学的意图、自己处理教材的方法和目的，让听课教师更加明白应该怎样去教，为什么要这样教，从而使教研的主题更明确，重点更突出，提高教研活动的实效。另外，通过对某一专题的说课，可以统一思想认识，探讨教学方法，提高教学效率。通过说与评相结合，构建了学科研讨的平台，为学科教研营造了良好的氛围。

2. 说课有利于提升教师教学能力

说课有利于提高教师的教育理论水平。说课要求教师从研究“教什么”和“怎样教”上，转为思考“为什么这样教”，做到“知其然”又“知其所以然”。说课将促使教师进一步学习教育教学理论和心理学知识，并将教育教学理论运用于指导教学实践。说课有助于提高教师的教学反思能力。从心理学角度看，说课活动是教师知识内隐外显化的过程。在说课中，教师在把自己作为研究对象的过程中注意关注自己，觉察自己。说课促使教师能够发现和澄清自己的隐性教育观念，领悟和明晰体现教育理念的具体操作要求。在教育实践中，很多教师习惯于凭感觉和经验进行教学，习惯于按照固定的程序来开展教学，缺乏对“为什么这样教”的思考，而说课恰好调动起教师反思的积极性，在反思中，教师可以不断充实、完善和超越自己。

3. 说课便于综合考评教师业务素质

对教师教育教学效果的评价一般通过听课来获得，但由于时间与空间的限制，评价者很难参与教育教学的全过程，对教师进行全面、客观的评价。说课是教师备课或上课的全过程的浓缩与升华，它具有时间短、无须学生参与、不受场地限制的优势，在较短的时间内可以有更多人参与，大大提高评价效率。说课的过程反映了教师的活动设计思路、对教育原理的运用、口头表达能力等，这比只看教案对教师进行评价更全面与科学。可以说，说课是全面考核教师专业知识、分析能力、设计与组织活动能力、教育教学技能和教育理论素养的有效手段；是评价教师、考核教师业务素质的重要途径；是学校行政人员、教研员、上级领导了解、检查教师备课、上课情况的有力手段。

4. 说课有利于推动课堂教学改革

在具体实施活动中，教师存在的最大问题就是虽然备了课，但还有很多理念、问题、细节没有厘清，尤其是年轻教师，他们还有很多心理困惑。说课的开展从口头语言的角度帮助教师进一步梳理了思路，是实现教学优化设计的最好方式，对提高教学质量起着不可低估的作用。通过说课，教师可以思考为什么要这样教学，进一步明确活动的重难点，厘清活动的思路，克服活动中重点不突出、引导不到位等问题，提高教学效率，使教法、学法的改革成为必然，为“从教到学”这一转化创造条件，推动课堂教学改革。

六、说课的类型

说课的类型很多，根据不同的标准，有不同的分法。从整体来说，说课可以分为实践型说课和理论型说课。实践型说课是指针对某一具体课题的说课。而理论型说课是指针对某一理论观点的说课。按照学科，可分为语文说课、数学说课、英语说课、音体美说课

等;按照说课内容范围大小,可分为课程说课(说一门课程)、单元说课、某一具体课题说课;按照服务于课堂教学的先后,可分为课前说课,课后说课;按照说课要达到的目的,可分为研讨性说课、示范性说课、考核性说课;按照有无辅助手段,可分为课件辅助说课和无课件说课;按照说课的对象,可分为授课者说课、听课者说课。

在教育实践中,说课的类型有以下几种。

(一)课前说课

课前说课是指教师在备课之后、在上课之前阐述自己对教材、学情的理解,阐述自己对教学环节的设想及理论依据。授课者课前预测教学的实际效果,通过课前说课,与同行及团队进行集体的讨论和点评,从而进一步达到改进和优化教学设计的目的。

(二)课后说课

课后说课是指教师按照既定的教学设计上课,课后再向听课人员阐述教学设计、教学思路、课堂反思的一种说课形式。主要说明对该教学内容的理解、教学目标的制订与达成情况、涉及的教学策略和方法及主要教学行为的有效性、对教学设计的执行情况和调整理由、后续的教学改进设想。课后说课被认为是一种反思性和验证性的说课活动,集教学、教研、培训于一体,对培养教师的教学反思习惯、意识和能力有较大价值。

(三)研讨性说课

研讨性说课一般以教研组或年级组为单位,以集体备课的形式,先由一名教师事先准备,然后给大家说课。之后,其他教师评议该教学活动的设计,变个人智慧为集体智慧。研讨性说课的主要目的在于研讨、磨课,以提高教师专业素质和教学水平。研讨性说课的内容比较灵活,可以全面说,也可以围绕某一方面说,如只说教法和学法,围绕教法和学法进行深入教研。

(四)示范性说课

示范性说课一般是指优秀教师(如学科带头人、特级教师等)在特定场合展示的,具有一定示范引领作用的说课活动。听课教师从听说课、听评析中提高自己运用理论指导教育教学实践的能力。示范性说课是培养教学能手的重要途径。示范性说课可以在校内、乡镇、区内或市内开展。

(五)考核性说课

考核性说课是指把说课作为教学评比的内容,考查教师对教育教学理论的专业能力及教学素质做出客观公正评判的活动形式。考核性说课具有竞赛性,对说课形式、程序要求严格,需要全面地阐述“教什么”“怎么教”“为什么这样教”,从而完整地讲述设计一堂课的理论背景、实施内容、实施策略。考核性说课的主要目的是评选优秀人才,常用于评选教学骨干、名师及教师招聘、教师教学技能比赛中,重点考察说课人的学科素养、教育知识和教学基本功。

七、说课与备课、上课的关系

（一）说课与备课的关系

1. 说课与备课的联系

无论是备课还是说课，其目的都是为上课服务，都属于课前的准备或课后的反思工作。它们都需要了解学情、钻研教材、研究课标。确定合适的教学方式，设计优化的教学流程。

2. 说课与备课的区别

(1) 备课着重研究教学中“教什么”“怎么教”等教学内容和实施技术问题。说课除上述两点外，还要研究“为什么这样教”的问题。

(2)备课是教师个体进行的静态的教学研究行为，是隐性的思维活动。说课是教师集体共同开展的一种动态的教学研究活动。说课者把个体备课中的隐性思维过程及其理论述说出来、大家共同探讨。

(3)备课是为了上课，以及全面提高教学质量和促进学生发展。说课的目的在于帮助教师学会反思，改进和优化备课，整体提高教师队伍素质和实现教师专业化发展。

（二）说课与上课的关系

1. 说课与上课的联系

课前说课所确定的内容、展示的教学流程、教学方式、教学媒体等，一般会在上课时得到充分体现。在课后说课中，说课者进行反思活动时所涉及的内容，则更多的是上课时师生活动的再现。

2. 说课与上课的区别

上课是对备课内容的具体执行，其主要对象是学生，故教学语言是以知识技能传授为基础的平等交流。说课是对备课内容的重新演绎，理性地说明“教什么”和“怎么教”，而且要说明“为什么教这些内容”和“为什么这样教”。其主要对象是具有一定教学经验的同行和领导。因此，说课的语言以说明性和议论性为主。

第二节　幼儿园说课

一、幼儿园教育活动和集体教学活动

《幼儿园教育指导纲要(试行)》(以下简称《纲要》)第三部分“组织与实施”第二条指出：幼儿园的教育活动是教师以多种形式有目的、有计划地引导幼儿生动、活泼、主动活动的教育过程。幼儿园教育活动的形式丰富多样。按活动的组织形式分为集体活动、小组

活动、个人活动；按活动的地点分为室内活动、户外活动；按活动的性质分为教学活动、生活活动、游戏活动等。集体教学是幼儿园教育活动中的一种形式。教育活动包含教学活动。

二、幼儿园说课的内涵

幼儿园说课的内涵有广义与狭义之分。

从广义的角度看，幼儿园“说课”可以说幼儿园的各类教育活动，例如，“说集体教学活动”“说游戏活动”“说区角活动”“说主题活动”等。

从狭义的角度看，幼儿园“说课”特指“说教学活动”，即教师有目的、有计划开展的、全体幼儿参与的活动。它是以“游戏”情境和方法为手段，以幼儿全面发展为核心，以有效达成教师预设的目标为目的的教育活动。

幼儿园把“课”称为教学活动，以体现幼儿学习的特点。确切地说，幼儿园说课应称为“说教学活动”，以突出幼儿教育的特点。但在教育实践中，沿袭了中小学“说课”这一称谓。用“说课”来阐述幼儿园教学的相关问题比较符合读者的习惯。另外，本书从狭义的角度来阐述幼儿园的“说课”——“说教学活动”，不涉及说幼儿园其他类型的活动。

因此，幼儿园说课是指幼儿教师以教育教学理论为指导，在设计教学活动方案的基础上，向同行、领导或教学研究人员，用口头语言和相关辅助手段阐述对这一教学活动的设计思路及其理论依据。

三、幼儿园说课的内容

（一）说课内容

说课内容是关于说什么的问题。原则上说，凡是教师在教学前所做准备及教学实施中的一切要素都可以纳入说课内容中。中小学说课在发展过程中，逐步确立了说课内容要素，形成了说课的基本式，如“四说”和“六说”模式。“四说”模式是把说课内容分为“说教材”“说教法”“说学法”“说教学程序”四个部分，这是说课最基本的一种模式。这种模式抓住教学中的基本要素。其中，教材是载体，教法与学法是手段，教学程序是框架。“六说”模式，即“说教材”“说学情”“说教法”“说学法”“说教学程序”“说板书设计”。除此之外，在中小学说课中，作业的布置、课时的安排等因素也被关注。

（二）幼儿园说课内容

幼儿园说课是从中小学发展而来的，借鉴了中小学说课的模式。幼儿园教学有自身的特点和要求。突出体现在以下三点：第一，幼儿园教学内容不像中小学必须来自于教材，教师可以根据幼儿的年龄特征、兴趣和需要设计教学内容；第二，幼儿的学习对环境的依赖性很大，幼儿园教学中的情境创设及材料准备尤为重要；第三，幼儿园教学设计中，有活动延伸这一项，要求教师将本次教学活动的内容延伸到其他活动中。

幼儿园说课一般是按照幼儿园教学活动设计内容所说的模式，包括“说教学内容”“说

教学目标(包括重点、难点)""说教学准备""说教法与学法""说教学过程设计""说活动延伸"。

案例 1-1

中班健康活动"有趣的萝卜"说课

一、说教材

此活动选材来源于生活。萝卜是幼儿比较熟悉的蔬菜之一,它的品种非常丰富,有白萝卜、胡萝卜等,其中大小不同、颜色不同、形状不同;它的营养丰富,吃法繁多,可煮汤、可凉拌、可红烧、可腌着吃,有的还可生吃呢!民间还有"十月萝卜小人参"的美称。幼儿虽然知道萝卜,但对萝卜的种类、用途、营养价值等还不太了解,我在日常生活中经常发现幼儿不爱吃萝卜的现象。因此,有必要帮助幼儿形成对萝卜正确的认识,加深对萝卜的特征、用途等的理解,培养幼儿爱萝卜,不挑食,养成良好的饮食习惯。例如,《纲要》中所说,"既符合幼儿的现实需要,又有利于其长远发展;既贴近幼儿的生活,选择感兴趣的事物或问题,又有助于拓展幼儿的经验和视野。"因此,此活动来源于生活,又服务于幼儿的生活。

二、说教学目标

教育活动的目标是教育活动的起点和归宿,对教育活动起着导向作用。因此,我根据中班幼儿的年龄特点及实际情况从认知、能力、情感三方面设定了以下目标:

知识技能目标:幼儿在感知萝卜的基础上,能表达萝卜的特征及用途,并按萝卜的特征进行分类。

能力发展目标:幼儿在活动中乐于探索,能大胆表述锻炼了幼儿的观察力、思考力,养成不挑食,爱吃萝卜的好习惯。

情感态度目标:在轻松的氛围中体验了成长过程的快乐。

以上活动目标既有知识经验的获得和能力的培养,又有愉悦情感的体验,融合了各领域的目标要求,体现了目标的整合性。

三、说教学重点与难点

1. 活动重点:感知萝卜的有趣,主要是萝卜的特征、用途及生长过程。通过探索发现、多媒体课件、歌曲引路、游戏体验及品尝萝卜制品,使活动得到深化。

2. 活动难点:根据萝卜的不同特征进行分类,主要通过小组商量自主操作,在动手的过程中意识到分类标准及分类结果,提高幼儿的分类能力。重难点的突破是通过让幼儿自己尝试,在实际操作中来实现的。

四、说教学准备

活动的开展离不开教师、幼儿及环境材料的积极互动,中班幼儿的思维还具有具体形象性,他们必须借助丰富的环境材料来获得知识经验。为了更好地完成活动内容和目标,我为幼儿做了以下三方面准备。

1. 物质准备:兔子玩具、各种萝卜、篮子每桌一套、创编歌曲、多媒体课件、萝卜食品、轻音乐。

2. 经验准备:幼儿对蔬菜有一定的经验(吃过或看过)。

3. 环境准备:操作台6张呈半圆形摆布在前面和侧面,便于操作评价。

五、说教法与说学法

(一) 说教法

新《纲要》指出:"教师应成为学习活动的支持者、合作者、引导者。"活动中应力求"形成合作探究式"的师幼互动。因此,我采用的教学方法如下。

1. 操作法:它是幼儿建构活动的基本方法。所谓操作法,是指幼儿动手操作,在与材料的相互作用过程中进行探索学习。本次活动安排了两次操作活动。第一次是引起兴趣后操作,主要是探索萝卜的趣味性、多样性,让幼儿在看一看、摸一摸、比一比中获得感知。第二次操作是对萝卜进行分类。幼儿分类是指幼儿把具有一个或几个共同特征的物体聚集在一起的活动,分类活动是观察活动的延伸和应用。

2. 游戏法:游戏是幼儿的基本活动,它具有教育性、娱乐性、创造性。本次活动的第三环节中,我引导幼儿扮演萝卜籽,共同体验和感受萝卜生长的过程。同时,编成了一首《萝卜歌》,这给游戏活动注入了新的活力。幼儿在表演过程中不仅理解了萝卜的生长过程,还创造了一个个可爱的萝卜形象。教师的适时赏识,把幼儿的创造之花点燃,显示了无穷的力量。

3. 演示法:指教师把实物或教具陈示给幼儿看,帮助他们获得一定的理解。本次活动中的演示法是通过制作多媒体动画"萝卜的生长过程",让幼儿对萝卜生长有全新的认识,在这一过程中,现代教学辅助手段的运用发挥了传统教育手段不可替代的功能,使理解和认识更透彻。

4. 情境教学法:本次活动的全过程,我引入了幼儿喜欢的兔子形象,引发幼儿融入看萝卜、分萝卜、品尝萝卜的情境中,使幼儿主动探究,积极思维,达到科学素质的提高与个性发展的统一。

(二) 说学法

以幼儿为主体,创造条件让幼儿参加探究活动,不仅提高了认识,锻炼了能力,更升华了情感,本次活动幼儿采用的学法有以下几点。

1. 多通道参与法:活动中我引导幼儿看一看、摸一摸、比一比、分一分、尝一尝、学一学、说一说等多种感官的参与,不知不觉就对萝卜产生了兴趣。

2. 体验法:为了让幼儿对萝卜的生长过程有更深的印象,我采用了游戏体验法,在唱唱演演中引导幼儿体验萝卜生长的快乐。

六、说教学过程

为了紧扣教学目标,展开教育活动,根据活动的内容和幼儿的实际情况,我将活动过程分为以下几个环节。

(一) 环节一——情境导入,激发兴趣

(情境:小兔的萝卜丰收了)"兴趣是最好的教师"。活动一开始教师利用幼儿熟悉的小兔形象,为幼儿创设了"小兔萝卜丰收"的语言情境和物质(萝卜)情境,引发幼儿观察萝卜的兴趣。在以下的环节中,我都是以小兔作为情节发展主线,从形式上、内容实质上深深吸引幼儿。

(二)环节二——自由探索(观察萝卜)

根据幼儿好奇、好动的特点,运用皮亚杰的认知发展理论,在第二环节我安排了幼儿自由探索。我提供了充足的萝卜,供每组幼儿观察。在这一过程中,教师是引导者、支持者、合作者。在轻音乐播放的轻松氛围中,幼儿比一比、摸一摸、说一说各自看到的萝卜的特征。在这一过程中,幼儿获得的经验是零碎的,那怎样进行加工整理呢?为此,在自由探索后通过幼儿介绍、集体讲评的方式,对幼儿获取萝卜的经验进行整理。由于材料的投放在幼儿的视线前面,故讲评时可结合实物进行,避免了空洞性。为了拓宽幼儿对萝卜的认识,我还结合收集到的图片和实物萝卜作了一个概括,点到了课题中萝卜有趣的含义。

(三)环节三——操作分类(情节:帮小兔分萝卜)

幼儿通过说一说、分一分,在尝试和自我纠正中完善各组的分类。这里主要按萝卜的自然属性——形状、大小、颜色等进行分类。由于中班幼儿还不具备多维度思考问题的能力,故分类要求不是十分严格标准。我们允许产生错误和争论,引导幼儿在多次操作、反复尝试中积极思考,自己修正,学习到科学的态度和精神。因此,只要幼儿分得有理,他们就完成了帮小兔整理萝卜的任务,就可以把分好的萝卜送到小兔家,这样幼儿就有了成功的体验。

(四)环节四——游戏体验(体验萝卜的生长过程)

幼儿感受到萝卜的特征后,很自然地就会联想到其生长过程。因此,及时设问"你们知道萝卜是怎么长大的吗?"结合幼儿的实际经验,运用多媒体课件,帮助幼儿真切地理解萝卜长大的过程,从而感知生命成长的力量。为了使幼儿的兴奋点上升,全体幼儿又在一曲《粉刷匠》旋律中自编自演了《萝卜歌》,在轻松的氛围中体验了成长过程的快乐。

(五)环节五——品尝交流(情节:小兔请大家品尝萝卜食品)

在讨论交流萝卜的用途后,大家一定很想品尝。为了满足幼儿嘴馋、控制能力弱等特点,我及时安排了小兔请大家品尝萝卜的情节,很自然地引导幼儿进行品尝交流萝卜的吃法,我为每组提供的食品有:生吃的、腌制的、红烧的、炒的、凉拌的。鼓励幼儿品尝不同做法的萝卜,知道萝卜富含多种营养素,帮助幼儿养成爱吃萝卜和其他蔬菜的习惯。幼儿在轻松的氛围中结束活动。

七、说教学延伸

审美延伸(萝卜小制作展示)活动结束,不能马上告一段落,关键是引导幼儿持续不断地对萝卜产生兴趣。幼儿知道了萝卜不仅有趣,它还有很多吃法,接着以加工制作玩具,使幼儿在审美心理、创作欲望上得到满足。教师通过几件小制作,引发幼儿对萝卜的创作欲望,使审美心理得到愉悦,进而为幼儿有意愿投入下一个非正规性的自主活动奠定基础。同时,请幼儿把小兔和萝卜带走,既是为兔子帮忙的表现,又是为可能进行的制作创造条件,相信幼儿会对萝卜产生持续的兴趣,或许还可以从中生成更多价值。

四、幼儿园说课的变式

说课有一定的模式可以参考，但并非要千篇一律，如八股文一样走向僵化，失去活力。在说课的实践活动中，教师应把握说课的基本内容并在此基础上进行变通，使说课具有自己的特点和个性。现在介绍几种做法。

（一）说“设计意图”

教学设计是在一定的教育理念指导下进行的。设计意图贯穿于整个说课过程。说课时，也可以把设计意图单独列出来说。

大班社会领域活动“常用的标志”说课　说“设计意图”

幼儿在生活中，经常能接触到各种各样的标志。而且会询问这个标志是什么意思？那个标志代表什么？幼儿的这种兴趣及好奇心，正是我们向幼儿介绍社会，以及社会生活的一个突破口。常用的标志活动采取了多种多样的形式，让幼儿通过找一找、认一认、画一画等了解标志的外形及含义，从而发展幼儿的想象力、创造力。本次活动综合了社会、艺术、语言等领域的内容，运用了多种手段，从而达到教学的最佳效果。

（二）说“教学特色”

说课时还可以说“教学特色”，其目的是促使教师梳理、提炼自己设计的活动在内容选择、教学方法、过程设计等方面的亮点，“亮点”是什么？它是可以凸显教师的教学特色的部分。“说教学特色”会对整个说课起到画龙点睛的作用。

大班艺术活动“有趣的纸浆画”说课　说“教学特色”

幼儿作画的工具有许多，我在美术教学活动中探索多种材料和多种方法的使用。本次活动的主题是“有趣的纸浆画”。纸浆画是用生活中的常见生活物品卫生纸作为原材料，制作出漂亮的纸浆画。它的制作过程也是有趣、好玩的，并且通过制作纸浆画让幼儿感受不同形式的艺术美，并且发挥幼儿的想象力、创造力，培养幼儿对新鲜事物的兴趣，鼓励幼儿大胆地尝试和挑战新事物，从而支持幼儿自发的艺术表现和创造。这是本次活动的亮点，也是特色。

（三）说“设计思路”

在说课的一开始，教师把如何依据目标选内容、对内容的分析，对幼儿的学情分析等内容综合在一起，总称为“设计思路”。

小班健康领域活动“快乐的小脚丫”说课　说“设计思路”

《纲要》中明确指出幼儿园必须把促进幼儿的健康放在工作的首位，而脚是我们身体一个重要的部位。在生活中，许许多多活动都离不开幼儿的小脚丫，爬、跳、跑、因此爱护小脚丫就是很重要的教学内容。脚是每个幼儿都有的，但幼儿却很少有机会去观察它，所以我设计了这样一节小班健康教育活动“快乐的小脚丫”，本次活动内容简单易懂，贴近幼儿生活，让幼儿在游戏中萌发对身体的初步探索欲望。

说课有基本的模式可以遵循，目的是使教师把握说课内容。但说课不应该遵循固定模式。说课者的教学观念、教改意识，在教学内容、教学设计上的不断改革和创新，这是说课的灵魂。因此，无论选用哪种说课模式，只要说出水平，说出自己的独到之处，就是好课。

第二章
幼儿教师说课技能

说课的内容及侧重点依据说课的类型不同而有所差别。一般地说,说课内容包括说教学内容、说学情、说教学目标、说教学准备、说教法与学法、说教学过程等方面。

第一节　说教学内容

一、教材与教学内容

(一)教材的含义

教材又称为课本,它是依据课程标准编制的、系统反映学科内容的教学用书。教材是课程标准的具体化,它不同于一般的书籍,通常按学年或学期分册,划分单元或章节。它主要是由目录、课文、习题、实验、图表、注释和附录等部分构成,课文是教材的主体。

(二)教学内容的含义

教学内容是学与教相互作用过程中有意传递的主要信息,一般包括课程标准、教材和课程等。新课程改革,基于生成性教学的思维理念,人们对于教学内容有了新的认识。教学内容,是指教学过程中同师生发生交互作用、服务于教学目的达成的动态生成的素材及信息。

(三)教材与教学内容的关系

教材与教学内容不能混为一谈,从广义来讲,教学内容包含教材,但不局限于教材。教材是规定的,而教学内容是在分析教

材的基础上，对教材进行的再次加工。新的课程改革提倡教师创造性地教学，教师要摆脱对教材的崇拜和依赖，要对教材进行“二次开发”，这实际上是要求教师的教学内容要超越对教材内容的机械传递，创造性地、个性化地运用教材，以生成丰富、多样的教学内容。

二、幼儿教材与幼儿园教学内容

（一）幼儿园没有国家统编教材，教材多元化

《纲要》颁布以来，为幼儿教育工作者更好地选择幼儿园教材提供了方向指引。《纲要》从幼儿教育的基本理念、原理、规律出发，规定了我国幼儿园教育的基本内容范畴、目标以及对实践规范的要求。

例如，《纲要》中指出幼儿园社会领域的教育范围是：能主动地参与各项活动，有自信心；乐意与人交往，学习互助、合作和分享，有同情心；理解并遵守日常生活中基本的社会行为规则；能努力做好力所能及的事，不怕困难，有初步的责任感；爱父母长辈、老师和同伴，爱集体、爱家乡、爱祖国。但幼儿园没有国家统编的教材，不同幼儿园会根据不同地区、不同的幼儿特点选用相应教材。

（二）幼儿园教学内容比较灵活

幼儿园教育阶段，不仅仅传授知识、技能，还是培养幼儿的未来社会生活需要，不断增强幼儿生命力，充实幼儿生命内涵的重要时期。但是幼儿时期的自我学习的能力较弱，在很大程度上需要借助形式多样、活泼生动的教学内容来实现。幼儿园教学内容具有灵活性、开放性等特点，根据《纲要》的要求，幼儿园的教学内容应从健康、语言、社会、科学、艺术五大领域出发，需具全面性和启蒙性。

三、说教学内容

（一）教学内容的来源及选择依据

说教学内容就是通过分析所选活动主题的内容特点，说明该内容在整体或主题网络教学中的地位和作用。所以，教师首先必须说清楚此次活动的内容是什么及为什么要选择这些内容（即设计意图）。

要说明教学内容的选择是从当时、当地幼儿群体的需要而准备的，如果在内容的选择方面涉及地域特色，甚至幼儿园特色就要更加突出说明，以此来发展幼儿园的本园课程。幼儿园里的教学内容是除教材之外，还包括说幼儿的情况分析、幼儿现状简要分析（主要包括幼儿的年龄特点、身心发展状况）、幼儿原有知识和基础技能的掌握情况、智力的发展情况、幼儿的非智力因素（如幼儿的兴趣、动机、行为习惯、意志等）等内容。

（二）说教学内容示例

中班语言活动——“雪孩子” 说教学内容

根据《纲要》的目标要求，教师要引导幼儿在故事中根据不同情境感受到所表达的不同意思，在活动中和幼儿一起讨论回忆故事，鼓励幼儿有条理地复述故事。

而语言是五大领域之一，是幼儿交流和思维的重要工具。在中班时期，幼儿语言发展迅速，这时幼儿能用语言表达自己的意愿及简单对事物的认知，并通过与同伴的交流和分享，来锻炼幼儿的语言组织和逻辑能力，发展人际交往能力，所以这次活动在内容设计上着重加强了对幼儿语言能力的提高，让幼儿敢想敢说。

《雪孩子》作为一部优秀的经典国产动画片，对我国幼儿的寓意深远，它独特的风格与思想感情深深吸引着幼儿的兴趣，而且如此优秀的国产动画片应当让幼儿从小接触，此次活动正是让幼儿对我国优秀国产动画片认知的良好开端。

在上述“说教学内容”中，教师首先阐述了《纲要》对中班语言活动发展的要求，并强调了经典国产动画片对幼儿言行的影响，还分析了“雪孩子”对中班年龄段幼儿的适应性。

大班科学活动——“地球我想问问你” 说教学内容

根据《纲要》中提出关于幼儿科学领域的目标是：亲近自然，喜欢探究；具有初步的探究能力；在探究中认识周围事物和现象。科学的本质在于探究，探究不仅是方法，也是内容。幼儿不仅要学习科学知识，也要学习科学方法和科学态度。三者紧密结合，融为一体。

“地球我想问问你”可以引导幼儿了解地球的概况，知道地球由陆地和海洋组成，认识四季。大班幼儿能够整合已有经验，富有创造性地表达，所以本次活动也会激发幼儿合理的想象力。

4 月 22 日是“世界地球日”，是一个专为世界环境环保而设立的节日，旨在提高民众对于现有环境问题的意识，并动员民众参与到环保运动中，通过绿色低碳生活，改善地球的整体环境。此次活动可以引导幼儿关注地球日，养成爱护环境、保护地球的良好素质。

在上述“说教学内容”中，教师阐述了在《纲要》科学领域教育目标指导下的教育内容的选择，并说明了为什么要选择这项内容及对促进幼儿认知、情感态度等方面的价值。

四、说教学内容应注意的问题

（一）说清教学内容选择的依据

通常来讲，幼儿园教学内容的选择要符合《纲要》的要求，符合幼儿园的教学目标，同时也要符合不同年龄段幼儿的发展特点及需求。例如,幼儿园要求中班幼儿应在各个生活环节中能够自理,且根据《纲要》的目标要求,幼儿园应为幼儿提供健康、丰富的生活和活动环境,满足他们多方面发展的需要。教师选择中班健康活动《我会穿衣服》,旨在培养幼儿有序地穿脱衣服,初步形成基本的生活自理能力;提高幼儿的协调能力,促进幼儿身心健康全面发展;让幼儿体验自理能力给自身带来的愉快与自信。

(二)说清具体教学内容

在说具体的教学内容时,要讲清楚到底要教幼儿学什么。例如,大班活动"影子画",其实是想让幼儿通过欣赏和表演各种影子造型,感知影子造型变化的美与趣,并尝试大胆表现、绘画出各种运动造型的过程。如果说得不清楚,听者就会觉得是用影子画画儿。

第二节 说 学 情

一、关于学情的相关概述

所谓学情,是指学生的年龄特征、认知规律、学习方法以及已有知识和技能基础等的总和。它是教师组织教学活动的依据,是幼儿学习新知识的基础。教学总是在一定起点上才得以进行的,不同年龄段的以及同一年龄段的不同幼儿的已有经验、学习风格也是不尽相同的。说学情,就是要全面客观地阐述幼儿已有的经验情况和已经掌握的学习方法等,预先判断幼儿对学习新知识的关注和接受程度,为优化教学设计提供参考。

二、如何说学情

(一)不同领域及不同年龄段的学情特点

幼儿教师说课里的学情,主要是分析所教年龄段幼儿的特点,各个幼儿在各领域活动时的特点,以及这些特点对本活动开展的有利因素与不利因素,或者谈谈本活动的作用。例如,艺术领域幼儿的发展特点如下。

1. 唱歌活动

3岁幼儿的发音器官处于生长发育阶段,声带短而柔嫩,音量较小,音色比较清澈透明。3岁幼儿对歌词的掌握较好,他们适合唱节奏简单的歌曲,但由于幼儿肺活量小,呼吸短促,会出现"读歌"现象。

4岁幼儿的音域有所扩展,音量大幅度增加,出现喊叫现象。音色仍有柔嫩、明亮的特点。该年龄阶段的幼儿在唱歌技能方面有较大发展,掌握歌词已没有困难,发音正确,但由于理解不正确仍存在发错音的现象。

5岁幼儿能够用不同的速度、力度唱不同性质的歌曲,能唱出一首歌曲中强弱、快慢

的明显对比和逐步变化。该年龄阶段幼儿的音准有较大进步，大部分幼儿在乐器的伴奏下能唱准音，少数幼儿在清唱时仍存在不同程度的走音现象。

2. 音乐欣赏活动

小班幼儿有较大的欣赏积极性，音乐能够引起他们情绪上的共鸣。他们能够理解简单、形象鲜明的标题乐曲，区别音乐的性质。但他们对作品的感情性质不易理解，往往只注意一些特征性因素。

中班幼儿能够欣赏内容较广泛、性质及风格较多样的音乐作品，能区别其中明显的力度和速度变化及其不同的表情作用，但无法感知力度和速度的细微变化。

大班幼儿能够正确辨认熟悉音乐作品的情绪、性质，感知作品中的细节部分，区别不同类型的作品，如分辨进行曲和舞曲。同时，他们的音乐记忆力和审美能力有所发展，表现出自己对某类音乐作品的爱好。

3. 绘画活动

3～4 岁：这个阶段幼儿的绘画水平处在象征期。其特点是乱线条略有减少，开始出现简单的、不太明确的构思，偶尔也能有意识地画出一个类似某种东西的图像，但仅仅是简单的图形和线条的组合。

5～6 岁：幼儿开始真正用绘画的方法有目的、有意识地描绘周围事物和表现自我经验的时期，也是幼儿绘画最充满活力的时期，能用较为流畅、熟练的线条表现物体的整体形象。

4. 手工活动

3～4 岁：这一时期的幼儿不能有目的地制作形象。此阶段的幼儿还没有明确表现的意图，只是满足于手工操作的过程，享受着自主活动的快感，体验手工工具和材料的特性。

4～5 岁：这个时期相当于绘画中的象征期。幼儿已由无目的的动作逐渐呈现出有意图的尝试，常常在制作开始时就会表达他将要做什么，然后才开始着手制作。

5～6 岁：这一时期的幼儿表现欲望很旺盛，他们喜欢用各种工具和材料进行制作，以表达自己的意愿。

说学情时，需根据具体领域的具体内容，再根据幼儿的年龄特点进行阐述。

（二）说学情示例

大班艺术活动——“大树找医生” 说学情

5～6 岁是幼儿园大班的年龄，也是即将进入小学的年龄。5～6 岁是新的特点继续巩固和发展的时期，这一时期心理活动的概括性和有意性的表现更为明显。

5～6 岁幼儿对事物已经开始有自己比较稳定的态度。大班幼儿的思想情感已经不那么外露，对自己的行为会产生顾虑。幼儿的各种心理活动互相紧密地联系起来，先前的心理活动和形成的态度，影响着后来的心理活动和对事物的态度。心理活动系统的方向开始逐渐稳定。个性开始形成，这和幼儿认识活动抽象概括性的发展，以及各种心理活动有意性的发展相联系。

> 大班幼儿具有一定的音乐欣赏能力，幼儿可以把握音乐中蕴含的诸多要素，包括音乐的演奏乐器和演奏场景，音乐中的运动和张力，音乐中的情感以及音乐中的形象和情节。他们的内心世界得到了丰富和发展，想用自己喜欢的方式来表现音乐。幼儿能够准确地表达自己对作品的理解，并有想象的能力。

上述案例中，教师分别从大班幼儿年龄特点、大班幼儿认知水平、大班幼儿音乐水平三个方面来论述大班艺术活动“大树找医生”的学情。

> **中班语言活动——“雪孩子” 说学情**
>
> 中班幼儿活动水平比小班时期明显提高，幼儿活动的自主性和主动性有了进一步发展。他们能够用语言说出自己的想法，对事物具有一定的认识能力，口语水平发展迅速，并且能够主动积极地对故事情节进行一定的想象，这时是发展想象力的最佳时期，而且中班幼儿的语言组织和逻辑思维能力需要进一步提高。
>
> 这个时期的幼儿具有一定水平的认知能力，想象力丰富，能够对简单的事物和问题进行辨别判断和解答；能够感受到大自然气候的特点，并且具有一定的季节性判断，了解天气现象并能够说出相应现象的名称。
>
> 这一时期的幼儿具有能看到图片复述内容的语言能力，并且在图片内容提示下对故事内容进行一定的补充想象。在教师所给定的情境内，他们能够大胆、积极、清楚地表达自己的想法和感受。

上述案例中，教师分别从中班幼儿年龄特点、中班幼儿认知水平、中班幼儿语言水平三个方面来论述中班语言活动“雪孩子”的学情。

三、说学情应注意的问题

在说课中，教师对学情的分析常常存在如下问题。

(1) 分析的学情与所授课内容相关度不高。分析学情的目的在于更好地制订教学目标和选择教学方法，正确地分析学情既可以体现教师对相应阶段幼儿的了解程度，又能够为正确地选择教学方法奠定基础。每个年龄段的幼儿都具有不同的特点，无论是生理上、心理上还是认知程度和社会体验方面。所以要针对不同领域、不同教学内容合理分析学情，而不是生搬硬套一些无关的幼儿的特点。

(2) 学情分析缺乏准确性、全面性和灵活性。如果直接从教材或者辅导材料上摘抄一些华丽的词句，在应用上是缺乏灵活性的。例如，在中班语言活动“小蚂蚱学跳高”中，教师的学情分析是：“幼儿的动作能力明显地发展起来了，他们的活动范围也更广，对各种活动的积极性有很大的提高。幼儿认知能力明显提高，懂得很多规则、行为规范，亲社会明显增多。他们喜欢模仿，模仿是幼儿学习的重要方式之一。”上述学情分析，首先，不够

全面。因为它是语言领域内容，并没有分析中班幼儿语言发展的水平。其次，动作能力的发展不只是从中班开始的，幼儿的认知能力明显提高在不同的阶段都会有体现。针对具体的中班幼儿，此学情分析不够准确、具体。

第三节 说教学目标

一、教学目标的相关概述

教学目标是幼儿园说课中重要的一部分，它既是教学活动的起点，为了完成这个教学目标而设计活动的过程，准备所需要的东西，又是教育活动的终点，只要实现了活动目标，活动就算是成功的。

教学目标的评价重点在于是否明确、是否具体、是否可检。与此同时，要分析教学内容的重点、难点以及确定的原因或突破的方法。

二、如何说教学目标

在说教学活动目标时，主要从认知、情感、技能等方面综合地表达出来，并能体现《纲要》的教育要求，教学的重点和难点可以单独说，也可以在目标之后再说，要描述清楚目标的内容及依据。

小班语言领域的教学目标

《纲要》语言领域中提出："发展幼儿语言的关键是创设一个能使他们想说、敢说、喜欢说、有机会说并能得到积极应答的环境。"以及要"鼓励幼儿大胆、清楚地表达自己的想法和感受，发展幼儿语言表达能力和思维能力。"根据这一目标和要求，结合小班下学期幼儿的年龄特点和语言发展水平：幼儿年龄小，注意力容易分散，以自我为中心。可以从认知、能力和情感三方面提出本次活动的目标：认知上，在游戏情境中理解故事内容，加深对长颈鹿的认识；能力上，积极参与故事情节的讨论，愿意大胆地表达自己的想法；情感上，体验友爱互助给大家带来的快乐。目标中提到，在游戏情境中理解故事内容，体验友爱互助带来的快乐。因此，在活动中，可以把这点作为教学重点。小班幼儿在语言表达方面不完整，有时只说了半句话就无法再说了，或表达不出心中的想法，根据幼儿的语言发展情况，可以确定本次活动的难点是用比较完整的句子表达自己的想法。

上述说课稿中，教师结合《纲要》对小班幼儿语言领域的要求，从认知、情感、技能三个维度论述了教学目标，并根据具体教学内容和小班幼儿语言发展特点，详细地介绍了教学的重难点是什么。

三、说教学目标应注意的问题

（一）教学目标要全面、具体、难易适合幼儿

教学目标一般会从认知、情感和技能三个维度来阐述，三个维度不是割裂的，不是三个独立的目标而是总体目标的三个方面。同时，也要根据不同领域具体的教学内容，在教学目标的描述中要有所侧重。说教学目标，一定要具体明确，具有可操作性，而不是大而空的，每个具体的教学内容都有特定的教学目标，不能随意套用其他教学设计目标。

（二）说清楚教学的重难点

说课时，教师不仅要说出重难点的内容，还要解释为什么将此处设置为难点，以及要说明此重难点确定的依据是什么，对幼儿来说，难在哪里。

第四节　说教学准备

一、教学准备的相关概述

说活动准备，包括活动前的准备(家长工作、社区协调、环境创设、资料收集、幼儿园活动等)、活动中的准备(有关玩具、教具等材料，包括幼儿用书、教学挂图等)。

活动准备是为让幼儿通过与环境、材料的相互作用来获得发展的，因此，活动准备必须与幼儿的能力、兴趣、需要等相适应。这一点在说课时必须说清楚。

二、如何说教学准备

一般可从经验准备和物质准备两方面来阐述教学准备。教学准备是为实现教学目标服务的，无论是教学环境的设置还是教学材料都要考虑其实用性、直观性、可操作性和生活性。

大班语言活动“我的幼儿园”说教学准备

为了将教育内容形象化、直观化，提高幼儿的兴趣，活跃活动的气氛，达到更好的教育效果，结合幼儿的学习方式和特点，我将活动准备如下。经验准备：幼儿有在园内生活、活动的经验；物质准备：幼儿园照片、自制图书、相关PPT。

上述“说教学准备”的案例只是简单明了地讲述了组织活动需要准备的物品，使人一目了然。

小班美术活动“甜甜圈”说教学准备

物质准备：

1. 图片：甜甜圈、空心圈、色彩鲜艳的圆形。巧滋味背景图和背景音乐。
2. 学具：彩色笔 15 根、白卡纸 15 张。
3. 小熊吃甜甜圈 PPT。
4. 小熊玩偶。

经验准备：

幼儿已经掌握画圆的技巧，并且有过装饰的经验。

上述案例的物质准备更多的是为了吸引幼儿的注意力，激发其参与的积极性；经验准备是为了让幼儿自己动手去做，能参与到活动中来。

第五节　说教法与学法

一、教法与学法的相关概述

教法和学法是根据所选教材的特点和学生的实际情况，说明为达成教学目标而采用的教学方法和学习方法，以及采用这些教学方法和学习方法的理论依据。

教学方法种类繁多，幼儿园常用的教法如下。

1. 启发法

启发法是指教师在教学过程中，依据学习过程的客观规律，最大限度地调动幼儿的思维和学习积极性的教学方式。

2. 提问法

提问法是指教师引导幼儿观察事物，要求幼儿再现已掌握的知识，启发幼儿积极思维的手段。适当的问题有助于活跃幼儿的思维，启发学习，有利于幼儿获得新知识和发展智力。提问法是语言活动中经常使用的方法。提问法在教学中发挥着不可替代的作用。

3. 情境教学法

情境教学法是指教师在教学过程中为幼儿创设一个具体、生动、形象的学习情境，并通过合适的方式把幼儿完全带入这个情境之中，让幼儿在具体情境的连续不断的启发下有效地进行学习。

4. 谈话法

谈话法是指以平等地进行交谈的方式开展活动，既可以培养幼儿的语言表达能力，又可以拉近教师与幼儿之间的距离。

5. 讨论法

讨论法是指让幼儿根据自身的生活经验互相合作，共同探讨问题答案的方法。它是幼儿自己教育自己、主动接受教育的方法，不是被动地接受教育。

6. 操作法

操作法是指教师根据教学目标提供物质材料，引导幼儿在操作物质材料的活动中充分动手、动脑、动口，从而获得经验的方法。操作法是幼儿建构活动的基本方法。

操作法是幼儿喜欢的形式，他们可以把自己的想法通过材料充分表现出来，既可以活动，又可以与同伴进行交流、合作。

7. 直观教学法

直观教学法是指通过实物、图片、手势、动作、表情等使幼儿建立形象思维，可大大提高记忆效果，这也是一种常用的教学手段。

(1) 利用实物进行教学。主要是用于实物名称教学，如钟表、杯子、苹果、桃子、梨等。这些都是日常生活中常见的物品，便于携带。

(2) 利用挂图、简笔画、课件等多媒体手段进行词汇教学，对于那些不便于通过实物进行教学的词汇，如家庭成员、天气、动物等，可以利用挂图、简笔画或者电教媒体，如何运用视学校实际条件而行。

(3) 借助手势、动作或表情进行教学。教师可以通过手势、动作、表情使幼儿易于接受教学内容。

8. 发现法

发现法是指教师提供适于幼儿进行发现活动的教材，使他们通过自己的探索、尝试过程，发现知识。

9. 观察法

观察法就是提供大量的直接经验让幼儿观察探索，让幼儿通过五官的感受来发现、探索事物的现象，获得具体的经验，并在此基础上逐步形成概念。

10. 启发引导法

幼儿在观察、操作的过程中遇到问题，教师要运用适当语言，帮助幼儿对发现问题，进行引导和解决。并灵活运用集体活动、小组活动和个别活动的组织形式，通过师生互动、生生互动使活动得到发展。

11. 示范讲解法

教师示范讲解能引起幼儿谈话的兴趣，并在谈话内容及语言表达上起到示范作用。

12. 游戏法

游戏法是指通过游戏的形式，让幼儿边玩边学。采用游戏法是因为游戏是幼儿最喜爱的活动，在幼儿身心略感疲惫时，游戏能增强幼儿参与活动的兴趣。

幼儿园中常用的学法包括：多感官参与法、交流讨论法、游戏练习法、视听讲结合法、整体与部分相结合教学法、小组合作法、观察法、记录法、讲述法、展示法、体验法、尝试法等方法。

二、如何说教法和学法

说教法就是教师要说明“怎样教”“为什么要这样教”的环节。教师要说出在教育目标、教学内容确定之后，用什么方法、手段来实现。既要说出整个活动用什么教学形式及方法，是集体的、分组的还是个别进行的，更要说清为什么用这种形式及方法、教师如何指导、为什么要这么指导等。

大班语言活动“我的幼儿园”说教法

适宜的教学方法能够最大化发挥活动效果。学习者同时开放多个感知通道比开放一个感知通道，能更准确有效地掌握学习对象。因此，在实践中采用如下教法。

(1) 讨论法：出示直观形象的教学挂图，符合幼儿这一年龄特点的思维特征，组织幼儿进行讨论，能发散幼儿的思维，是发展幼儿言语的重要方法。讨论法的运用，有利于幼儿更直观地理解诗歌内容。

(2) 发现法：利用图片，引导幼儿有目的地、仔细地观察，结合由浅入深的问题启发幼儿积极思考。在轻松、愉快的状态下，幼儿能更容易记住诗歌相关内容，并且思维更加活跃，有利于诗歌的学习和创编，从而解决活动的重难点。

说学法就是说明幼儿要“怎样学”“为什么这样学”的环节，教师要说出教给幼儿哪些学习方法，培养幼儿哪些能力。教师在说学法时要说出活动中幼儿怎样学习、依据是什么；自己在活动中是如何激发幼儿学习兴趣、引导幼儿主动、积极探索的；还要讲出怎样根据班级特点和幼儿的年龄、心理特征，运用哪些教育教学规律指导幼儿进行学习。

大班语言活动“清明”说学法

为了让幼儿能够更好地理解这首诗的意境及内涵，调动幼儿参与的积极性，我采用了如下学法。

(1) 整体与部分相结合教学法：幼儿的发展是整体的，文学作品也是整体的。首先，教师配乐朗诵诗歌，让幼儿对整首诗歌进行整体感知，接着分段引导幼儿深入理解诗歌每个部分，最后再请幼儿整体朗诵诗歌，符合幼儿学习经验的规律。

(2) 多感官参与法：幼儿是具有主动性的。本次语言活动，通过让幼儿听一听、说一说、看一看、画一画等方式，多通道、多感官参与，体会到诗歌的美感，发挥更大的创造空间。

(3) 情境法：情境是重要的教育资源，应通过情境的创设和利用有效促进幼儿的发展。在此活动中，我通过在班级室内创设相应的情境，让幼儿有身临其境的感觉，在情境中观察、感知、操作、体验，进而引发幼儿的好奇心，吸引幼儿参与到活动中来。

三、说教法和学法应该注意的问题

（一）说教法和学法不必面面俱到

说教法和学法时，要着重阐述本次教学活动采用的主要方法，其他辅助方法点到即可，没必要面面俱到。

（二）对教法和学法阐述要严谨

在阐述教学方法时，经常会出现一个问题，就是教师有时会说出不属于教法和学法的方法，甚至有时会出现随意解释教学方法的情况。例如，上述案例大班语言活动“清明”中，教师会将其方法论述如下。

(1) 观察讨论法：出示直观形象的教学挂图，符合幼儿这一年龄特点的思维特征，组织幼儿进行讨论，能发散幼儿的思维，是发展幼儿语言的重要方法。观察讨论法的运用，有利于幼儿更直观地理解诗歌内容。

(2) 游戏发现法：利用图片，引导幼儿有目的地、仔细地观察，结合由浅入深的问题启发幼儿积极思考。在轻松、愉快的状态下，幼儿能更容易记住诗歌相关内容，并且思维更加活跃，有利于诗歌的学习和创编，从而解决活动的重难点。

观察法和讨论法是两种不同的方法，同样游戏法和发现法也是两种不同的方法，不能随意把其拼在一起。在说教法和学法中，上述问题一定要避免。

第六节　说教学过程设计

一、说教学过程设计的相关概述

说教学过程设计是说课的重要环节。教学过程的设计可以体现出说课者独具匠心的活动安排，它反映了教师的教学思想，教学个性与风格，通过对活动过程设计的阐述，可以了解其活动安排是否合理、科学，是否具有艺术性。

说活动过程就是说明整个活动的流程，即各个活动环节的实施过程。活动步骤的安排、方式方法的选择必须以活动目标为核心，而活动目标既有赖于整体的教育活动过程来实现，又以不同的侧重点分散实现于各个活动步骤，因此，教师必须分解活动目标，并分析各层次活动目标与各步骤及方式方法之间的适应性关系。

如果教师设计的活动要延伸，教师也要说出怎样延伸活动、延伸的作用以及延伸的依据。说这部分，可以反映出教师对本班幼儿发展水平的掌握程度、对促进幼儿在不同水平上发展的理解认识与做法，以及因材施教、个别教育原理的运用等。

二、如何说教学过程设计

教学过程设计一般包括导入部分、基本部分和结束部分三个环节。

（一）导入部分

幼儿园教学活动导入环节对整个教学活动的成功与否起着重要作用。成功的教学导入环节，能够激发幼儿的好奇心、求知欲，以及浓厚的学习兴趣。例如，中班手工活动“小老鼠不倒翁”，教师在活动开始前，出示小老鼠不倒翁，让幼儿自由玩耍，并探索不同的玩法。当幼儿对小老鼠不倒翁已经产生浓厚兴趣时，教师出示制作小老鼠不倒翁的工具和材料，自然地导入本次活动的内容。

（二）基本部分

幼儿园教学活动基本部分由设计合理的若干教学步骤组成。设计时要考虑教学步骤之间的关系和顺序，要符合事物的认知规律，遵循由易到难、由简到繁、由具体到抽象、由感性到理性的原则。例如，中班科学活动“美丽的冰花”，教师首先利用猜谜语的形式，引出活动的内容，激发幼儿参与活动的兴趣。然后展示幼儿收集的图片，引导幼儿讲述自己的图片并且讲述在下雪天观察到什么，提高幼儿语言、观察、探索的能力。之后再播放网络视频，让幼儿观察冰花的形成，在什么样的条件下才能形成冰花。最后与其他老师配合，完成冰花的制作。

（三）结束部分

幼儿园教学活动结束部分是对教学活动的总结。有时是教师直接告诉幼儿本次内容到此结束，有时是通过教师对本次活动的总结评价，有时是采用后续活动延伸的方法，即依据活动内容设置后续活动的相关问题。

三、说教学过程设计示例

大班美术活动“水墨画画动物” 说教学过程设计

围绕活动目标，我设计了三个环节进行教学。

第一环节，创设问题情境，导入活动。（3 分钟）

教学开始，先出示国画，让幼儿观察国画。出示国画图片，引导幼儿观察并提问“这幅画与我们平时画的画有什么不同？这些画是什么材料画出来的？”然后引导幼儿分析国画绘画过程中的运笔和颜料的使用，让幼儿初步了解国画需要特殊的颜料——墨汁，并了解墨汁的浓淡变化（水稀释）。正确地使用毛笔，知道作画过程中毛笔中锋、侧锋的运用。

此环节的目的在于通过观察国画引出本次活动的主题，激发幼儿的学习兴趣，同时丰富幼儿的有关绘画的经验。

第二环节，让幼儿积累经验，并操作探索。(28分钟)

这一环节是教学重点。运用的教学方法包括观察法、讨论法和操作法。

步骤1：让幼儿边观察边讨论，并进行简单的操作。(4分钟)

这一部分是顺接导入环节，“幼儿已经把找到的资料都放到我们的白板里了，在白板里都有一些什么图片呢？首先，我们来看看教师搜集的水墨画图片，还有什么图片呢？我们分了3个小组来收集图片，第一个小组收集到的动物是(小猫、小狗、兔子)，哪位小朋友来说一说呢？”在这个过程中让幼儿分组讨论自己搜集的动物水墨画图片，再利用白板中的链接功能，把每张图片链接到与其相同的大图上，这样幼儿可以自己点击每张图片进行讲解。本步骤的目的是让幼儿仔细观察，并初步了解不同动物的体型及姿态，为画动物水墨画做铺垫。

步骤2：引导幼儿仔细观察图片中动物的特点，并进行简单的填画，感知水墨画的画姿及毛笔正确的下笔方法。(6分钟)

通过观察图片，让幼儿教师要求回答问题。幼儿可以进一步从整体到局部地了解动物的动作姿态。在播放视频过程中，幼儿通过尝试填涂动物的四肢，丰富幼儿对动物及动物水墨画的认知，感受并学习水墨画的方法。本步骤通过展示多种姿态的动物图片，利用白板中标记笔的功能，让幼儿进行简单填画，并感受水墨画的毛笔正确的下笔方法，解决活动的难点。

步骤3：幼儿合作绘画动物水墨画。(18分钟)

前期铺垫做好之后，让幼儿开始用毛笔绘画，两人一组完成动物水墨画。教师拍下幼儿们画的动物水墨画，并将当场拍摄的练习作品上传至计算机中，采用教师点评、幼儿自评、幼儿互评的方法让幼儿从中扬长避短。本步骤解决了本次活动的重点，通过合作的形式，让幼儿练习用毛笔画水墨画，并体会合作的乐趣。同时，画好之后也会采用教师点评、幼儿自评、幼儿互评等方法，锻炼幼儿的语言表达能力。

第三环节，展示动物水墨画，结束环节。(4分钟)

让幼儿展示合作的作品。

此环节通过幼儿展示画卷，体验成就感，增强自信心。通过教师讲评画卷，激发幼儿对中国传统艺术的热爱之情。

上述示例教学过程结构完整，层次清晰。由观察、提问引入主题。然后基本部分遵循了由易到难，由具体到抽象的原则。基本的顺序是：首先通过观察图片，让幼儿讲述图片；其次再播放视频，让幼儿感知水墨画的绘画姿态；再次用交互式电子白板，示范水墨画毛笔的正确动作；最后让幼儿绘画，尝试用毛笔绘画，使用正确的握笔方法。结束部分是通过对作品进行展示与评价，结束此次活动。

四、教学过程设计应注意的问题

（一）教学思路与教学环节要说清

说课者要把自己对教材的理解和处理，针对幼儿实际，借助哪些教学手段来组织教学

的基本教学思想说明白。首先要把教学过程所设计的基本环节讲清楚。但具体内容只需概括介绍，只要听讲人能听清楚“教的是什么”“怎样教的”即可，不能按教案像给学生上课那样讲。另外注意的是，在介绍教学过程时不仅要讲教学内容的安排，还要讲清“为什么这样教”的理论依据（包括大纲依据、课程标准依据、教学法依据、教育学和心理学依据等）。

（二）说明教与学的双边活动安排

这里说明怎样运用现代教学思想指导教学，怎样体现教师的主导作用和幼儿的主体活动和谐统一，教法与学法和谐统一，知识传授与智能开发的和谐统一，德育与智育的和谐统一。同时要说明采用哪些教学手段辅助教学。

（三）教学过程要详略得当，重点突出

说教学过程时要注意主次，缩减无关紧要的内容，以达到突出重点的目的。同时，在说课中，要凸显教学内容的重难点都分别是什么。

第三章
不同类型的说课技巧

第一节　招教说课

为促进幼儿教育事业健康发展，每年各省市会发布招聘公告，招聘一批具有较高思想政治素养和道德修养，热爱教育事业，服从安排，乐于奉献，具备从事幼儿教育教学的基本素质的幼儿教师。幼儿教师公开招聘主要有笔试和面试两种形式，其中笔试部分的考试内容包括教育基础理论、幼儿教育专业知识等；而面试的形式一般包括说课、试讲、技能测试和答辩等形式，不同地区、不同用人单位组织面试的形式可能有所不同，可以选择其中一种，也可以选择其中几种。说课是教师招聘面试中比较常见的考试形式。

一、招教说课的特点

（一）说课内容现场抽取

招教考试面试现场严格按照考试流程进行。一般流程包括签到、资格审查、抽签与排序、抽题、准备、正式说课（面试）。招教说课的内容现场抽取，给予考生准备时间一般为20～30分钟，考生在备考室按规定时间内构思好说课内容，并进行现场说课。

（二）说课时间严格限制

招教考试的说课有一定的时间限制，一般为10～15分钟，要求考生在规定时间内完成完整的说课。这就要求考生对说课内容进行整体布局，合理分配时间，主次分明、详略得当，说课内容不能过少，也不能过多。

（三）说课体现课堂教学艺术

说课是考生口头表达教学活动的教学设想及其理论依据。说课相对上课来说，形式较为简单，所用时间也相对较短，说课活动本身展示了考生的课堂教学艺术，反映了考生的语言表达、教资教态、专业功底等教学基本功，因此很多教师招聘考试会选择说课这种形式。

二、招教说课的准备

在幼儿教师招聘的说课面试环节，一般给考生20～30分钟时间的准备，然后再进入考场进行面试。要真正提高“说课”的能力，必须在实践中历练，在历练中学习，在学习中反思，在反思中积累。那么，在说课面试过程中，如何做准备呢？归纳起来，应做好知识准备、理论准备、技术准备、心理准备。

（一）知识准备

知识是基础，是根本，没有专业的知识基础，要想说好课是不可能的，所以，说课前首先要做好知识准备。

（1）掌握说课的基本要求，知道说课是什么？说什么？如何说课？分清楚说课和备课、试讲的区别和联系。

（2）掌握幼儿园教学活动的基本知识，一切活动以幼儿为中心，具有游戏化、生活化的特点。

（3）掌握幼儿园五大领域的教学活动类型、特点及活动设计的内容、要求、方式等。

（4）掌握不同年龄阶段的幼儿在一日生活中的特点，学会不同领域活动设计的内容、要求及规范格式，收集优秀教案，认真研读分析。

（二）理论准备

说课的理论因素很浓，没有一定的理论水平，是说不好课的。说课一定要在理论的指导下研究教学内容的分析、过程的设计、教学方法的运用。否则，说课就没有高度，就是无本之木。因此，考生在说课前要针对教学的实际需要，有计划、有步骤地学习学前教育的相关法规文件，包括《幼儿园工作规程》《3—6岁儿童学习与发展指南》（以下简称《指南》）、《幼儿教师专业标准（试行）》等。同时，还要学习幼儿卫生与保健、幼儿教育学、幼儿心理学的相关理论。掌握不同年龄阶段幼儿的身心发展特点和教育规律，以及学习五大领域的教学法理论，掌握幼儿园教育活动设计的相关理论和教学方法及要求，这些理论对指导说课更具针对性和时效性。只有这样，才能不断提高教育理论的素质，为说课打下理论基础。

（三）技术准备

1. 明确说课的内容和要求

要想说好课，首先明确说课要说什么。关于说课的内容，通常包括说内容、说目标、说学

情、说重难点、说方法、说程序等内容。需要认真审题，仔细阅读题干的每一个信息，如是否明确是哪个领域、哪个年龄阶段的幼儿。如果没有规定，就要分析题干适合哪个年龄阶段的幼儿。另外，有的题干范围广、有的题干很具体，因此要认真审题，确定题目及内容。

说课不仅要求教师要说出“怎样教”，还要说清“为什么这样教”的理论依据（包括大纲依据、教学法依据、幼儿教育学和幼儿心理学的依据等），使听者既能知其然，又能知其所以然，达到理论与实践的有机结合。

2. 撰写说课提纲

考生要合理安排好 20 分钟。一般 2～3 分钟内要把目标确定下来，然后重点考虑教学设计的框架，重难点突破的策略，并以纲要的形式写下来，不要一字一句去写。由于时间紧迫，要在说课前准备好各领域基本课型的框架，包括目标框架、理论框架。保证在规定时间内，完成说课准备。

3. 掌握招教面试说课的技巧

(1) 加强说的功夫

说课有不同的类型，不同的目的，这些都离不开语言表述。要动口，就要加强说的训练，要有说的功夫。要注重语气、语量、语调、语速、语感；同时，要进入角色，脱稿说课不能用背课文的语调，要用“说”或者“讲”的语气，设计意图则用说明性语气，二者要有区别；要自然和谐、落落大方。

(2) 内容详略得当

考生在把握说课的各方面内容时，不能平均使用力量，不能眉毛胡子一把抓，要分清主次。只要说清“是什么”和“为什么”即可。应把主要时间和内容放在说教学程序上，说教学程序是重头戏。

(3) 整体流畅自然

说课的过程中切记不要做报告似的，有许多“1、2、3”，环节间的过渡要自然，过渡语言可事先准备好。例如，教材分析后，要确定目标，可以这样说“基于对教材的理解和分析，我将本次活动的教学目标定位为……”“为使幼儿感受……，我为本次活动确定了两个目标，旨在对幼儿的认知、能力、情感等方面作积极的引导”；说好目标可接着说：“下面我侧重谈谈对这个教学活动重难点的处理”“为顺利达成以上教学目标，我将做好以下准备”等。同时尽量避免教师问……，学生答……，教师又问……，学生又答……这种流水账式的说法。

(4) 具有时效性

因为在教师招聘面试考试中的说课均是课前的预案，不是课后的反思性说课，想象的空间较大，所以教师可以将课堂设计得精美一些。但要注意的是说课内容的可操作性和时效性。说课时应体现落实计划的可能性、有效性和监控性，绝不是虚无缥缈的“纸上谈兵”，所以难以准备的教具、学具，难以组织的环节等要尽量避免。

（四）心理准备

招教面试要求在规定时间内完成一堂活动设计，并在短时间内谈完一节课设计的整体思路。这对考生的要求较高，如果考生心理压力过大，很容易在说课时形成心理障碍，以致影响正常水平发挥，这就需要说课考生在考试之前，做好充分的心理准备。

1. 增加自信心

进考场前，考生要充满自信，给予自己积极的心理暗示，克服紧张情绪。要卸下思想包袱，消除紧张心理，加入考场说课时从容自如，认真审题，准确把握考题内容，使能力得到应有的发挥。

2. 注意自我心理调节

良好的应变能力和自我控制能力是一个教师应具备的基本素质。说课是在没有学生配合的情况下，一切靠自己完成，当出现漏洞时，考生要具有稳定力、应变力，消除心理紧张，稳定心理状态，恰当巧妙地弥补。这种心理能力不是一蹴而就的，是需要在平时加以训练的。面试时，评委对考生的临场发挥状况比较关注。如果评委看到一个紧张、慌乱、无所适从的考生，会对最后的评分产生较大的影响。

“凡事预则立，不预则废”“不打无把握之仗”，这都说明事前准备的必要性。充分准备是说课成功的起点，也是自我提高的过程，只有准备充分，才能提高说课的质量，才能不断提高自身的教育教学能力。

案例 3-1

招教面试说课稿——《祖国到处有欢乐》

尊敬的各位评委老师：大家好！

我是×号考生，我抽到的题目是语言领域教育内容——《祖国到处有欢乐》。我将年龄班定在大班。下面，我将从深入分析说教材，有的放矢说目标，教学相长说教法、学法，精心设计说流程等环节来进行我的说课。

首先，深入分析说教材：

在《纲要》中指出，幼儿的语言能力是在交流和运用中发展起来的，幼儿的语言领域主要是指给幼儿提供一个想说、敢说、喜欢说、有机会说的愉快的语言环境，《祖国到处有欢乐》是一首通俗易懂，句式优美，词汇丰富，读起来朗朗上口的儿歌。儿歌用浅显的语言勾勒一幅优美生动的画面，结合大班孩子好奇、好闻，喜欢探索的年龄特点，对知识充满好奇的心理和“十月份祖国妈妈过生日”的活动主题，我设计了本节活动。

有的放矢说目标：

目标是活动的起点和归宿，对活动起着导向作用，因此，我从认知、技能、情感三个方面来制订本次的活动目标。

目标 1：理解儿歌的内容，学习有表情地朗诵儿歌，感受儿歌中语言的优美。

目标 2：在理解儿歌内容的基础上，丰富形容词，“温暖的”“可爱的”“甜甜的”。

目标 3：运用××说：祖国有××的句型，尝试进行仿编儿歌，并感受祖国的美好。

其中，我将目标 1 和目标 2 作为本次活动的重点，目标 3 作为本次活动的难点，在活动过程中，我将一一解决重点，突破难点。

教学相长说教法、学法：

好的教学方法能够达到事半功倍的效果。为了更好地实现活动目标，我采用的教法、学法有图片法、提问法、演示法、讨论法。为了实现课堂效果，完成活动任务，达到一定的教育效果，我还做了如下准备，有图片、幻灯片、动物头饰等。

精心设计说流程：

首先，为激发幼儿兴趣，播放歌曲《我们的祖国是花园》。在播放歌曲的同时，让幼儿欣赏祖国的景色图片，同时从语言上进行引导，歌曲里唱到我们的祖国是个大花园，咱们的祖国和歌曲一样美丽极了，不信你们瞧。那么这个像花园一样美丽的祖国叫什么名字(中国)，我们的祖国不仅是个大花园，它还到处充满欢乐。下面老师带领小朋友们一起学习一首儿歌《祖国到处有欢乐》(板书)，请小朋友们认真听一听，动物们给咱们介绍了哪些美丽的景色。

在幼儿的兴趣被激发后，我将进入第二个环节——范读儿歌。范读儿歌时，要做到口齿清晰，情感丰富、发音规范，我是这样读的：祖国到处有欢乐，小燕子说：祖国有温暖的泥窝；小白鹅说：祖国有可爱的山河；小山羊说祖国有青青的草坡；小蜜蜂说：祖国有甜甜的花朵；小朋友们说：祖国到处有欢乐。通过我的示范朗读，接下来我采用提问的方法帮助幼儿理解儿歌的内容，我的问题是这样的：儿歌中讲到了哪些小动物？它们是怎么说的？

为了进一步理解儿歌的内容，我运用了漂亮生动的幻灯片，再一次让幼儿整体欣赏儿歌，在这之前，先把问题抛给幼儿，让幼儿带着问题欣赏儿歌。①小燕子为什么说祖国有温暖的泥窝？②祖国有青青的草坡，还有什么样的草坡？③小朋友为什么说祖国到处有欢乐？你们说说祖国还有什么？在这一过程中，我还运用讨论法，让幼儿讨论我所提出的问题，通过幼儿的讨论，我来进行小结，祖国有温暖的泥窝、可爱的山河、青青的草坡、甜甜的花朵，处处有欢乐。通过这一环节的学习，幼儿对儿歌的内容已经完全理解，此时完成了活动目标1和目标2，解决了活动中的重点，在此基础上，我引导幼儿对儿歌进行仿编，仿编的时候，我拿出其他小动物的头饰，并提出问题：小松鼠说：祖国有什么？小鱼说：祖国有什么？引导幼儿与同伴之间相互交流，分享自己的想法，这时完成了目标3，突破了难点。

活动的最后，我还设计了延伸，延伸是这样的。播放风景图画，让幼儿在欣赏美景时，向幼儿传达生活文明、爱护环境、注重个人礼仪和卫生的常识，让幼儿从小有保护环境意识，并鼓励幼儿把自己看到的美丽景色画在画板上，在轻松愉快的气氛中结束本次活动。

课后，我把活动中用到的动物头饰放到区角文化区，让幼儿们在游戏时间进行分角色表演儿歌。总之，在本次说课活动中，我自觉运用《纲要》中的教育理念，遵循幼儿身心健康发展规律，尊重幼儿的年龄特点，注重幼儿之间的个体差异，以促进幼儿的身心全面和谐发展。

我的说课到此结束，谢谢各位评委老师的聆听！

第二节　教学技能比赛说课

近年来，说课比赛成为幼儿园教师和高校学前专业学生进行技能考核比赛的重要项目。在历年的全国学前教育专业技能大赛中，说课项目所占的比重较大。由此可以看出，幼儿教师说课具有十分重要的意义。

一、教学技能比赛说课的特点

（一）一般给予命题范围，选手可提前准备

一般在比赛前期，组织者会发布公告，公布命题范围，选手开始着手准备。比赛时，从命题范围中抽取课题进行说课比赛。

（二）说课时间规定严格

相对于招教说课来说，教学技能比赛说课时间较长，一般为15分钟左右。另外，对其时间要求十分严格，选手超时或时间不够都会按一定的比例扣分。招教考试的说课也有时间规定，但如果相差一点，不至于直接影响成绩。

（三）运用多种手段辅助说课

比赛说课时，不允许选手制作多媒体课件，而是充分利用现代教学技术和教育、学具等设施设备，使课堂丰富多彩地呈现。而招教考试的说课会受到环境的影响和制约，不能运用更多的多媒体及相关教学设施。

（四）质量要求较高

参加比赛的选手通常会经过长时间的准备和有针对性的训练。教学技能比赛，比的是说得活、说得透、说得有特色、说得有创新。比赛说课仅仅做到完整流畅、逻辑清晰是不够的，还要将说课的艺术和升华表现出来，从而体现选手的专业素养和教学水平。高水准的要求，需要教师认真准备、刻苦训练、不断反思和进步。

二、走出说课的“误区”

（一）误区一：把说课等用于背教案

说课的要求是把备课过程的内在思维活动表达出来，不吃透教材，是说不好课的，但说课不是背教案，说课更能体现教师的教学个性。教案只写出“教什么？”“怎样教？”而说课除说明教学内容和教学方法之外，还需要说明“为什么这样教”的理论依据，使听者“知其然，还要知其所以然”。

（二）误区二：弄错听课对象

说课的对象是用人单位的主管、专业教师、工作单位的同行、领导或参加比赛的评委等，要让听者知晓“怎样教？”“为什么这样教？”而不要视听课对象为学生。

（三）误区三：读说稿、背说稿

说课不是拿写好的稿件来读，说课要“脱稿演说”，但又不能死记硬背。在准备充分，胸有成竹，说完之后，听者可能会提出种种问题，说者还要即时答辩。

（四）误区四：将说课变为讲课

说课重视理性和思维，讲课重感性和实践，说课的重点应放在实施教学过程，完成教学任务，反馈教学信息，提高教学效率方面，而讲课在于教和学的具体操作，只会上课不会说课的教师可能是一个很好的教书匠，但能上好课又能说好课的教师，却可以成为一名真正的教育讲师。

三、教学技能比赛说课的注意事项

在说课中，除了在内容撰写上要做到充实、完整，语言表述上做到自然、流畅之外，同时还需注意以下问题。

（一）切忌撰写详案，照本宣科地读

虽然需要认真撰写备课稿，但这并不意味着一定要把所有的准备时间都用在“写”上，要预留出一定的时间梳理所写内容，否则，在说的过程中会因不熟悉内容而导致表述不流畅。在撰写备课稿时，内容不要过于详细，过于详细的备课稿会在“说”的过程中产生依赖性，最终将脱稿“说课”变为照稿“读课”。

（二）切忌口语化，注意语言规范性

说课过程中，切记出现“嗯”“啊”“对吧”“是吧”“所以”等口头禅，这些口头禅会将你整体的说课水平和效果拉低，防止出现口头禅的最好方式就是减慢自己的说课速度，将精力集中在自己的说课流程中，而不是考官的反应中，同时在上考场前要深呼吸，调整好自己的状态。

（三）切忌无肢体语言，没有任何互动

说课的自然不仅体现在口头语言上，自然的肢体语言同样不可或缺，在说的过程中切忌双手捧着备课稿一动不动地站在原地，所以说课时最好一手拿稿，结合着所说内容适时地加上一些肢体语言，当然，过犹不及，不能没有肢体语言，也不能有过于烦琐的肢体语言，例如，频繁地做一个动作，或者频繁地在讲台上来回走动。

（四）切忌缺乏过渡语，说课生硬

说课的另一大特点是，不仅要说出自己的设计思路，还要说出自己的设计理由，因此，

从教学目标这一环节开始就要注意对每一个环节设计依据进行说明。说课与试讲不同，它的受众群体是同行，所以原因的阐释，是要让考官看到你的教学理念、设计依据以及所能达成的教学效果。

案例 3-2

教学技能比赛优秀说课稿——《小猕猴购物》

尊敬的各位领导、同行、老师们，大家好！

我是×××，今天我说课的题目是《小猕猴购物》，选择的活动对象是大班幼儿，活动领域为语言领域。下面我先来说教材。

一、说教材与说学情

1. 说教材

《纲要》指出，教育活动内容的选择，既要贴近幼儿的生活，满足幼儿的兴趣与需要，又要有利于其长远发展。由于大班幼儿即将步入小学，为了鼓励幼儿用清晰的语言表达自己的思想和感受，发展语言表达能力，并教育幼儿使用礼貌语言与人交往，养成文明交往的习惯，为幼儿进入小学后语言能力的发展和良好素养的形成打好基础，我设计了《小猕猴购物》这一活动课，让幼儿在使用礼貌买卖用语的同时，提高基本素养和与人交往的能力。

2. 说学情

大班幼儿已经具有一定的语言表达能力，能用礼貌的语言表达他们的要求，然而由于年龄的限制，幼儿在语言表述时的自信心有待提高，还需要进一步锻炼。因此，我设计的《小猕猴购物》这一活动课的目的是，锻炼幼儿的语言组织能力和自信心，让幼儿在使用礼貌用语购物过程中，实现行为和意识的统一。

二、说目标

根据大班幼儿年龄特点及实际情况，以及《纲要》的要求，我确立了本次活动的目标，具体表述如下。

知识目标：能正确说出要买东西的名称，能大胆自然地与人交流。

能力目标：让幼儿在说一说、玩一玩的过程中学会使用礼貌买卖用语，如“您好，您想买点什么？”“谢谢！”“再见！”等。

情感目标：培养幼儿养成良好的行为习惯和交往能力。

针对以上分析，我将活动的重点确立为：能正确说出要买东西的名称，能大胆自然地与人交流。难点确立为：让幼儿在说一说、玩一玩的过程中学会正确的购物礼仪知识。对于突破重难点所采用的方法主要有：丰富幼儿的知识经验，以游戏和创设情境的形式引导幼儿轻松学习；注重多观察，多探究，使幼儿在亲身体验买卖活动带来的乐趣。

三、说活动准备

活动准备是为具体活动目标服务的，幼儿是通过与环境、材料的相互作用来获得发

展的。因此，活动准备必须与目标，活动主体的能力、兴趣、需要等相适应，为此，我做了如下准备。

(1) 知识经验准备：已经学习了《可爱的小猕猴》的儿歌表演，有简单的购物经验。

(2) 物质准备：小猕猴头饰若干，牙膏、毛巾、香蕉道具若干。

四、说教法与说学法

1. 说教法

《幼儿园教育指导纲要》提出，创设一个宽松的环境，让每个幼儿都有机会参与探究活动，感受参与的乐趣。因此，本活动教师将充当幼儿的支持者、合作者和引导者，根据大班幼儿的特点，结合情境教学法、演示法、操作法等多种教法进行活动，调动幼儿的学习积极性，以实现预期活动目标。

2. 说学法

根据大班幼儿的年龄特征，本次活动采用的学法主要有：游戏法、交流讨论法、操作体验法，以培养幼儿语言组织和表达的能力。

五、说教学流程

1. 激发兴趣

教师：小朋友，今天来跟老师学习一首好听的儿歌好吗？

幼儿：好。

教师：带领幼儿唱儿歌《可爱的小猕猴》(教师带领幼儿边读儿歌边做相应的动作。)

设计意图：教师以《可爱的小猕猴》作为音乐导入，可以有效地激发幼儿活动的兴趣，稳定幼儿情绪，调动幼儿感官，以便很好地进入下一环节。

2. 自由探索

教师：小朋友们，今天可爱的小猕猴不仅让我们感受动听的音乐，它还将带领我们走进礼仪知识的殿堂，学习购物的礼貌用语。下面，我们来看看今天小猕猴都需要买哪些东西。

教师出示画面一：小猕猴要去购物，需要买一支牙膏，两条毛巾，五根香蕉。

教师：小朋友们，你能从画面中看到什么呢？

幼儿：小猕猴要去购物，需要买一支牙膏，两条毛巾，五根香蕉。

教师：大家观察得真仔细。小猕猴要去哪里买这些东西呢？咱们来看看吧。

教师出示画面二：小猕猴来到了商店。

教师：小猕猴来到了商店，它怎样才能买到想要的东西呢？小朋友知道怎么做吗？(引导幼儿说出买东西要说“我想买×××”，买完要双手接过物品并说“谢谢”“再见”等礼貌用语。)

幼儿自由回答如何使用礼貌用语买到东西。

设计意图：教师以直观的形式出示幻灯片，幼儿通过观察、交流等方式与教师互动，充分了解本次活动的内容，激发幼儿积极参与活动的欲望，让幼儿结合生活经验说出购物时礼貌的做法，让幼儿在自由探索中感受快乐。

3. 观看视频

教师播放有关礼貌购物的视频片段，让幼儿观看。

教师：请小朋友说说礼貌购物有什么好处？你知道哪些是不礼貌的购物做法吗？引导幼儿讨论思考。

设计意图：幼儿通过观看视频片段，加深对购物时使用的礼貌用语的印象，有助于教学重点的突破（让幼儿对不礼貌的购物做法进行探索和思考，让幼儿加深对文明礼仪的思考）。

4. 交流体验

(1) 教师：小朋友们，你学会如何购物了吗？

幼儿：学会了。

教师：小朋友们真聪明，我们买东西，一定要说清楚买什么。当然，售货员要先说："您好！您要买什么呀？"顾客要说："我要买××。"买完东西后，顾客要说："谢谢！"售货员说："不用谢！欢迎下次光临！"小朋友们，记住了吗？

(2) 幼儿在小组内学习小猕猴如何购物（教师引导幼儿小组内分角色扮演小猕猴和售货员，买东西时要正确说出买什么，要使用礼貌用语，语气要自然、大方）。

设计意图：通过教师的讲解与示范以及幼儿在小组内的分角色扮演活动，幼儿很快掌握了购物的礼貌用语。本环节，教师根据幼儿的学习特点，在尊重理解幼儿的学习方式和思维水平的基础上，进行有效引导，较好地掌握了本活动的教育重点。

5. 展示自己

教师：小朋友们，现在已经知道怎样购物了，那现在我们也来玩一个小猕猴购物的游戏吧！

教师宣布游戏玩法与规则，幼儿开始游戏。

设计意图：游戏是幼儿最喜欢的活动，能充分调动幼儿学习的积极性和兴趣。让幼儿分别扮演买东西的小猕猴和卖东西的售货员，既加强了对已学礼仪知识的巩固，又让幼儿在愉悦的氛围中体验买卖活动的快乐，也有助于顺利实现教学目标和重难点的突破，让幼儿在快乐的氛围中，紧密地围绕目标内容完成了本次活动的教学过程。

6. 操作表现

幼儿表演完毕，教师引导幼儿评价游戏表演过程中哪组做得最好，并说说理由。

设计意图：让幼儿在游戏后的自主评价过程中明白自己的优缺点，这也是把幼儿主动学习放在第一位。

7. 分享快乐

教师：小朋友们，今天的购物礼仪都学会了吗？请小朋友回家之后，把今天学习的礼仪知识说给父母听，并跟父母做一个购物小游戏。

设计意图：亲子互动，让家长教孩子学礼仪的同时自己学礼仪，成为孩子的好榜样，同时也增进了亲子之间的感情。

六、说亮点与特色

活泼好动、注意力容易分散是大班幼儿的特点，因此要完成教学任务，首先要激发幼儿学习的兴趣。为此，在教学中，我针对幼儿的年龄特点和学习习惯，运用观察法、游戏法、交流讨论法、操作体验法等方法，遵循由浅入深、循序渐进、环环相扣的教学原则，让幼儿们学会了购物的礼仪，提高了他们的语言表达能力和组织能力，从而保证了教学任务的顺利完成。

我的说课完毕，谢谢大家。

第三节 说课稿的撰写要点

要说好课，就必须写好说课稿。认真撰写说课稿，是取得成功的前提，是教师提高业务素质的有效途径。那么，怎样写好一篇说课稿呢？一般从以下几个方面进行阐述。

一、内容的选择及其依据

说课者首先必须说清楚此次活动的内容是什么以及为什么要选择这些内容。活动内容和教材不是同一概念，活动内容应包含教材，但不局限于教材，还应涉及与教材有关的延伸内容。内容部分要求说明讲稿内容的领域、年龄段；本次所选活动主题的内容特点，指明它在幼儿发展过程中的地位、作用和前后的联系以及为什么要选择这些内容。

二、分析学情

分析学情，即简要分析活动对象。因为幼儿是学习的主体，因此教师必须分析幼儿的基本情况，这部分可以单独列出来说，也可以放在分析教材里一起说。具体分析内容主要包括幼儿的年龄特点、身心发展状况，幼儿原有知识和基础技能的掌握情况、智力的发展情况；幼儿的非智力因素包括幼儿的兴趣、动机、行为习惯、意志等发展状况。

三、具体活动目标的确定及其依据

活动目标是教育总目标、年龄阶段目标及近期教育目标的具体化，只有落实了每一个具体活动目标，才能最终实现近期教育目标、年龄阶段目标及教育总目标。因此，说清楚本次活动的教育目标是什么以及为什么确定这些目标是必要的。活动目标的确定，一定要考虑到幼儿的兴趣、内部需要、知识经验和接受能力等，一般从认知目标、能力目标、情感目标等方面来确定。

四、活动重难点的确定及其依据

活动重点是整个活动中起决定作用的内容，是基础内容。它的确定要遵循大纲、教学内容和教学目的。活动难点是幼儿学习时的困难所在，它依据各领域特点和学生的认识水平而定。

五、活动准备的提供及其依据

活动准备是实现活动目标的必要条件。一般包括物质准备和经验准备。其依据可从

以下几方面加以阐述:活动准备是为具体活动目标服务的,同时活动准备又必须与活动内容相符。因此,活动准备与目标、内容的适应性关系必须说清楚。同时,幼儿是通过与环境、材料的相互作用来获得发展的。因此,活动准备必须与活动主体的能力、兴趣、需要等相适应。这一点在说课时必须说清楚。

六、教学方法、学法的选择及其依据

教学方法是教师有效地传递信息、指导幼儿的途径,说教法主要说明在本次活动中将采用的教学方法和运用的教学手段以及这样做的原因,要着重说明其中独创的做法,特别是培养幼儿创新精神和实践能力的具体做法。教师运用说教法时要根据教材的特点、幼儿的实际、教师的特长以及教学设备情况等,来说明选择某种方法或手段的依据。

学法是幼儿通过什么方法学习,是学习的途径和学习形式。

七、教学活动过程(目标达成策略)及其依据

一定的活动目标是通过一定的策略来达成的,这里的达成策略包括活动步骤(活动环节)及活动的方式方法。可从以下三个方面说清楚安排活动步骤、选择活动方式方法的依据。

(一)活动步骤、活动方式方法与活动目标的适应性关系

活动步骤的安排、方式方法的选择必须以活动目标为核心,而活动目标既有赖于整体的教育活动过程来实现,又以不同的侧重点分散实现于各个活动步骤,因此,说课者必须分解活动目标,并分析各层次活动目标与各步骤及方式方法之间的适应性关系。

(二)活动步骤、活动方式方法与活动主体的适应性关系

活动步骤的安排、方式方法的选择必须考虑幼儿的学习规律、兴趣、知识和能力等,以便幼儿在活动中发挥主体能动作用,变外因为内因,更好地实现教育目标。因此,必须说清楚活动步骤、活动方式方法是如何与幼儿相适应的。

(三)各活动步骤之间的适应关系

每一个教育活动都是由几个活动步骤组成的,所有活动步骤之间存在必然的逻辑联系,前一步骤是后一步骤的基础,后一步骤是前一步骤的继续和发展,这样层层深入,逐步实现活动的目标,说课者必须说明各活动步骤之间这种适应性关系。

八、活动延伸及其依据

活动延伸是指本次活动结束后,为了巩固活动效果而将活动内容继续向其他活动领域和日常生活领域渗透。说课者必须说清楚以什么方式的活动来延伸本次活动及其依据,也即活动延伸与活动目标达成及活动主体的适应性关系。

九、分析活动特色与亮点

说课的核心在于说理，教学重点要说清为什么这样教，教学重点和教学难点如何突破。因此，在对自己设计课程中的思维活动进行审视后，要突出说明自身的教学风格与特色。最与众不同的地方要多角度挖掘。

说课稿体例

- 活动名称

- 说教材（也可单独分成设计意图和活动目标两方面）

  1. 说设计意图

  2. 说活动目标

- 说重难点

- 说活动准备

- 说教法、学法

- 说活动过程

- 说活动特色与亮点（依据个人情况而定）

- 说反思（如果之前有授课）

案例 3-3

中班健康领域活动——“小青蛙跳跳跳”

大家好！今天我说课的内容是中班健康活动“小青蛙跳跳跳”。我说课的内容主要围绕说活动内容、说活动目标、说活动准备、说教学方法和说教学流程五个方面来展开。

一、说活动内容

中班幼儿活泼好动，各种动作的发展日趋完善，跳跃能力增强了很多，跳跃的远度、高度和连续跳的持久性有了明显的提高。但是中班幼儿身体的协调性和平衡能力还比较差，在纵跳起跳时会出现蹬地腿蹬不直，蹬地不充分，落地时屈膝缓冲过大容易坐在上的现象。蛙跳是一种能够有效地锻炼幼儿协调能力和平衡能力的运动项目，可以有效地改善这些现象，使起跳、落地动作更流畅，跳跃的距离更远，跳起的高度更高，从而提高幼儿的跳跃能力。

《纲要》在健康领域明确强调，培养幼儿对体育活动的兴趣是幼儿园体育的重要目标。怎样让中班幼儿有兴趣地练习跳，并使其能够在增加动作难度的基础上巩固跳的技能，是当前中班跳跃类体育活动所需要解决的问题。为此，本次活动创设“小青蛙跳荷叶”“小青蛙吃虫子”的情境，以扮演小青蛙的活动形式来激发幼儿的兴趣，吸引幼儿热情参与活动，锻炼幼儿的跳跃能力。活动的动作训练内容主要是蹲跳、原地纵跳，有利于锻炼幼儿的肌肉力量、四肢配合的协调性和关节的灵活性，具有极大的价值。

二、说活动目标

(1) 目标定位：活动的目标是教育活动的起点和归宿。根据中班幼儿的年龄阶段特点和基本动作的发展情况，我将本次活动的目标定位于以下几个。

① 通过探索模仿青蛙跳的动作(重点)，学会蹲跳、原地纵跳，掌握正确的起跳和落地姿势(难点)。

② 乐于参加体育活动，体验参与体育活动的乐趣，增强自信心。目标的制订涵盖了认知、能力、情感三个方面。

(2) 重点定位于：探索模仿青蛙的动作；难点在于：能有意识地控制脚丫活动，保持身体动作的协调灵活。

三、说活动准备

(1) 物质准备：绿色卡纸做成的荷叶若干，小青蛙头饰每人一个。绿色卡纸做成的荷叶是体育游戏活动的材料，它便于“跳荷叶”环节的进行，小青蛙头饰可以增加活动的趣味性。一段较活泼的音乐主要是作为信号，音乐播放时开始活动，音乐停止时终止活动，便于控制幼儿的运动量。

(2) 环境布置：用绿色卡纸布置一个池塘，“小池塘”旁边一块小空地作为田地。场地要求平整。“小池塘”“田地”是本次体育活动情境创设(小青蛙在池塘上玩跳荷叶、小青蛙在田地里捉虫吃)的场地要求。由于活动的训练内容是蹲跳、纵跳，地面平整才能保证幼儿的安全。

(3) 知识经验准备:幼儿认识青蛙,对青蛙的外形特征和生活习惯有大概的了解。幼儿已有一些跳跃动作的经验和对青蛙的了解,有助于教师迁移新的动作经验,也有利于幼儿更快地学习。教师熟悉如何模仿青蛙蹲跳、跳起来吃蚊子的姿势,以便更有目的地引导活动进行,及时纠正幼儿的错误动作。

四、说教学方法

考虑到体育活动本身的特点及中班幼儿的年龄阶段特点,本次活动主要采用了以下几种教学方法。

(1) 提问法:在体育活动中采用提问法鼓励幼儿自己去探索思考,从而启发他们积极大胆地想象模仿青蛙跳。另外,还有助于大体上了解幼儿基本动作的发展状况。活动开始时通过提问青蛙是如何跳的来巩固幼儿对青蛙蹲跳的认识,帮助解决练习蹲跳过程中可能出现的部分能力弱的幼儿不容易学会的问题。

(2) 情境创设法:活动的主体环节创设了"小青蛙跳荷叶"和"小青蛙捉虫吃"两个情境。这使整个体育活动变得更加有趣,从而激发幼儿的兴趣,使其积极热情地参与到体育活动中。

此外,我还采用了自主探索法、示范法、重复练习法等对活动加以整合,使幼儿在尝试练习的过程中获得愉悦的体验。

五、说教学流程

在整个活动中我主要设计了五个环节,包括热身进场—自由探索—巩固练习—集体游戏—放松活动。

1. 第一个环节:热身进场

热身运动,教师引导幼儿模仿一些动物的动作:蜗牛慢慢地走、螃蟹横着走、小鸭子摇摆着走、小兔蹦蹦跳、小鸟左右飞。爱模仿是幼儿的一个很重要的心理特点,在这一环节的设置中,我主要抓住了幼儿的这个特点,来提高他们参与活动的兴趣。同时还可达到活动前的热身效果。我设计的一系列模仿动作是一个循序渐进的过程,动作由慢到快,活动量由小变大:先学蜗牛慢慢走,学螃蟹横着走,再学小鸭子摇摆着走,学小鸟左右飞,最后学小兔蹦蹦跳。这有利于引出主要活动内容:模仿新朋友——小青蛙。

2. 第二个环节:引导幼儿自由探索

在这个环节中通过提问,启发幼儿有意识地探索模仿青蛙跳的方法。

(1) 提出问题:"小青蛙是怎么跳的呀?"

此时,应尽量启发鼓励幼儿自主探索模仿青蛙跳的方法,我重点观察提取幼儿说出的青蛙跳的比较关键方法。同时关注幼儿的动作情况,根据幼儿的个体差异,因人施教。

(2) 请几个幼儿进行示范,试一试。

请几个幼儿上来给大家演示模仿青蛙跳,重点关注幼儿的动作是否协调灵活,着重提示幼儿模仿青蛙蹲跳时要注意哪些动作要领,让幼儿把动作做到位。该环节我主要采用了提问法。

3. 第三个环节：巩固动作经验

(1) 教师示范蹲跳，引导幼儿注意动作要领：双腿要用力蹬，落地的时候要往下蹲。

蹲跳是本次体育活动的重点和难点，教师示范可以巩固幼儿的动作经验，还能起到一定的强调作用。

(2) 引导幼儿练习蹲跳。师："那现在我们来当回小青蛙，把蹲跳的本领学好。"

每个幼儿戴上头饰，开始自由练习，教师观看幼儿动作是否到位，提醒幼儿注意起跳和落地的姿势，及时纠正做错动作的幼儿，再次给予示范。

创设情境"小青蛙跳荷叶"，巩固蹲跳的动作。

师："现在我们把本领学好了，我们到池塘上玩跳荷叶吧。记住了，要从一片荷叶跳到另一片荷叶上，不要掉进水里了。音乐响起的时候再开始跳哦，音乐停的时候停下来。"播放音乐，幼儿开始跳荷叶。

(3) 音乐停止，师："小青蛙们玩累了，我们先在荷叶上休息一下，放松放松吧。"

情境的创设可以激发幼儿兴趣，让幼儿在有趣的情境中对蹲跳的动作进行巩固练习。可根据幼儿运动的情况，利用音乐作为一种信号，适时让幼儿停下来休息，调整运动量。活动中教师还要注意观察、指导、鼓励和帮助能力差的幼儿完成蹲跳动作的学习活动。该环节我主要采用了示范法、动作练习法，巩固加深幼儿蹲跳的动作经验，为下一个环节做准备。

4. 第四个环节：游戏"小青蛙吃害虫"

(1) 师："休息一下，发现肚子也饿了，我们到田里去捉害虫吃吧。小青蛙是怎么捉虫吃的呀，谁来试一试？"请几个幼儿示范模仿青蛙纵向跳吃虫子，教师进行引导，让幼儿将动作做得更到位一些。

(2) 师："小青蛙们，我们一起跳到田里去捉虫吃吧。等等，小青蛙们吃饱了之后就跳回荷叶上做做放松活动，然后睡一觉。"

这一环节是活动的难点，再次创设情境，主要训练幼儿的纵向跳跃能力。在开始游戏前教师虽然提出明确的要求，但是幼儿往往记不住，所以就需要教师在活动过程中进行指导。中班幼儿身体的协调性和平衡能力还比较差，在纵跳起跳时会出现蹬地腿蹬不直，蹬地不充分，落地时屈膝缓冲过大容易坐在地上的现象。教师参与其中，和幼儿一起学青蛙原地纵跳吃虫子，可以及时提醒幼儿纠正错误动作，强调安全注意事项，防止碰撞。同时关注幼儿的体力状态，适当调节幼儿的活动量。该环节我主要采用提问法。

5. 第五个环节：放松活动

师："吃饱了，小青蛙们都回到荷叶上放松放松，然后好好睡一觉。"

教师带领幼儿做一些放松舒缓的动作，拍拍腿，甩甩手脚，最后静静地"睡觉"，使原来兴奋的神经逐渐恢复到相对安静的状态，在轻松愉快的气氛中结束活动。

六、活动延伸

活动结束后延伸到家庭活动，请幼儿回到家带领家长一起玩。

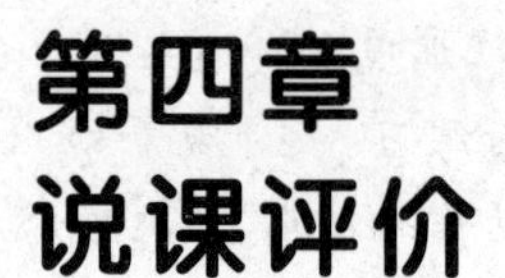

第四章 说课评价

第一节　说课评价概述

说课评价是整个说课活动中的重要环节，是说课活动的价值体现。如果说课活动缺少评价环节，那么说课就是没有必要的，只有有了说课评价，说课者与听评者之间才会形成交流，而这种交流正是我们改进教育方法，促进教育质量提升的重要推手。因此，无论是说课者还是听评课者，都应该认识到说课评价的重要性，并对说课评价的作用、原则、内容有正确的认识，在此基础上建立起来的说课交流才会更加有效。

一、说课评价的基本认识

（一）说课评价是什么

说课评价是听评者对说课者的一种反馈，是听评者基于说课者的说课情况和相关资料进行分析，对说课进行判断并提出意见和建议的过程。

（二）说课评价的意义和价值

1. 促进活动质量的提高

科学地进行说课评价，能通过互助的形式帮助说课者认识到活动目标是否合理，活动材料是否适宜，活动过程是否恰当，能帮助说课者根据评价及时调整活动设计和组织，改进教育方法，优化教育行为，从而实现活动质量的提升。

2. 促进教育行为的反思和提升

美国教育学家斯塔菲尔比姆（Stufflebeam）认为："评价最重要的目的不是为了证明，而是为了改进。"说课评价能为说课教师提供一面反思的镜子，使其发现活动中的不足，促使教师进一步提升教育理论、改进教育方法、优化教育过程，积极学习和借鉴成功的教育经验。

3. 促进参与者专业能力提升

教育评价是说课者与评价者之间的对话，这个过程不仅是促进说课者的专业表达和反思的活动，对于评价者也是如此。在此过程中，说课者和评价者都会基于自身专业实践经验，将实践转化为专业表达，对每一位参与者都是一次梳理实践经验的契机，而这些专业表达的转化以及交流中发生的认知冲突也在不断地为每一位参与者构筑起自身的专业理论体系，实现每一位参与者的专业发展。

4. 传递新的理念

教育的改革、理念的转变需要一个过程。面对同样的标准，如何缩小客观因素带来的实践效果的不同，说课和说课评价无疑是一条重要的途径。通过说课和评价，听取同伴之间不同的教育思想、行为、方法，可以最直接、直观地感受和了解新的教育理念和思想。

二、说课评价的原则

（一）以人为本原则

在长期的教育改革过程中，课程实现了从以“教师”为中心向以“儿童”为中心的转变，从以“教”为中心向以“学”为中心的转变。这种转变体现出的是以人为本的原则，对课程改革是如此，对教研活动应如此，对说课活动也应如此。在说课活动中，以人为本的原则体现在两方面，一是基于儿童，即基于儿童的需求、发展状况、兴趣等内容。二是为了儿童，即实现各年龄阶段儿童应该达到的教育和发展目标。在以人为本的原则下进行说课评价，就是要从基于儿童和为了儿童两方面出发，对说课的目标、准备、方法、过程等内容进行评价，而不是脱离儿童，一味地追求材料的新颖、方法的新鲜、过程的新奇。

（二）及时性原则

及时性原则是由说课的特点和性质所决定的。说课是具有很强现场性的活动，听课后及时展开评价，效果最佳。及时地进行说课评价，能防止因时间的推移而致上课细节在听课者脑中的遗忘而降低评价效果，对上课者亦如此，及时的评价可以让说、评双方都得到最为有效的启发。因此，在说课者上完课之后，说、评双方都应在规定的时间内开展说课与评价活动，即现场说完课立刻及时高效地进行评价。

（三）客观性原则

客观性原则主要是指评价要依据事实、客观、公正地对说课教师的说课内容进行评价。一是评价需要具有辩证性，既要说出说课中的优点、可取之处、闪光点，也要提出说课中存在的问题和不足，并给予优化和改进的建议。二是体现“对事不对人”的评价本质，着重发挥诊断、改进教师说课理念、水平等作用，为说课教师指明努力的方向。

（四）个性化原则

首先，评价者不能死板地套用一些幼教的基本理论来完成所有的说课评价。诸如出现“本说课符合《3—6岁儿童学习与发展指南》（以下简称《指南》）某领域的基本理念，体现了《指南》某年龄段的发展目标等”，这种评价缺乏针对性，对说课者进一步改进活动毫无意义，是无效的。评价者一定要基于自身对于该类活动的认识，发表自己的观点和立场，基于自己的理解说出说课的优势与不足之处。其次，评课者应善于发现每一位教师在教学中的不同之处，点评出说课教师的个性化特征，包括说课者设计的特色、亮点以及风格等，这对进一步提升说课活动的研究价值，传递个性化经验有重要意义。

案例 4-1

针对某教师在小班歌唱活动“手拉手”的说课，教研员给出如下评价。

1. 教学目标明确，情境设计得当

歌唱教学活动的教学目标明确，情境设计得当。抓住了幼儿好玩、好奇的心理，活动设计敲门邀请动物朋友参加森林音乐会的场景，并利用动物朋友替代了教师范唱、教唱这一环节，富有趣味性、游戏性。

2. 教学活动设计合理，富有浓厚的趣味性、游戏性

在整个活动的组织过程中，教师把“欣赏歌曲”“感受歌曲”“表现歌曲”三个环节相互穿插，通过情境设置（森林音乐会），把幼儿带入特定的情境中，达到了活动的预设教学目标。在活动中教师善于运用启发性的语言对幼儿进行引导且在整个歌唱活动过程中，教师始终把“欣赏—感受—表现”三个环节紧密结合，相互渗透，达到了非常好的教学效果。

3. 凸显了师幼互动、其乐融融的氛围

在整个歌唱活动说课过程中，我能感受到教师用亲切的语言、表情和体态带领幼儿进入特定的场景中，教师在整个活动中既尊重了幼儿的个体性差异，又关注了全体幼儿的发展，在活动中不断地为幼儿创设情境，让幼儿在情境中和动物朋友互动、和教师互动、和幼儿互动，整个课堂气氛轻松、活泼。

（五）整体性原则

整体性原则是指对说课活动要在全面收集信息的基础上做出评价，全面分析说课的类型、模式，说课者想表达和传递的价值取向，不能以偏概全。评价者在进行评价之前，要把说课的目的详细地告诉说课参与者，明确研讨主题和内容，要给参加者完整的文本资料（说课稿件、教材、音视频资料等），在评价中进一步听取说课者关于准备情况的汇报，以便在全面了解的基础上做出客观、公正的评价。

同时，还应该把单项评价与整体评价结合起来，把一次说课和多次系列说课组合起来，不应追求单次活动的完美性，因为对于教育这个问题来说单次活动是无法做到完美的，对于单次活动的过多关注既是钻牛角尖，也是浪费时间。如何在每一次活动中收集新

的问题、发现新的需求，通过一系列活动实现幼儿的发展是以人为本教育理念下教师更应关注的，应该尝试用课程的理念看待说课活动，这样才能将教育研究活动真正落实到教育的核心问题，即儿童发展上来。

三、说课评价的功能

（一）导向性功能

说课评价的导向性功能主要体现在四个方面：突出教育理念；诠释教育思想；体现教学能力；展现教育境界。说课的特点决定了说课教师行为的准则和价值的取向，只要科学地开展说课和评价，那么参与者必然会从中受益。说课的目的要求、目标能否起指导作用，关键是要让标准具体化，使之成为评价说课质量的重要参考和依据。评价中要体现判断价值的重点，并提出一定的参考行为标准，要让教师明白说课的方向，这样才能发挥好说课评价的导向作用。

（二）诊断性功能

说课评价的诊断性功能体现在通过评价的指导，发现和分析说课中的各种问题，并找出原因，提出改进措施。说课评价的诊断性主要围绕目标制定、教育理念、教育思想、教育行为以及活动的准备、实施过程做出评价。

（三）交流性功能

评价过程就是各种认知冲突的过程。说课评价的过程就是评价者与被评价者以说课内容为中心，交流自身对于该内容的认知，将各自的认知通过恰当、具有建设性的方式进行交流和反馈，双方在活动过程中形成认知的同化和顺应，演变为认知的重构，最终实现专业发展。这种交流除了认知的交流以外，也是同伴关系的升华和再造。

（四）激励性功能

说课评价具有激发动机、鼓励行为的意义。说课评价可以使教师正确地认识自己的优势，积极面对存在的问题，通过评价来激励教师实现进一步发展。说课评价活动要具有针对性、可行性并配以合理的评价标准，只有这样才能起到激励的作用。

第二节 说课评价的内容及评价表

一、说课评价的内容

（一）对活动目标的评价

活动目标是活动设计的重要环节，它既是教育活动设计的起点，又是教育活动设计的终点。通过评价活动目标是否实现，是否根据幼儿的年龄特点和已有的知识经验制定本次活动的重点和难点，并确定评价是否解决重点和突破难点。

（二）对教法、学法选择的评价

教师在选择教法的时候，需紧扣幼儿的年龄特点和个体化差异，尊重幼儿的兴趣和需要，采用适宜的教学方法，使活动基于幼儿。同时，说课中的教学方法也要服务于活动目标。

学法的评价，评课者要坚持以人为本的原则，看活动中的幼儿是否处于主体地位，有无遵循直接感知，亲身体验，实际操作的学习规律，看说课教师是否针对本次活动所运用的教法选择相应的幼儿学法。学法既要体现基于幼儿，也要体现为了幼儿。

其次，说课教师在阐述完所选择的幼儿学法之后，是否运用了《幼儿教育学》《幼儿心理学》等理论，是否符合《指南》《纲要》等相关文件精神，进一步阐述学法所产生的实际效果，对幼儿发展的价值，这是评价者需要加以关注的。

（三）对说课活动过程的评价

评课者应关注以下几方面。

(1) 活动过程是整个说课的最重要组成部分，它反映了教师的理念、思路、逻辑、个性、风格等，是否突出幼儿主体地位；教学思路清晰；环节设计是否环环相扣、循序渐进。

(2) 活动安排时间是否符合儿童年龄特点，重难点是否突出，运用了哪些教学手段进行辅助。

(3) 活动过程中，教师在教、玩具的投放和使用上是否适宜。

(4) 说课者是否合理预设活动情况、评估教学效果，措施是否得当、应变能力如何。

（四）对说课者现场发挥的评价

评课者具体把握以下几点要求。

(1) 能脱稿讲述，熟悉内容，讲述清楚、生动。

(2) 普通话标准、流利，语言规范，表达生动，逻辑性强。

(3) 基本功扎实，综合素质和能力凸显。

(4) 教态大方、仪表端庄。

(5) 各个环节中理论联系实际，有理有据。

(6) 应变能力较强。

二、说课评价的方法

（一）自评

自评是指教师根据自己对活动的理解进行说课评价，是教师自身发现问题和解决问题的过程。自评一般放在说课的第一个环节，也为他人的评价提供了背景与现状依据，是

他人评价分析的基础。

案例 4-2

某教师在大班音乐欣赏活动“库企企”说课中，是这样评价自己的活动方案的：

本次活动我很好地完成了教育目标。整个活动我以《指南》中音乐的目标定位“充分创造条件和机会，在活动中激发幼儿对美的感受和体验，丰富其想象力和创造力，引导幼儿学会用心灵去感受和发现音乐的美，用自己的方式去表现和创造音乐的美”。在整个欣赏活动中，我有意识地为幼儿创设一个富有童趣的艺术欣赏情境，以情境故事来充分调动幼儿学习的积极性，寓教于乐。整个活动过程中，幼儿都保持着极高的热情，我根据音乐内容情绪创编故事，以有趣的故事形象来激发幼儿感觉，以乐曲的故事情节来感染幼儿，从而培养幼儿的兴趣。当幼儿在创编故事遇到问题时，我坚持作为活动的观察者、支持者和合作者，引导幼儿自己解决创编中的问题，问问幼儿是怎么想的，想表达什么，鼓励同伴之间的互助。在接下来的延伸活动中，鼓励幼儿在表演区进行打击乐配器表演，继续探索用打击乐材料表现乐曲，感受音乐活动丰富的乐趣。

（二）他评

1. 同行评价

说课教师说课完毕，参与说课活动的其他教师根据以往的经验和对教学的理解阐述自己的观点，这种评价在日常的幼儿园教研活动中最为常见，充分体现了同伴互助。

案例 4-3

对于某教师大班打击乐活动“卡门序曲”的说课中，同行教师对活动中某教师使用动画图谱辅助打击乐教学环节的设计做出了如下评价：

看了这位教师的说课，给我最大的启发就是，他在打击乐活动中打破传统，运用动画图谱支持打击乐教学，充分利用多媒体现代技术将动画与节奏相结合。动画图谱中鲜明的节奏符号，能吸引幼儿的注意，使幼儿手、眼、脑、心并用，建立神经联系，使大脑变得更加灵敏、聪慧；同时教师发挥自己这方面的优势，灵动的故事、幼儿熟悉的乐曲、用自己的哼唱和情感表现吸引幼儿，根据每个环节需要，借助 Flash 动画图谱来增强打击乐活动的魅力，培养幼儿的音乐感知能力、音乐表现能力、音乐鉴赏能力和音乐创造能力，使幼儿的观察力、记忆力、想象力、创造力得到锻炼和提高。

2. 评委评价

评委评价一般出现在教学或说课比赛中。这种比赛通常把说课活动作为其中的一个

比赛项目，由专业人员组成评委组，在进行分数评价的同时，通过评委的专业性意见，引导幼儿教师深入开展说课活动。

3. 专家评价

专家评价通常在教师阐述课例后，聘请专家对说课做出评价，以引导年级组、教研组甚至幼儿园加强课程的研究与构建，深化课程改革。专家评价更侧重于专业引领，是对同伴互助的教研活动的有效补充，但说课者与参与者对于专家的评价也应保持独立思考的态度，这是专业工作者必备的精神，也是专业持续进步的保证。

案例 4-4

某教师对中班打击乐活动“小燕子”的一次课后说课，专家立足幼儿园在研课题给出了相应的点评。

专家给出的部分点评：

(1) 选材来源于幼儿的生活实际，也符合中班幼儿年龄段特点和发展需要。

(2) 幼儿参与活动兴趣高，能在教师创设的情境中进行乐器表演，整个活动教师提供的打击乐活动资源支持是非常丰富的，而教师也始终饱含热情，不断发现幼儿的闪光点，并给予鼓励，让幼儿获得成功感。

(3) 活动中充分体现了师幼合作、幼幼合作。

但是活动中也存在一些问题：

(1) 音乐活动落脚点应该在音乐的本质上，但在活动中教师对打击乐活动游戏化关注较多，而在音乐的节奏关键经验上关注欠缺。

(2) 打击乐活动中是否提供的资源越多越好？如何提供适宜的打击乐材料辅助活动的完成？我认为这是每个教师今后在打击乐活动中资源的投放上应该思考的问题。

三、幼儿园说课评价表

说课评价表既是评价者对说课进行评价的重要依据，也是说课者日后改进教育行为的重要依据。关于说课评价表，不同地域、不同幼儿园都有不同的评价指标，其质量主要受制于三大因素。

(1) 活动内容应该包括哪些方面。

(2) 每个评价项目的说明或定义是否清晰。

(3) 评价者对每个维度和项目的感知与理解程度。

需要注意的是，与之对应，说课者也受到这三方面因素的影响。

下面列举两个说课评价表，如表 4-1 和表 4-2 所示。

表 4-1　幼儿园说课评价表

活动名称：　　　　　　　　　　说课人：　　　　　　　　　　日期：

要素		评价标准	分值	得分	备注
说学情（10）	幼儿已有经验	1. 分析幼儿的生理、心理基础，所选内容是否符合该幼儿年龄特点，贴近幼儿生活	3		
		2. 了解分析幼儿对活动的已有经验基础	4		
		3. 了解分析班级幼儿能力的个体差异，如何设计满足不同层次幼儿的认知需求	3		
说教材（15）	1. 教材分析 2. 目标设计	1. 熟悉《纲要》中提出的五大领域要求，准确分析教材内容的特点，对是否符合幼儿身心发展的需求有理论依据	4		
		2. 教学目标（三维目标）设计科学、具体、全面、恰当，符合新课程标准	6		
		3. 准确地确定教材的重点、难点和关键点，能根据教材内容，联系幼儿实际，注重思想教育，培养幼儿的能力及创新意识	3		
		4. 教材的处理要符合教学目标，寓职业道德教育于教学之中	2		
说教法和说学法（25）	1. 教法设计 2. 学法设计 3. 教学策略	1. 教学设计要尊重以幼儿为主体的原则	5		
		2. 教法选择切合教学内容、条理清晰、问题设计难易适度；符合教学原理和教学要求	5		
		3. 体现对幼儿“自主”“合作”“思考”“解决问题”学习方式的引导	5		
		4. 学法指导具体、明确，紧扣教法，适应内容；能运用教育学、心理学理论分析学情，根据幼儿的年龄引导幼儿自主学习，注重幼儿学习能力的培养	5		
		5. 教具和学具的选用灵活、恰当、科学、合理，符合幼儿的实际，能说出其理论依据	5		
说教学程序（35）	教学过程	1. 教学程序合理、科学、有创意，阐述依据符合幼儿教育学、心理学的一般规律	6		
		2. 教学过程条理清晰，各环节的衔接和过渡自然，体现教学目标	6		
		3. 情境、问题设计富有启发性，能体现幼儿主体的发挥，能适时恰当地突出重点，突破难点	8		
		4. 根据内容简述 区域环境的创设及课后延伸活动	5		
	活动准备（包括教具、学具的使用）	1. 能根据活动需要准备教具，学具在使用上符合教学原理、要求	5		
		2. 切合幼儿园和幼儿的实际，合理利用现代信息技术手段，体现教法和学法的改革	5		

续表

要素		评价标准	分值	得分	备注
教师基本素质（15）	1. 语言表达 2. 仪表举止 3. 其他	1. 普通话准确、流利，语言表达规范、科学、清晰、简练；脱稿（没有读、背讲搞），时间掌握恰当	5		
		2. 说课仪表端庄大方，教态自然，精神饱满	5		
		3. 思维清晰、应变能力强；分析得当、有自己的见解	5		
评课人：			总分：		
评课建议：					

表 4-2 幼儿园说课评价表

参赛教师		说课题目	
项目	指标要求	分值	得分
设计意图（10 分）	1. 能从理论上分析活动的主要安排，符合时代要求的教育思想和教学思路	3	
	2. 能清晰、完整、准确地表达出自己符合时代要求的教育思想和教学思路	3	
	3. 能清晰、简明地说出设计的主要意图及各环节设计的主要依据	4	
幼儿学习情况分析（10 分）	1. 能分析本班幼儿年龄特点、已有生活知识经验和学习兴趣	5	
	2. 分析具体、明确、有针对性	5	
教学内容（10 分）	1. 能分析教材的来源，本班实际教学情况，并说出选择教学内容的依据	3	
	2. 能讲清教学内容的地位、特点和作用	3	
	3. 对教学内容理解全面，分析正确、透彻	4	
活动目标（10 分）	1. 目标制定科学、具体、全面，具有一定的层次性，符合幼儿接受水平和发展水平	4	
	2. 描述准确、简洁	2	
	3. 能说清目标确立的依据	4	
教法学法（20）	1. 教法选择符合教师需要，以游戏为基本特征，体现不同领域的特点	5	
	2. 教法即面向全体，同时注重个别差异，师幼互动效果良好	5	
	3. 学法选择配合教法，符合幼儿特点和活动内容需要，阐述理论依据	5	
	4. 学法能具体落实到指导幼儿学习能力培养和兴趣情感的培养上	5	
活动过程（30 分）	1. 教学结构科学、合理、完整	5	
	2. 各教学环节内容安排合理、详略得当、重点突出、难点突破、衔接过渡自然，时间分配合理	8	
	3. 教与学和谐一体，紧紧围绕教学目标展开，教学活动体现以教师为主导、幼儿为主体，课堂氛围良好	4	
	4. 组织形式有利于调动幼儿主体性、参与性和创造性。活动形式易于幼儿感知、参与、体验、探索	3	
	5. 能结合具体教学活动设计，描述教法运用效果和学法指导成效，预测教学目标的落实情况	5	
	6. 阐述过程设计的科学性和理论依据充分	5	

续表

项目	指标要求	分值	得分
整体印象（10分）	1. 语言逻辑性强，表达清晰、准确、流畅，富有表现力，有自己的风格和特色	5	
	2. 普通话标准流利，教姿教态自然，举止大方	5	
合计		100	

简要评析：

第一节　幼儿园健康领域说课稿

一、小班健康活动说课稿——《我的小手》

（一）说教材

1. 教材分析

小班幼儿已具有初步的自我意识，对身体各器官逐步产生探索兴趣。然而，幼儿对身体器官的认识还很浅显，爱护身体、保护自己的经验又比较缺乏。《纲要》明确提出“幼儿园必须把保护幼儿生命，促进幼儿健康放在工作首位”。本活动的进行，可以使幼儿认识自己的小手，了解小手的用处，并能萌发保护小手的意识。

2. 目标分析

活动的目标是教育活动的起点和归宿，根据小班幼儿的年龄特点和实际情况，我确定了认知、能力和情感三个方面的目标。

（1）认知目标：知道各手指的名称，意识到自己的小手很能干。

（2）能力目标：能掌握保护小手的方法。

（3）情感目标：激发自己的事情自己做的愿望。

3. 重点与难点

根据目标，结合小班上学期幼儿的年龄特点，我为本次活动制定的重点为：引导幼儿通过活动了解自己的小手，知道手指的名称。难点是：让幼儿用简单语言表达出手能做许多事情及如何保护自己的小手。

4. 活动准备

根据小班幼儿年龄小、观察不细致这一特点，我录制了本班幼儿从入园、区角、生活等几方面的视频，让幼儿从身边熟悉的人与事中观察，加深记忆。并提前带幼儿学习手指游戏“我的小手藏起来”，本次活动在活动室进行，幼儿以 U 形围坐进行活动。

（二）说教法

为了达到活动目标，化解重点、突破难点，我采用了以下教法。

1. 游戏法

游戏是幼儿最基本的活动，也是我们完成教学目标的首要渠道。我运用了手指游戏“我的小手藏起来”。

2. 谈话法

由于幼儿年龄小，经验少，在引导幼儿认识小手时，通过以教师为主，幼儿为辅的谈话，调动幼儿已有的经验，围绕“我的小手能干什么”“如何保护我的小手”等问题，师幼进行谈话、讨论，达成共识，完成教学目标。

（三）说学法

在教学过程中，幼儿是学习的主体，教师是学习的组织者和引导者。教学的一切活动都必须以幼儿的主动性和积极性为出发点，根据这一理念并结合本次活动的内容和特点以及幼儿的年龄特征，本次活动主要采用以下学法。

1. 经验感知法

教师为幼儿准备了不同的视频，先对幼儿进行观察，拓展幼儿的经验，再通过教师适时的引导，幼儿的思路就会打开，经验就能较好地分享，知道手会做许多事情，并能尝试着用语言表达出来。

2. 讨论法

教师和幼儿进行讨论，引导幼儿认识手指的名称和作用，知道要保护我们的小手，让我们的小手变得勤快起来。

（四）说教学过程设计

我采用游戏引入—师生讨论—探索感知—谈话小结—游戏延伸的教学流程，逐步深入，环环相扣，自然达成教育目标。

1. 导入部分

通过手指游戏“我的小手藏起来”集中幼儿注意力，诱发幼儿的活动兴趣。玩是幼儿的天性，游戏是幼儿最喜欢的活动，既能有效地吸引幼儿，引发幼儿的兴趣，又能拉近师生之间的距离。引发幼儿对小手的兴趣，就为下一个环节认识小手做好了铺垫。幼儿教育应尊重幼儿的身心发展规律和学习特点，关注个别差异，促进每个幼儿富有个性的发展。此游戏环节能够面向全体，能力差的、胆子小的幼儿也能体会到手指游戏的快乐。

2. 展开部分

1）认识小手

（1）观看视频，播放视频前提问，引发幼儿思考，初步感受小手和它的作用，为活动开展做好铺垫。

(2) 认识手指名称，运用朗朗上口的儿歌《大拇哥》，帮助幼儿理解掌握五个手指的名称，从而实现认知目标。

2）交流讨论

在认识手指名称的基础上，讨论知道手的作用，学会保护小手的方法，自然引入本环节：五个手指在一起就组成了我们的小手，小朋友们，你们知道你的小手会做什么事情吗？引发幼儿思考回答，教师进行总结和补充。

通过提问"小手这么能干，没有双手我们就无法正常生活，我们怎么保护小手呢？"引导幼儿讲卫生，保护自己的小手。总结幼儿的回答保护双手的要点：①勤洗手；②勤剪指甲；③注意刀子、剪子等尖尖的物品；④冬天要戴棉手套等。

《纲要》提出："幼儿园必须把保护幼儿生命、促进幼儿健康放在工作首位。"小班幼儿生活经验少，自我保护意识不强，平时生活中常会把手指放入嘴里、啃指甲等，需要教师及时引导。启发幼儿说出保护小手的方法并教育幼儿要保护自己的小手。

3. 结束部分

手指游戏：小朋友们，我们要请我们的手指休息了。

大拇指睡着了，食指睡着了，中指睡着了，
无名指睡着了，小指睡着了，我们都睡着了。

以手指游戏结束活动，这既与活动开始部分相呼应，又能再一次激发幼儿的兴趣，使幼儿在快乐中结束活动。

小班健康说课稿《我的小手》

（五）说教学反思

将手指游戏写在家园联系栏上，在家长和幼儿一起玩手指游戏的同时复习、巩固各个手指的名称。另外，在幼儿园日常生活中注意复习各个手指的名称。

二、中班健康活动说课稿——《跳小河》

（一）说教学内容

《指南》在幼儿健康领域的目标中明确提出，要让幼儿喜欢参加体育活动，动作协调、灵活，要求我们用幼儿感兴趣的方式发展基本动作，提高动作的协调性、灵活性。本活动《跳小河》主要创设活动情境，采用游戏的方式组织幼儿进行体育活动锻炼，活动中我们注重发展幼儿助跑跨跳的能力，尊重幼儿动作发展的差异性。我在活动中设置不同难度的项目来实现跑、跨、跳等发展目标，使每个幼儿都能够在自己原有的基础上有所突破和发展，让每个幼儿都能在提高运动技能的基础上，体会运动带来的愉快情绪。

（二）说学情

中班幼儿在身体发育上已有了很大的发展，在动作技能上也有了一定的基础，体力明显增强，动作的协调性增强，活泼好动，喜欢尝试一些新奇、富有挑战性的动作和玩法。跳跃是中班幼儿较喜欢的动作，助跑跨跳过一定障碍物能使他们获得对自己身体发展的自信心，并且通过尝试、练习，可以让他们动作更轻松、自然、协调，从而提高他们的综合素质。于是我根据符合他们年龄特点和本班幼儿实际发展情况制定了以下活动内容。

（三）说教学目标

（1）认知目标：掌握助跑跨跳的动作方法。

（2）技能目标：能够熟练进行立定跳远的动作练习，并且能够助跑跨跳过一定障碍物。

（3）情感目标：喜欢参与助跑跨跳类的体育活动，培养敢于挑战自我的意识。

（四）说重点与难点

根据对教学内容、学情和教学目标的分析，我确定了本次活动的重点和难点。

重点：掌握助跑跨跳的动作方法。

难点：能够熟练进行立定跳远的动作练习，并且能够助跑跨跳过一定障碍物。

（五）说教学准备

根据活动目标的设定，我做了以下活动准备：绳子若干、溜溜布、音乐。

（六）说教法与说学法

1. 说教法

演示法：教师在幼儿自由探索立定跳远、助跑跨跳的基础上，引导幼儿掌握正确跳法的姿势，帮助他们获得一定的理解。

观察法：教师通过观察幼儿分散练习，纠正部分幼儿不到位的姿势，引导幼儿想出不同的跳法，对勇敢的幼儿及时加以鼓励。

2. 说学法

尝试法：在活动中我鼓励幼儿尝试用不同的方式跳过一定距离，并能够在自己原有的基础上有所提高。当幼儿在练习过程中发现问题时，引导他们不断调整自己的方法或借鉴同伴的经验，学习用正确安全的方法来跳。

（七）说教学过程设计

1. 热身环节

以游戏方式进行热身活动，幼儿当小蝌蚪跟随教师在场地“池塘”中游动（慢跑），蝌蚪长出两条后腿（伏地后蹬），蝌蚪长出两条前腿（伏地做蛙泳动作），变成青蛙（起立自由地模仿青蛙跳跃动作），一串青蛙跳跳跳（集体排队练习）。

2. 基本部分

（1）游戏一：教师指导跳“小河”

本环节的主要目的是使幼儿巩固已有的立定跳远动作技能，学习助跑跨跳的动作方法，通过场地难度的循序渐进，使幼儿由立定跳远自然过渡到助跑跨跳的动作练习。本环节使幼儿形成正确的助跑跨跳的动作概念，并敢于尝试用该方法挑战自己的运动极限，从而为后续的活动做好动作经验的准备。

场地设置为回环形，主要目的是让幼儿能够统一动作练习方向，避免幼儿活动中的碰撞，从而减少伤害的发生。本环节预设三个不同难度的场地：第一个场地为每个幼儿都能够达到的活动场地。第二个场地是保证每个幼儿在原有基础上都能够有所提高而达到的活动场地。第三个场地为要求幼儿必须打破原有动作概念才能突破难度的场地。

教师用溜溜布做小河，并通过调整小河的高度和宽度增加活动练习的难度。首先幼儿在教师设置好的第一个场地上，利用立定跳远的方式跳过“小河”，集体巡回练习，然后在第二个场地增加小河的宽度，以此来提高游戏的难度。

第三个场地在第二个场地的基础上增加小河的高度，若游戏难度超出大部分幼儿的能力时，教师组织幼儿思考、实践，并邀请个别幼儿展示助跑跨跳动作，同时教师进行正确的助跑跨跳的动作示范，激发幼儿尝试练习动作。

(2) 游戏二：幼儿通过助跑跨跳的方式来跳“小河”

本环节通过游戏活动的三个难度层次的递进，使幼儿在参与游戏的过程中不断巩固正确的助跑跨跳的动作概念，并不断尝试用该方法挑战自己的运动极限。

首先，教师把绳子对折放在地上，当作小河，小河的形状由窄逐渐变宽，目的是照顾幼儿能力的个体差异性。幼儿进行第一次尝试：用助跑跨跳的方式跳过小河，引导幼儿看看自己能跳过多宽的河面。要求：注意安全，避免冲撞。在幼儿自由活动的过程中，教师巡回观察。第二次尝试：增加难度。通过下雨了，河水变宽的情境，提高跳过小河的难度，幼儿自主活动，教师在幼儿分散尝试的过程中，根据幼儿的活动量表现，适时集中幼儿观看个别能力较强的幼儿展示动作，一是加强动作概念，二是调节活动密度，避免过度疲劳，注意指导个别能力较弱的幼儿大胆尝试第三次游戏：增加游戏色彩。河里游来了鳄鱼、对面田里出现害虫，小青蛙要躲过鳄鱼的捕杀，过河帮农民伯伯捉害虫，幼儿依次进行游戏。

中班健康说课稿
《跳小河》

3. 结束部分

使幼儿身心从紧张的游戏环境中逐渐放松，并慢慢恢复平静。利用“青蛙戏水”的放松游戏，请幼儿们在小河里游一游、手拉手做波浪动作等。

三、大班健康活动说课稿——《神奇的呼啦圈》

(一) 说教学内容

呼啦圈在幼儿园中是经常使用的运动器械，在幼儿的思维中已经形成定式，很难激发幼儿的兴趣。久而久之，幼儿就会缺乏对周围事物探索的欲望。在体育活动中，教师要根据幼儿身心发展水平，在玩呼啦圈的技能和方法上给予幼儿更多的体验，激发他们继续玩呼啦圈的兴趣，体现呼啦圈这一运动器械一物多玩的功能。

(二) 说学情

《指南》指出：“发育良好的身体、愉快的情绪、强健的体质、协调的动作等是幼儿身心健康的重要标志，也是其他领域学习与发展的基础。”大班幼儿动作协调性及体力明显增强，喜欢尝试一些新奇并富有挑战的动作。结合本班幼儿年龄特点，我设计了此次活动，旨在利用呼啦圈的特性发展幼儿钻、跳、跑的能力，促进幼儿身体健康发展。

（三）说教学目标

活动目标是活动的起点和归宿，根据布鲁姆的《教育目标分类学》，我为本次活动制定了以下三个维度目标。

（1）认知目标：知道钻、跳、跑等基本动作的练习方法。

（2）技能目标：能在呼啦圈游戏中提高身体平衡能力和协调能力。

（3）情感目标：愿意在体育游戏中与他人合作，感受呼啦圈的不同玩法带来的乐趣。

（四）说重点与难点

（1）活动重点：知道钻、跳、跑等基本动作的练习方法。

（2）活动难点：能在呼啦圈游戏中培养身体平衡能力和协调能力。

（五）说教学准备

著名教育家蒙台梭利曾说过：充足的准备是活动顺利实施的关键。为此，我做了以下准备。

（1）物质准备：大呼啦圈（与幼儿人数相等）、小呼啦圈数量多于幼儿人数。

（2）经验准备：幼儿已对呼啦圈常见玩法有一定经验。

（六）说教法与说学法

《指南》明确提出：“要让幼儿喜欢参加体育活动，动作协调、灵活，要用幼儿感兴趣的方式发展基本动作。”因此，在活动中我采用的教法是：情境教学法、游戏法、比赛激励法。根据幼儿为主体原则我采用的学法是：多通道参与法、尝试法、游戏体验法。

（七）说教学过程设计

接下来我将从开始部分、基本部分、结束部分展开来阐述我的教学环节设计。

1. 开始部分：情境导入

通过情境导入的方式，赋予幼儿特定的游戏角色“小魔术师”。让“小魔术师”和“大魔术师”一起围绕着呼啦圈跑步，进行身体各部位的热身活动，使幼儿注意力迅速集中到活动中，为基本部分开展做铺垫。

2. 基本部分

（1）说一说

大班幼儿对于呼啦圈转的传统玩法（如放在腰上转）已有一定的经验。为了拓展幼儿转呼啦圈的更多经验，我会提问 ：“呼啦圈除了放在腰上转还能放在哪里转”，通过开放式提问，引导幼儿大胆表达自己的想法，探索呼啦圈的更多玩法，最后进行小结。通过这些环节，调动幼儿转呼啦圈的已有经验，引出下一环节，为实现认知目标做铺垫。

（2）试一试

说一说之后我会提问："小朋友们，我们的呼啦圈除了可以转着玩，还有什么其他玩法呢？"教师提供呼啦圈，让幼儿探索其不同玩法，探索结束后请幼儿进行展示，如幼儿未能发现跳、钻、跑的玩法时，我会把呼啦圈放在地上，询问幼儿可以怎么玩，引导其发现跳的玩法。再引导幼儿把呼啦圈尝试立起来，发现钻的玩法。之后把呼啦圈举起来跑，引导幼儿发现跑的玩法。最后请幼儿自己尝试这些玩法，这一环节是解决活动重点，并为突破难点做铺垫。

（3）玩一玩

在试一试之后，我会鼓励幼儿以小组为单位进行单脚跳、双脚跳、反复试玩几次。然后再举着呼啦圈和绑着小呼啦圈跑。最后是钻的练习，幼儿组内排队依次钻过去，使幼儿在掌握钻、跳、跑基本玩法之后，又能提高身体平衡能力和协调能力，从而达到技能目标并突破教学难点。

（4）比一比

《纲要》中提出寓教育于游戏，所以我创设闯关的情境，运用比赛法来进行游戏，与幼儿共同制订游戏规则。我将幼儿分成 2 组，一组维持呼啦圈的摆放，一组游戏，一轮游戏结束后进行交换。在闯关游戏我设计了三个关卡，综合锻炼幼儿的开合跳、单脚跳、钻呼啦圈等。游戏结束后我会采用积极评价的方式进行点评与小结，鼓励幼儿继续进行游戏，在游戏中不断巩固幼儿跳、钻、跑的玩法，发展幼儿身体协调能力和平衡能力。

3. 结束部分

放松整理阶段，我会对当天活动进行总结，让幼儿相互捏肩、捶背等，使幼儿身心逐渐放松，恢复平静。

大班健康说课稿
《神奇的呼啦圈》

（八）说教学特色

本次活动充分利用呼啦圈这一幼儿常见的玩具，结合幼儿对呼啦圈的已有经验优势，引导幼儿进行一物多玩，创新呼啦圈的多种玩法，从中发展幼儿钻、跳、跑等基本动作；师幼共同制订游戏规则进行比赛，给幼儿一个充分展示自己和挑战他人的机会，萌发幼儿对体育活动的热爱之情，激发幼儿的快乐情绪，体验合作的乐趣。

第二节　幼儿园语言领域说课稿

一、小班语言活动说课稿——《有趣的动物》

（一）说教材

1. 教材分析

本次活动选用了幼儿生活中比较熟悉并喜欢的小兔子和长颈鹿为角色，讲述了一个

长颈鹿阿姨助人为乐的故事，特别是小兔子们亲亲长颈鹿阿姨这个情节既让人觉得有趣，又很符合小班幼儿的年龄特点。生活中我们经常看到自己班的幼儿亲亲老师的小手或者脸蛋来表示他对老师的喜爱之情。又考虑到现在的幼儿大多数是独生子女，特别是小班幼儿年龄小，个个都以自我为中心，缺乏友爱互助的品质，所以我觉得这个故事既符合小班幼儿的年龄特点，又符合幼儿的现实需要，因此，我选择了这个故事，并将它与语言和社会两个领域相结合。

2. 教学目标

《纲要》语言领域中提出：发展幼儿语言的关键是创设一个能使他们想说、敢说、喜欢说、有机会说并能得到积极应答的环境。以及要鼓励幼儿大胆、清楚地表达自己的想法和感受，发展幼儿语言表达能力和思维能力。根据这一目标和要求，结合小班幼儿的年龄特点和语言发展水平，我制定了本次的活动目标：

(1) 认知目标　在游戏情境中理解故事内容，加深对长颈鹿的认识。

(2) 技能目标　积极参与故事情节的讨论，愿意大胆地表达自己的想法。

(3) 情感目标　体验友爱互助给大家带来的快乐。

3. 教学重点与难点

根据对教材和目标的分析，我将本次活动重点定为：在游戏情境中理解故事内容，体验友爱互助带来的快乐。小班幼儿在语言表达方面不完整，有时只说了半句话就无法再说了，或表达不出心中的想法。根据幼儿的语言发展情况，我确定本次活动的难点是：用比较完整的句子表达自己的想法。

4. 教学具的准备

为了更好地服务于本次的活动目标，完成活动内容，我做了以下准备工作。

(1) 物质准备：我给准备了小兔头饰，这是为了让幼儿快速进入小兔这一游戏角色中；根据故事，我布置了小河、森林等情境以及道具长颈鹿，这是为幼儿在情境中游戏，并能加深故事的理解而准备的；音乐是为了进一步营造游戏的气氛而准备的。

(2) 经验准备：已有长颈鹿的基本特征。幼儿练习过爬、滑这两个基本动作。

（二）说学情

小班幼儿处于典型的游戏年龄阶段，是角色游戏的高峰期，他们对游戏特别感兴趣，平时总喜欢把自己想象成故事中的某一角色，但由于词汇贫乏，幼儿在游戏中想说又不知该怎样说，即使说了也很难把自己的意思表达完整。因此，我想通过活动，让幼儿体验游戏的乐趣，给幼儿提供说话的机会。

（三）说教法

教育心理学认为：学习者，同时开放感知通道比只开放一个感知通道，能更准确有效地掌握学习对象。根据幼儿的学习情况，本次活动我运用了情境教学法、角色游戏法、提问法等。

1. 情境教学法

我尝试打破以往仅用图片进行故事教学的传统模式，而是根据故事内容，为幼儿创设情境，使幼儿仿佛置身于真实的环境中，易于幼儿理解。幼儿有了实践的经验，联想也就丰富了。例如，小兔子马上要去参加演出了，但是过不了河，这让幼儿多么着急啊，他们会主动地想出各种方法过河。当他们真正过了河，参加了表演，这种心情和我们以往用图片讲述，让幼儿通过图片理解的效果是完全不同的。

2. 角色游戏法

角色游戏是幼儿最喜欢的活动，特别是善良、可爱的兔子形象，深受小班幼儿的喜欢。让他们自己来扮演这一角色，不仅能增强幼儿参与活动的兴趣，还能充分让他们表现自我、大胆说话。

3. 提问法

提问法是语言活动中经常使用的方法。在教学中，我尝试改变以往语言教学总是先讲完故事再进行提问的模式，将单一性、回忆式、封闭式的提问方法改成多样性、启发式、开放式的提问。例如，小兔子应该怎样过河呢？我们该怎么感谢长颈鹿阿姨呢？这些问题既能启发幼儿的思维，又能让幼儿根据自己的生活经验表达自己的想法。

（四）说学法

整个活动我以幼儿为主体，变过去的“要我学”为现在的“我要学”，让幼儿在看一看、听一听、想一想、说一说、玩一玩的轻松氛围中掌握活动的重点、难点，幼儿运用了讨论谈话法、游戏练习法等学习方法。

1. 讨论谈话法

幼儿在讨论、谈话中能无拘无束地说出自己的理解与看法，是幼儿练习说话的好机会。

2. 游戏练习法

幼儿在游戏中，练习讲故事。

（五）说教学过程设计

结合幼儿年龄特点及活动目标，我设计了以下三个环节。

1. 交代角色，引出课题，激发幼儿兴趣

兴趣是幼儿主动参与的关键。开始部分我将幼儿的角色交代清楚，并直接告诉他们要去参加动物联欢会，幼儿们最喜欢去参加表演，所以，他们的兴趣很快被调动起来。

2. 在游戏情境中讨论故事情节

这个环节我提出了以下几个问题让幼儿讨论：第一，我们应该怎么过河？第二，长颈鹿阿姨怎么帮助我们过河呢？第三，我们怎么感谢长颈鹿阿姨？鼓励幼儿用较完整的语言表达自己的想法，从中体会友爱互助给大家带来的快乐。

这一环节通过提问、游戏，让幼儿在讨论、谈话中大胆地说出自己看到的、想到的，你一言我一语，幼儿在轻松、愉快的气氛中提高了自己的口语表达能力。他是解决重点，突破活动难点最关键的一个环节。考虑到故事中小兔子涂上口红去亲亲长颈鹿这个教具存

在不卫生的因素，所以在设计活动时，我将故事的后半部分进行了一些修改。这样既避免了卫生问题，又激发了幼儿的发散性思维，让他们知道原来不止是只有嘴巴才可以亲的。

3. 完整讲述故事

这个环节重在揭示思想内涵，进行情感教育，我将它贯穿到整个故事情节中，让幼儿通过回忆的方式完整讲述故事，同时我还运用了提问法，引导幼儿去发现本质：长颈鹿阿姨为什么笑得那么开心？你帮助过别人吗？帮助别人后你的心理是怎么样的？通过谈话让幼儿懂得友爱互助是能给大家带来快乐的。

（六）说活动延伸

为幼儿准备多种材料，充分发挥幼儿的想象，引导幼儿开展区域活动。可以延伸到回家和家长一起美工创作。

小班语言说课稿
《有趣的动物》

二、中班语言活动说课稿——《月亮》

（一）说教学内容

语言是交流和思维的工具，《指南》在语言领域中指出“引导幼儿感受文学作品的美。例如，有意识地引导幼儿欣赏或模仿文学作品语言的节奏和韵律。”儿童散文诗是一种介于诗歌和散文之间的儿童文学形式。它具有诗的意境和散文的形式，注重自然的节奏感和韵律美，篇幅短小，语言天真，感情真挚，想象丰富，意境优美，这让它成为幼儿园语言教育的重要内容。《月亮》是一首优美动听、充满童趣的散文诗，它从幼儿的视角来描绘月夜，以幼儿泛灵的心理去体味月亮的欢乐，充满了美丽的想象。简洁明了、形象生动的语言将月亮与小鸟、青蛙、宝宝之间的关系淋漓尽致地刻画出来，增加了作品的画面感、韵律感，使作品富有童趣，充满想象力，非常适合幼儿欣赏阅读。

（二）说学情

幼儿到了中班以后他们的语言表达能力有了一定的进步，愿意欣赏形式优美的散文诗，知道文学作品语言与生活口语的不同，能初步感受到散文诗语言所蕴含的美。散文诗《月亮》中以童趣的语言来刻画月亮、小鸟、青蛙、宝宝及其之间的关系，这符合中班幼儿的认知水平。图书中丰富的颜色和优美的形象展现在幼儿眼前，让他们在轻松愉快、生动逼真的情境中感受和体会作品的意境美。在理解作品的主题和情感的基础上能学习使用恰当的动词、动作、绘画等形式体现诗歌美。在仿编散文诗的过程中，促进幼儿语言表达能力的发展。

（三）说教学目标

结合《指南》和中班幼儿的年龄特点，我将本次活动的目标设置如下。

（1）认知目标：理解散文诗的内容，初步感知散文诗中优美的语句，体验散文诗的优美意境。

（2）技能目标：通过想象、模仿等，尝试仿编诗歌。

(3) 情感目标:喜欢参与活动,体验阅读优美散文诗《月亮》的乐趣。

(四) 说重点与难点

1. 活动重点

中班幼儿已经具有一定的口语表达能力,为本次活动奠定了基础,但幼儿缺乏仿编诗歌的经验。所以我将本次活动的重点确定为:理解散文诗的内容,初步感知散文诗中优美的语句,体验散文诗的优美意境。为突出重点,我采用生动形象的多媒体课件,帮助幼儿更好地理解诗歌的具体内容。利用教师配乐朗诵的方式让幼儿感知文本的优美语句和意境。

2. 活动难点

由于中班幼儿仿编散文诗的能力有限,由此确定本次活动的难点为:运用想象、模仿等形式,尝试仿编诗歌。为突破难点,我准备了一些图片供幼儿参考,同时以小组自由讨论创作的形式,让幼儿以强带弱,相互启发借鉴,发展幼儿的想象力,培养幼儿的口语表达能力。

(五) 说教学准备

为了完成本次活动,我做了如下准备。

(1) 物质准备:课件、音乐、小图书。

(2) 经验准备:请家长在有月亮的晚上带幼儿出去散步,引导幼儿从不同角度观看月亮。

(六) 说教法与说学法

1. 说教法

(1) 多媒体教学法:借助多媒体播放音乐,在音乐声中声情并茂地朗诵散文诗的内容,激发幼儿欣赏诗歌的兴趣。借助课件 PPT 的呈现,帮助幼儿观察理解散文诗中的人物形象以及优美意境。

(2) 提问法:通过层层递进的提问,引导幼儿感知散文诗中的内容,激发幼儿的想象力,进行诗歌的仿编,以此发展幼儿的语言表达能力。

2. 说学法

(1) 观察法:幼儿通过观察多媒体课件,了解散文诗中的人物形象,理解散文诗的主要内容,感受其优美的意境。

(2) 交流讨论法:在活动中幼儿通过教师提问的启发,积极地思考交流表达,掌握散文诗的主要内容。根据教师提供的图片内容进行仿编,进行交流分享,锻炼口语表达能力。

(七) 说教学过程设计

1. 激发幼儿兴趣,导入主题

教师播放音乐,幼儿欣赏音乐,自由想象月光下美丽的景色。这个环节借助幼儿对音乐

的感知以及语言的讲述，发展幼儿的想象力和语言表达能力，并自然导入本次散文诗的主题。

2. 欣赏散文，理解作品意境

（1）初步欣赏

教师配乐朗诵诗歌，让幼儿对诗歌有一个完整的了解，对其中的句子、动词有初步的印象，并引导幼儿感受诗歌的节奏感及韵律美。幼儿第一次欣赏散文诗后设问："你从诗歌中听到了什么？""你喜欢其中的哪一句或哪一个词语？"

（2）分段理解

结合生动形象的多媒体课件，提供幼儿听、看、说等大胆表现的机会。教师帮助幼儿进一步理解诗歌的具体内容和诗歌中的各种形象，对月夜有更深的感受。这一环节主要解决本次活动的重点问题：理解掌握诗歌内容，感受散文中优美的语句"月亮和我好"以及动词"挂、漂、盛"，体验散文的优美意境。活动中教师的设问有："小鸟在什么地方看到了月亮，它感觉到了什么？""为什么说树上挂了一个月亮？""宝宝心里又有什么感觉？""你还在哪里看到过月亮？"

3. 启发幼儿，尝试进行仿编

教师为幼儿准备一些图片，让幼儿将图片中有关系的事物联系起来，引导幼儿自由讨论，根据具体情况随机指导，针对幼儿的能力提出不同的要求，培养幼儿独立自主大胆构思的好习惯。组织幼儿交流，请他们在集体面前朗诵自己编的诗歌、诗句，为幼儿提供充分展示自己的机会。这是解决本次活动难点的重要环节，教师要根据幼儿在活动中的情况适当地调整组织活动的节奏。

4. 结束，延伸活动

活动结束后，教师为拓展幼儿思维可进行以下延伸活动：科学活动"有趣的倒影"，回家和家长一起再次进行仿编。

（八）说特色

本次活动遵循了中班幼儿的发展情况，教师以支持者、合作者、引导者的身份参与活动，科学地设计了活动流程，注重采用多种形式进行教学。将现代科技运用于教学之中，制作与文学内容相匹配的课件，以动态效果增强学习的趣味性，为教学重难点的理解与突破做了基础铺垫，这有助于幼儿感受作品的优美意境和优美语言。教师有意识地注重活动中各领域间的整合，利用音乐做背景，让幼儿在音乐的烘托下进行欣赏创编，将音乐领域与语言领域相互整合。活动中教师使每个幼儿积极主动参与活动，充分体现了幼儿的主体地位，让幼儿在轻松愉快的氛围中学习诗歌、创编诗歌，发展幼儿的语言表达能力。

中班语言说课稿《月亮》

三、大班语言活动说课稿——《春姑娘的悄悄话》

（一）说教材

《春姑娘的悄悄话》选自幼儿园大班语言教材，这是一首充满儿童情趣的散文诗，它以生动的童话语言描绘了春天万物复苏、生机勃勃的景象，诗歌中将迎春花、翠柳、小河、小狗熊、森林、百灵鸟等作为春的使者让它们充满自豪感，让人仿佛置身于春天美丽的大自然之中，能够呼吸到春天的气息，不由自主的感觉自己像春天一样浑身充满活力。诗歌虽短小，却充满了趣味，想象力丰富而美丽，动态感强。春姑娘悄悄地来了！春姑娘来到田野上对着迎春花说了一句悄悄话，迎春花立刻“嘀嗒嘀嗒”地吹起了小喇叭。燕子、小河、小狗熊、森林、百灵鸟听了春姑娘的悄悄话立刻发生了什么样的变化呢？这都和幼儿的生活、想象紧紧相扣。《纲要》指出：“要引导幼儿接触优秀的儿童文学作品，使之感受语言的丰富和优美，并通过多种活动帮助幼儿加深对作品的体验和理解。”诗歌拟人化、富有人情味的语言风格给了幼儿清楚明了的记忆和想象线索，便于幼儿理解和感受，能够充分发挥幼儿的想象力。贴合大班幼儿的学习特点，幼儿亲身感受到了春天的美丽，而且意犹未尽。散文诗《春姑娘的悄悄话》应运而生，幼儿们通过学习散文诗能够再次感受春天的美丽和勃勃生机。

（二）说教学目标

《纲要》中提出：发展幼儿语言的关键是创设一个能使他们想说、敢说、喜欢说、有机会说并能得到积极应答的环境以及鼓励幼儿大胆、清楚地表达自己的想法和感受，尝试说明、描述简单的事物或过程，发展语言表达能力和思维能力。同时要培养幼儿认真倾听他人说话的习惯。根据这一目标和要求，结合大班幼儿的年龄特点和语言发展水平，我制定了以下目标。

(1) 认知目标：引导幼儿通过看图理解散文诗材料，感受春天美丽的景色和勃勃生机带给我们的快乐。

(2) 技能目标：能用充满趣味的语气说一说，并能认真倾听别人描述春天美的语句。

(3) 情感目标：理解诗歌内容，学会“嘀嗒嘀嗒”“哗啦哗啦”“嫩绿嫩绿”“摇摇摆摆”“叽叽喳喳”“蹦蹦跳跳”等叠词的表达，尝试仿编诗歌。

（三）说重点与难点

根据目标，我把活动的重点定为：引导幼儿理解诗歌材料，感受春天美丽的景色。活动的难点为：在理解诗歌的基础上仿编散文诗。在这个过程中，主要通过启发提问、动作表演、观看课件、游戏等方法让幼儿理解并掌握诗歌格式，以突破难点。

（四）说教学准备

为了给幼儿展示诗歌的优美意境，又能使幼儿在活动中得以充分的理解和表达，我做了以下准备。

(1) 物质准备：实物投影仪与诗歌匹配的课件、春天的美丽景色图片五幅、歌曲《春天》。

(2) 知识准备：感受春天大自然的美丽，并进行描述。

（五）说教法

《纲要》指出：教师应成为学习活动的支持者、合作者、引导者。活动中应力求构成合

作式的师幼互动，因此，本活动我除了与幼儿一起准备丰富的活动材料外，还挖掘此活动的价值，采用适宜的方法组织教学。活动中我运用了以下几种教法。

(1) 直观教学法：本活动为了帮助幼儿熟悉诗歌材料，加深幼儿对作品的理解，我采用了直观教学法。教师制作相应的课件，让幼儿通过眼、耳、口等多种感官欣赏作品。

(2) 启发提问法：在幼儿欣赏了图片和作品后，我用提问的方式引导幼儿逐句理解并学习诗歌。例如教师提问："你最喜欢诗中的哪一句?"根据幼儿所说的内容出示课件中相应的部分，有目的地帮助幼儿感受春天的美。

(3) 动作表演法：本散文诗中有许多动词、形容词，为了避免让幼儿枯燥地学习，我将引导幼儿通过动作表演加深记忆和理解。例如，学习"蹦蹦跳跳"一词时请幼儿们用小兔子的动作来体现。

(4) 游戏法：活动中还要求幼儿能感受诗歌的美，体验春天美的景色带给我们的快乐，我则采用游戏法，由教师扮演春姑娘，在游戏中加深体验。

(六) 说学法

以幼儿为主体，创造条件让幼儿参与语言活动，不仅丰富了幼儿的语言词汇，锻炼了幼儿的口语表达能力，而且升华了情感。在本活动中，幼儿采用的学法如下。

(1) 多种感官参与法：《纲要》科学领域的目标中明确地指出：能运用各种感官，动手动脑，探究问题。能用适当的方式表达、交流探索的过程和结果。因此，我在活动中设计音乐课件，引导幼儿观察，听一听、说一说多种方式参与，对大自然的奇妙产生兴趣。

(2) 师幼合作法：为了让幼儿对春天的使者有进一步的认识，我采用了教师和幼儿合作对答法，给予幼儿表现的机会，让幼儿在用心对答教师的活动中，理解并学习了诗歌的语言，感受大自然的奇妙、美丽。

(3) 音乐游戏法：简单愉快的音乐，优美熟悉旋律的听觉刺激，有助于幼儿对诗歌语言的记忆，使每个幼儿都能获到发展和提高，促进思维的发展。

(七) 说活动程序

我采用环环相扣组织此活动程序，活动步骤为：激发兴趣—观看多媒体—欣赏散文诗相应的象声词—创编散文诗—音乐游戏(春天)。

1. 激发兴趣

兴趣是最好的老师，在活动一开始，我就为幼儿创设了一个自由宽松的活动环境，从游戏《春游》引出课题：我扮作春姑娘，带幼儿们去春游，在布置成春意盎然的环境中观察，倾听春姑娘的悄悄话，并告诉同伴自己的发现。从形式和材料上都吸引了幼儿，因为幼儿以无意注意为主，有意注意刚开始萌芽，简明的导语直接切入主题，好玩的游戏旨在引起幼儿的无意注意，培养幼儿的有意注意。

2. 观看多媒体音乐课件

利用多媒体课件，把幼儿带入了奇妙的大自然，让幼儿听一听、猜一猜、说一说，能再次吸引幼儿注意，激发其学习的兴趣。视觉与听觉的完美结合，促进了幼儿思维的发展。

3. 欣赏诗歌

将幼儿已获得的知识经验用诗歌的语言表达出来，诗歌语言简单，节奏明快，幼儿易懂易读，欣赏3遍诗歌之后，教师采用师生问答的方法，加深幼儿对诗歌的记忆，同时为后面的创编诗歌奠定基础。

4. 创编诗歌

这一部分我通过比赛的方式引导幼儿发挥想象，并大胆运用语言、动作，也是本次活动的重点。一开始，我抓住幼儿们好胜的心理提问，“你知道春姑娘还会对我们说些什么悄悄话吗?”激发幼儿们大胆想象，并用语言完整地描述，对表达能力差的幼儿及时给予鼓励和肯定。

大班语言说课稿《春姑娘的悄悄话》

5. 音乐游戏(春天)

活动最后环节，教师和幼儿边唱边玩游戏，使幼儿情绪达到最佳，让幼儿在简单愉快的氛围中结束活动。

第三节　幼儿园社会领域说课稿

一、小班社会活动说课稿——《春节到》

(一) 说教学内容

春节是中国人心目中最重要的一个传统节日，人们会通过各种活动隆重地庆祝。在春节期间，每家每户都会团聚在一起，贴春联、放鞭炮、走亲访友，也会换上新衣服，到处都能看到大家的笑脸，处处洋溢着过节的喜悦。这种浓烈的节日氛围，对幼儿有着深远的影响，这也是对幼儿进行传统节日教育的最佳资源。本次活动通过设置情境、演示课件等方法让幼儿了解民俗，感受节日的快乐。

(二) 说学情

在春节期间，幼儿们穿新衣、放鞭炮、吃零食、收红包，通过亲身体验感受着春节的氛围。《指南》中指出，我们要利用传统节日，适当地向幼儿介绍我国主要的民族文化，帮助幼儿感知文化的多样性，因此希望通过本次活动能帮助幼儿更加了解春节这一节日的传统文化。

(三) 说教学目标

根据小班幼儿年龄特点及生活经验，我主要从认知、技能、情感三个方面制定本次活动目标。

(1) 认知目标:初步了解春节时的民俗特征。

(2) 技能目标:会用一些简单的词语表达自己的想法。

(3) 情感目标:乐意参加春节庆祝活动，感受节日的快乐。

（四）说重点与难点

幼儿园活动多以综合活动呈现，此活动渗透了社会领域、语言领域和艺术领域，但本次活动重点以社会领域为主。

此次活动的教学重点为：初步了解春节时的民俗特征。通过设置情境、演示课件、启发提问等方式帮助幼儿回忆春节情境，以达到突破重点的目的。

本次活动的教学难点为：会用一些简单的词语表达自己的想法。通过口头鼓励加礼物发放等方法刺激幼儿大胆表达，以达到难点突破的目的。

（五）说教学准备

若名教育家蒙台梭利提出：一个有准备的环境可以最大限度地激发幼儿的潜能。为了有效地吸引幼儿的注意力与学习兴趣，完成拟定的教学目标，让活动室更加富有节日气氛，使幼儿能尽快进入活动主题，我主要做了以下教学准备。

（1）经验准备：幼儿前期有过年的相关经验。

（2）物质准备：①鞭炮声音频；②小福橘（数量若干）；③课件图片：包含小熊家过年的情境图片1（情境为小熊在家门口放鞭炮，他的家门口挂上了红灯笼）、情境图片2（情境为小熊一家人在贴年红）、情境图片3（情境为小熊一家人围坐在一起吃年夜饭）；④幼儿前期已与家长收集好的新春材料（窗花、灯笼、中国结等，这里家长准备的材料尽量是多种类的）；⑤音乐《新年好》、属相贴纸。

（六）说教法与说学法

成功的教学需要的不是强制，而是激发幼儿的学习兴趣，对此，我采用的教法为情境创设法、直观法以及启发提问法。学法为多感官参与法和体验法。

1. 说教法

（1）情境创设法：整个活动通过创设“到小熊家做客”这一情境为主，给幼儿们创设轻松、愉快的环境，让幼儿在游戏情境中自由地学习，这样能更好地达到活动目标，也让整个活动更加完整、有趣。

（2）直观法：小班幼儿以直觉形象思维为主，因此我用了具有生动形象、富有表现力和感染力特点的课件，让活动更加生动有趣，激发幼儿的学习兴趣，让幼儿能够集中注意力，便于幼儿理解、记忆。

（3）启发提问法：适当的提问有助于幼儿思维的活跃，能启发幼儿的学习，有利于幼儿获得新知识，因此整个活动贯穿了师幼相互提出问题、回答问题，培养幼儿的语言能力和语言习惯。

2. 说学法

（1）多感官参与法：在整个活动中我引导幼儿通过尝一尝、说一说、看一看、做一做等多感官参与的方式，让幼儿对春节习俗了解更多。

（2）体验法：幼儿在活动中产生各种体验，获得了多样性知识，给幼儿们留下了深刻的印象和无限的快乐。

(七) 说教学过程设计

本次活动,我主要从"认识春节—迎接春节—庆祝春节"三个环节入手,通过创设情境、展示课件、分享合作、表演歌曲等活动来加深幼儿对春节的认识与了解。整个活动过程分为4个环节。

1. 创设情境,激发兴趣

活动开始,我通过播放鞭炮声,吸引幼儿的注意力和学习兴趣。通过创设情境将幼儿带进一个浓浓的节日环境之中,让幼儿感觉到过节的快乐。我以小熊的口吻邀请幼儿来做客,在这个环节里,我会出示小熊家过年的情境图片1,让幼儿观察小熊家的春节景象,教师针对图片中的情境对幼儿进行提问,并安排小熊与幼儿互道"新春快乐"。我又以小熊的身份拿出过年时的代表性食物"福橘",请幼儿品尝,让幼儿在这种特殊的氛围中回忆过年时到别人家做客的情境。

2. 演示课件,了解春节时的民俗特征

帮助幼儿了解春节的民俗特征是本次活动的重点,于是我采用了让幼儿逐一观看课件图片,再通过启发提问的方式帮助幼儿整理已有经验,让幼儿进一步了解春节有哪些民俗风情。

(1) 教师以小熊的口吻邀请幼儿观看小熊家过年的情境图片。

(2) 对幼儿进行提问:"小熊家过年在窗户上贴的是什么?""门上又贴了些什么?"幼儿回答后,教师进行小结:"原来小熊家贴在窗户上的叫窗花、贴在大门两边的叫春联、贴在大门上的叫年画,这些东西都是喜庆的红色,统称'贴年红'。小熊家通过贴年红营造喜庆的氛围,为新的一年祈福。"介绍完贴年红这一习俗后,教师可以继续对幼儿进行提问,引导幼儿思考自己家过年都会准备哪些红色的东西,幼儿说出后,教师为幼儿讲解使用红色代表喜庆,所以我们中国人会在过年的时候,贴年红,挂上红灯笼、穿红色的新衣服等,为过年营造出一种喜庆的氛围,表达家人心中喜悦的心情。

(3) 教师出示情境图片,幼儿观看后,教师再次对幼儿进行提问:"小熊一家在做什么?""他们桌子上都有哪些食物呢?"幼儿回答后,教师小结:"小熊他们一家人在吃年夜饭,桌子上有各种各样丰富的美食,其中他们还吃了饺子、鱼等。"引导幼儿了解过年时吃饺子,代表团团圆圆,美满幸福。吃鱼则代表年年有余,引导幼儿认识了解春节的吃饺子、吃鱼等习俗特征。

3. 师幼合作,布置班级

在活动开展前,我已请家长与幼儿准备制作一些迎新春所需的材料,如窗花、"福"字、小灯笼、对联等,请幼儿和老师一起装扮教室(这里我也会对安全的问题进行强调,以免发生安全问题),教室装扮好后请小熊到班级来做客,让幼儿深刻体验到迎接春节活动的趣味性。

4. 表演节目,庆祝春节

在已营造的节日氛围中,小熊和幼儿们一起把已学过的歌曲《新年好》唱出来。接着让幼儿模拟"拜年"情境,引导幼儿相互说一说春节祝福语。例如说"春节快乐、恭喜发财"

等,活动最后为每个幼儿准备一张当年属相的贴纸作为奖品,告诉他们今年是×年。结束此次活动。

(八)说教学特色

小班社会说课稿《春节到》

春节是中国最重要的传统节日,通过此次活动能够让幼儿更加了解中国传统文化,了解春节的传统习俗,整个活动通过创设情境让幼儿体验式参与活动,将幼儿已知经验和需要学习的知识有机结合起来,增加了整个活动的趣味性。

二、中班社会活动说课稿——《向雷锋叔叔学习》

(一)说教学内容

中班幼儿的身心发展正处于个性萌芽的阶段,培养幼儿的互助意识,学习助人为乐,对幼儿的社会性学习具有重要意义。利用三月五日"学雷锋纪念日"这个契机,我在班上开展了"向雷锋叔叔学习"的社会领域活动,旨在培养幼儿的互助意识。

(二)说学情

现代社会,幼儿都是家庭的宝贝,在家里备受亲人的关照和呵护,"娇骄"二气比较严重。同伴之间缺乏互助协作意识。因此,我们在班级开展"向雷锋叔叔学习"的友爱互助活动,培养幼儿友爱互助的意识,从身边小事做起,学会乐于助人,最终成长为富有同情心,善于帮助他人的人。

(三)说教学目标

根据中班幼儿的身心发展特点和本次活动的主题,我从知识与技能、情感与价值制定了以下目标。

(1)知识与技能目标:了解雷锋叔叔的事迹,知道助人为乐是一种美德。

(2)情感与价值目标:当别人遇到困难,能主动提供帮助,富有同情心。

(四)说重点与难点

根据中班幼儿的认知发展水平,我把"当别人遇到困难时,能主动帮助别人,富有同情心"作为本次活动的重难点。因为引导幼儿主动帮助别人,富有同情心不是一蹴而就的,而是需要渗透在日常生活中,逐渐帮助幼儿养成助人为乐的习惯。

(五)说教学准备

教学准备是教学活动顺利开展的物质基础。同时,幼儿的学习是通过环境与材料相互作用获得的,社会活动的课前知识经验准备尤为重要,它直接影响幼儿的学习兴趣,所以,我为本次活动做了以下准备。

(1)知识经验准备:请家长帮忙收集有关雷锋事迹的故事,并让幼儿了解。

(2) 物质准备:视频、图片等,警察、老奶奶、病人头饰。

(六) 说教法与说学法

本次活动中,我采用了以下教法和学法。

(1) 讨论法:活动开始,我先抛出问题:“你们知道雷锋叔叔吗?”“雷锋叔叔都有哪些故事呢?”通过讨论,让幼儿知道“什么是助人为乐”“雷锋叔叔和助人为乐之间的关系”。

(2) 榜样示范法:在了解了这一问题之后,我又采用了榜样示范法,向雷锋叔叔学习助人为乐的精神,引导幼儿向雷锋叔叔学习。

(3) 观察学习法:通过观看视频,教师直观地向幼儿展示社会上还有很多需要帮助的人与事,更能激发幼儿的互助意识和同情心。

(4) 体验式学习法:让幼儿角色扮演,帮助困难的人,让幼儿体验到帮助别人的快乐。

(七) 说教学过程设计

我采用“层层递进”的教学原则来组织本次活动,分为以下几个环节。

1. 紧扣主题,出示雷锋图片,引发幼儿兴趣

设计与教学相关的问题“你们知道雷锋叔叔吗?”“雷锋叔叔都有哪些故事?”向幼儿提问。此环节的目的是利用已有经验导入,根据幼儿前期的经验来发起活动,激发幼儿学习兴趣。

2. 观看视频,榜样学习

考虑到幼儿思维,这一教学步骤是以具体形象思维为主,形象生动的视频内容更容易吸引幼儿的注意力,引起幼儿的共鸣,幼儿观看完毕向幼儿提问:“视频中的小朋友都帮助谁做了什么事?”“这些事你会做吗?”“如果在生活中你看到别人遇到了这些困难,你会怎么做?”

设计这一步骤的目的是使幼儿在观看视频人物助人为乐的事迹后能有一个模仿对象,从而为后面的角色扮演活动做好铺垫。

3. 创设情境,角色扮演

这一部分是本次活动的重难点,《纲要》社会领域的内容与要求指出:引导幼儿参加各种集体活动,帮助他们正确认识自己和他人,养成对他人、社会亲近、合作的态度,学习初步的人际交往技能。为此,我充分利用教室的已有资源,创设情境,让一部分幼儿来扮演警察,一部分幼儿扮演需要帮助的人,例如过马路的老奶奶,迷路的小孩,晕倒在路上的病人等。教师引导幼儿说出“请问您需要帮助吗?”“谢谢您的帮助”的基本礼貌用语,并且在“警察”帮助他人后,询问“警察”感觉怎么样? 询问被帮助的人感觉怎么样?

设计这一步骤的目的是让幼儿把现实生活的经验运用到游戏中,从而让幼儿在角色扮演游戏中体验到帮助别人的快乐。

(八) 说教学延伸

教学要从生活中来,回到生活中去,我制作了“光荣事迹册”,让幼儿收集记录班上其他幼儿助人为乐的事迹。设计这一步骤的目的是让幼儿把已有的学习经验运用到生活中，并且采用记录的方式让幼儿养成助人为乐的好习惯。

（九）说特色

中班社会说课稿
《向雷锋叔叔学习》

针对幼儿的社会性发展，雷锋是很好的教育素材，但由于时代背景的差异，幼儿很难认识雷锋助人为乐的品质并转化到现实中敬仰、学习。而在本次活动中，教师通过视频结合谈话，再通过图片，从幼儿直观形象思维的特点入手，启发幼儿发现需要帮助的人和可以帮助的事，主动伸出援助之手，体验助人为乐的乐趣。

三、大班社会活动说课稿——《朋友，你好》

（一）说教学内容

幼儿的交往行为对其心理发展起着特殊作用，对幼儿的社会化、个性与品德的形成，情绪情感和社会适应能力的发展、心理健康以及学习、能力的发展都产生十分重要的影响。每个幼儿都生活在家庭和社会中，他们在生活中能接触到各种各样的朋友，幼儿对交朋友有一定的生活经验，《朋友，你好》这一内容贴近幼儿的生活，在大班开展这一活动会使幼儿感觉很亲切、很熟悉，也是幼儿亲社会行为养成所必需的。本次活动的开展有助于幼儿学习初步的交往技能，体验与朋友共同生活的乐趣。因此，我决定设计开展本次活动。

（二）说学情

大班幼儿进入幼儿园生活已经是第三年了，大多数幼儿在班级有了相对稳定的好朋友，也愿意自己结交新朋友，但与此同时，我发现个别幼儿在人际交往方面存在问题。这些幼儿更愿意与自己熟悉的朋友在一起，对于短时间内认识一个新朋友，这是一种尝试，更是一种挑战。设计本次活动的目的就是帮助幼儿学到交朋友的技能。

（三）说教学目标

《指南》中大班幼儿在人际交往方面的目标为：有自己的好朋友，也喜欢结交新朋友，因此根据班级幼儿的年龄特点，我将本活动目标设置如下。

(1) 认知目标：了解名片的基本组成部分和功能。

(2) 技能目标：学习制作名片和初步的交往技能，学会交朋友。

(3) 情感目标：乐意与人交往，体验与教师、其他幼儿共同生活的乐趣。

（四）说重点与难点

本次活动是一节社会性活动，因此我将活动重点定为学习初步的交往技能，体验与教师、其他幼儿共同生活的乐趣。由于很多幼儿在生活中缺乏交朋友的技巧，因此我将学会交朋友的简单技能作为活动难点。

（五）说教学准备

根据整个活动的设计，我主要做了以下准备工作。

（1）物质准备：水彩笔、笔纸等。

（2）环境准备：活动室里布置各种名片、《找朋友》音乐准备。

（六）说教法与说学法

在本次教学活动中，我主要采用了感知法、操作法、体验法、游戏法、直观教学法等方法，让幼儿在具体形象的感知、模仿中了解交往技能，学会交朋友，体验与教师、其他幼儿共同生活的乐趣。整个活动动静交替，多种教育内容相互渗透，体现了教育的自然整合，确定了教师在活动中的主导地位。幼儿是活动的主体，因此我引导幼儿在动一动、说一说的活动中体验与教师、其他幼儿共同交往的乐趣，学会交朋友的方法，体现了幼儿学习的主体地位。

（七）说教学过程设计

本次活动我一共设计如下五个环节。

1. 布置名片屋，吸引幼儿的注意力，学习制作名片

（1）请幼儿欣赏各种各样的名片。

提问："名片上有什么？""名片有什么用处？"了解名片的基本组成部分包含姓名、班级和幼儿园。同时名片还有向别人介绍自己基本信息和情况的功能。

（2）请幼儿自己设计制作名片。

教师提供水彩笔和卡片等工具，让幼儿设计制作名片，包含姓名、班级、幼儿园或者画属于自己的图案。教师运用制作名片的活动，让幼儿通过具体的、生动的、直观的感受了解什么是名片，并且通过欣赏不同的名片来了解它的用处，由此来实现我们的认知目标——了解名片的基本组成部分和功能，为幼儿学会交朋友打下较好的基础的同时还能发挥幼儿最大的想象力，设计制作属于自己的名片。

（3）请幼儿展示自己制作的名片。

2. 音乐游戏：找朋友

幼儿边唱歌边玩音乐游戏，找到自己的朋友交换名片。为幼儿创设一个欢乐的氛围，让幼儿自由探索与人交往的方法。

3. 分享获得好朋友的方法

（1）采访收到最多名片的幼儿，让他来分享获得好朋友的方法。提问："在刚才的交往中，你用了什么方法交到好朋友？"

（2）发散幼儿思维："你知道还有哪些获得好朋友的方法？"

（3）师生总结获得好朋友的方法。例如，友好的礼貌用语和行为举止，如"朋友，你好"。挥手再见。

模仿是幼儿社会性学习的重要方式，因此我邀请获得最多票数的幼儿介绍交友心得比较有说服力，为他们树立学习的榜样，随后让幼儿在了解一个同伴的交友方式后动脑想出其他获得好朋友的方法，让幼儿学会知识的迁移，并在迁移的基础上有所创造，体现素质教育的要求。幼儿通过自由交谈，倾听他人的想法并获得交到好朋友的方法，同时幼儿可以自由感知、自由交流，是幼儿自主学习和互动学习的体现，突出了幼儿在活动中的主体地位。

4. 分组活动，再次体验与教师、其他幼儿共同生活的乐趣，学会交朋友

(1) 幼儿按自己的意愿选择好朋友一起参加分组活动。

(2) 用图画的形式给好朋友写信。

分组活动环节体现了教育的整合观，活跃课堂气氛，把本次活动推向高潮，让幼儿在游戏活动中再次体验与教师、其他幼儿共同生活的乐趣，学会交朋友。

5. 延伸活动：为好朋友过生日

教师设计延伸活动的目的是希望幼儿通过在实际生活和活动中积累有关的经验和体验，从而进行社会性学习。

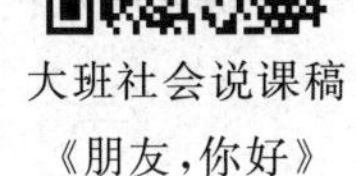

大班社会说课稿《朋友，你好》

第四节 幼儿园科学领域说课稿

一、小班科学活动说课稿——《水果里的种子》

（一）说教学内容

生命科学教育是幼儿园科学教育内容的重要组成部分。幼儿对生命概念的理解是通过生活中对动植物的接触而逐渐建立的。学前教育阶段适合幼儿探讨的植物基本概念有：种类与特征；部位与功能；生长条件；种子与繁殖；其他生殖方式；对人类功用（害处）等。水果是幼儿在生活中最常接触到的食品之一，在吃水果的过程中他们会发现水果的核——植物的种子。“水果里的种子”这个活动通过幼儿品尝水果发现种子、观察种子、谈论种子等形式，丰富幼儿关于植物种子的相关经验。

（二）说学情

小班幼儿对一些常见的水果，已经有一定的经验积累，如他们知道水果有皮，皮是不能吃的。他们还知道水果的核也是不能吃的，但是对常见水果的核（种子）缺乏仔细的观察，部分幼儿还不知道这些核就是水果的种子。本次活动可以让幼儿运用多感官进行探究，让幼儿主动构建关于水果种子的知识，丰富幼儿关于植物种子的经验。

（三）说教学目标

《指南》在科学领域指出：3～4 岁幼儿“对感兴趣的事物能仔细观察，发现其明显特征。能用多种感官或动作去探索物体，关注动作所产生的结果”。结合《指南》和小班幼儿的年龄特点，我将本次活动的目标设置如下。

(1) 认知目标:知道水果里的核就是种子,种子种到泥土里可以发芽、开花、结果。

(2) 技能目标:运用多种感官感知、观察常见水果的种子,能主动地表达自己的发现。

(3) 情感目标:喜欢参与活动,体验发现、观察、扮演种子的乐趣。

(四) 说重点与难点

为了更好地突出重点、突破难点,根据活动目标和小班幼儿的实际情况,我将重点定位于:知道水果里的核就是种子,种子种到泥土里可以发芽、开花、结果。我通过邀请幼儿品尝常见水果发现种子,播放种子生长视频,让幼儿知道种子种到泥土里可以发芽、开花、结果。通过和幼儿一起开展“种种子”的游戏,进一步加深幼儿的理解,以此突破活动重点。

我将活动难点定位于:感知、观察种子,表达自己的发现。我通过请幼儿看一看、摸一摸、闻一闻的方法多感官参与感知、观察种子。鼓励幼儿大胆表达自己的发现,适时地帮助有困难的幼儿构建表达语句,以此突破活动难点。

(五) 说教学准备

著名教育家蒙台梭利曾经说过:充足的准备是活动顺利实施的关键。因此,为了更好地完成本次活动,我做了如下准备。

(1) 物质准备:种子发芽视频、贴有标签的分类盒、橘子、葡萄、荔枝、李子、桂圆等常见水果。

(2) 经验准备:幼儿认识这些常见的水果。

(六) 说教法与说学法

《纲要》中强调,幼儿是学习的主体,教师应作为支持者、合作者、参与者参与整个活动,因此根据本班幼儿的特点,我主要运用的教法有:直观讲解法、多媒体教学法、游戏教学法。

(1) 直观讲解法:请幼儿品尝常见的水果,观察水果里的核,我借助幼儿的发现,适时告诉幼儿水果里的核就是水果的种子,这样,幼儿对水果的种子有了直观的感知。

(2) 多媒体教学法:我借助多媒体播放种子发芽的视频,将日常生活中不容易观察到的种子发芽过程展示给幼儿。幼儿通过观看视频,理解种子可以发芽这一事实。

(3) 游戏教学法:我带着幼儿做“种种子”的游戏,加深幼儿对“种子种在泥土里可以发芽、开花、结果”的理解。

我主要运用的学法有以下三种。

(1) 多感官参与法:幼儿通过嘴巴品尝水果发现种子,用手摸一摸、鼻子闻一闻,用眼睛观察种子的异同。这一系列的活动中,幼儿调动了视觉、触觉、味觉、嗅觉等多感官参与。

(2) 观察法:观察是人的感官在脑的指导下进行的有意识、有组织的感知活动。本次活动在幼儿观察水果的种子和种子发芽生长的过程中,都使用了观察法进行学习。

(3) 交流讨论法:在活动中幼儿通过观察,发现种子在颜色、大小、形状等方面的信息

后，交流表达这些信息。既锻炼了幼儿语言的表达能力，又加深了幼儿对种子的认识。

（七）说教学过程设计

1. 品尝水果、发现种子

教师出示常见的水果，请幼儿根据自己的经验说一说都有哪些水果。请幼儿尝一尝这些水果，并请幼儿把水果中不能吃的部分放到分类盒里。提问："剩下在分类盒里的是什么？"这个环节运用了直观讲解法，通过让幼儿说一说自己认识的水果，尝一尝水果，进而发现种子，从而使种子这个概念变得直观，易于幼儿理解。符合小班幼儿的学习特点。

2. 观察种子

教师提问："这些水果的种子都是一样的吗？"请幼儿用看一看、摸一摸、闻一闻等方式感知这些水果种子的异同。这一系列活动中运用了多感官参与法，调动了幼儿的触觉、视觉、嗅觉等感官参与观察。教师引导幼儿从种子的颜色、形状、大小等方面对水果种子进行有序的观察。

3. 讨论、交流种子

（1）集体讨论

在幼儿充分感知、观察的基础上，请部分幼儿在集体面前讲述自己的观察发现，教师引导幼儿从视觉方面，如颜色、形状、大小；触觉方面，如光滑程度；嗅觉方面，如闻起来怎么样等，多方面谈论自己的发现。集体谈论可以为接下来幼儿的分组交流起到示范作用，让幼儿知道分组交流的时候可以交流哪些内容。

（2）分组交流

部分幼儿集体讨论后，请幼儿和旁边的朋友自由说一说自己最喜欢哪种水果的种子，它是什么样的。这样可以让每个幼儿都有机会交流表达，培养幼儿的语言表达能力。

4. 扮演种子

在幼儿充分交流表达后，教师提问水果的种子有什么作用呢？然后播放种子生长的视频，让幼儿理解种子种到泥土里，可以发芽、开花、孕育出新的果实。通过多媒体教学法，教师将生活中不容易观察到的种子发芽的过程展示给幼儿，帮助幼儿理解种子可以发芽这一事实。看完视频后，教师带领幼儿扮演种子生长的过程，进一步加深幼儿对种子的理解。

5. 结束、延伸种子活动

活动结束，教师请幼儿带着自己的水果种子到植物角，将种子种到泥土里，定期与幼儿一起观察，激发幼儿探索自然的兴趣。

（八）说特色

本次活动的亮点有：活动材料来自于日常生活，易于准备；活动设置环环相扣、层层递进。活动中幼儿品尝水果、发现种子，激发了幼儿活动的积极性。教师利用多媒体播放视频，让幼儿直观感知种子发芽生长的过程。教师

小班科学说课稿
《水果里的种子》

带领幼儿扮演种子的游戏，寓教于乐，让幼儿在游戏中加深对种子的理解。延伸活动中教师带领幼儿种下种子，让这次关于种子的活动成为幼儿日后获得关于种子新经验的生长点。

二、中班科学活动说课稿——《沉与浮》

（一）说教学内容

在《指南》的科学领域教育内容与要求中指出：在幼儿生活经验的基础上，帮助幼儿了解自然、环境与人类生活的关系。水是自然环境中不可或缺的物质，也是幼儿在生活中最常接触的物质。适合幼儿探讨的水的基本概念比较多，如水的功用、水的形态变化、水所形成的地理景观、水资源的利用、水的特性、水的浮力等。本次活动我选择了“水的浮力”中的“沉浮现象”作为教学内容。

（二）说学情

水与我们生活密切相关，幼儿很早就接触到并认识了水。他们非常喜欢玩水，在玩水的过程中幼儿感知到了水的特性。中班幼儿已经知道水是无色无味、会流动的，也会用一些容器来进行简单的玩水游戏，但对于物体在水中的沉浮现象还缺乏关注。同时他们的经验交流方式仅仅是利用口语交流，而对运用符号记录的方式还比较陌生。

（三）说教学目标

根据本次活动的教学内容和班级幼儿的年龄特点，我将本次活动的目标设定如下。

（1）认知目标：通过操作观察，发现几种不同材质的物体在水中的沉浮状态。

（2）技能目标：能利用简单的符号记录自己的发现。

（3）情感目标：喜欢参与探索物质沉浮的活动，体验探索活动的乐趣。

（四）说重点与难点

根据活动目标我确定了本次活动的重点和难点。

（1）活动重点：通过操作观察，我发现几种不同材质的物体在水中的沉浮状态。为抓住活动重点，我采用的策略是：提供多种幼儿生活中的常见材料，给予幼儿充分的时间和操作机会，让幼儿在实际操作中，发现不同材料的物体在水中的沉浮状态。

（2）活动难点：能利用简单的符号记录自己的发现。为突破这一难点，我采用的策略是：为幼儿准备记录单，帮助幼儿明确记录的方式。在幼儿记录遇到困难时及时进行个别指导。

（五）说教学准备

为了使活动达到良好的效果，我做了如下准备。

（1）物质准备：水盆、积木、雪花片、石头、树叶、泡沫、弹珠、铁块、自制记录单、水彩笔。

(2) 经验准备:有玩水游戏的经验,知道玩水的注意事项。

(六) 说教法与说学法

教师是幼儿学习活动的支持者、引导者、合作者,在本次教学活动中我使用的教学方法主要有以下两种。

(1) 演示法:在幼儿明确“沉”“浮”概念时,以及使用记录卡的时候,我都采用了演示法,帮助幼儿获得“沉”“浮”的概念,以及使用记录卡的方法。

(2) 观察指导法:在幼儿操作探索物体观察沉浮现象时,我采用了观察指导法,观察个别幼儿的操作、记录情况,及时地给予适宜的指导。

幼儿是学习活动的主体,幼儿在活动中主动建构自己的经验,本次活动中幼儿使用的学法有以下三种。

(1) 实验操作法:在活动中,幼儿通过实验操作,发现不同物体的沉浮状态。

(2) 观察记录:将物体放入水中进行观察,观察物体沉浮状态后,利用简单的符号进行记录。

(3) 信息交流法:幼儿进行实验操作、观察记录获得关于物体沉浮信息后,教师要引导幼儿在集体中分享自己获得的信息,提高幼儿的口语表达能力。

(七) 说教学过程设计

为了更好地达成活动目标,我设计了以下环节。

1. 明确“沉”“浮”的概念

教师出示石块和泡沫,提问:“如果把它们放到水中会出现什么情况呢?”通过提问激发幼儿的兴趣。教师将石块和泡沫放入水中,请幼儿观察并交流。然后教师总结:“刚才小朋友们都说了自己的发现,我们把像石块这样,放在水里的一直掉到水底不再起来的叫作沉;像泡沫这样,放在水里最后停在水面上的叫作浮。”帮助幼儿明确沉浮的概念。

2. 操作探索物体“沉”“浮”

教师提问:“我们怎么知道一个东西放到水里是沉还是浮呢?”这个提问帮助幼儿再次巩固沉浮状态与相应词语的对应关系,引出接下来的实验。

教师出示材料,提问:“老师这里还有一些东西,你们都认识吗? 你们知道这些物品放在水里是沉下去还是浮起来吗?”

教师出示记录单,演示记录方法:“老师这里有一个记录单,我们把物体放到水里,然后观察它最后是沉下去还是浮在水面上,我们可以记录在这个单子上。”教师利用石块和泡沫的沉浮演示记录方法。

接下来,幼儿实验操作观察物体沉浮。

3. 记录、交流自己的发现

教师在操作过程中指导幼儿的记录,例如指导幼儿等待物体在水中静止后再记录状态;对于部分能力强的幼儿,教师可指导他们观察不同物体沉入水中的速度等。

幼儿操作记录完毕,教师组织幼儿集体交流:“谁来说说你的实验发现?”引导幼儿借

助记录表，运用清晰的语言表述自己的实验发现。

4. 结束延伸活动

活动结束后，教师可以在一日生活中请幼儿思考如何让沉下去的物品浮上来，如何让浮在水面的物品沉下去，引发后续关于沉浮的探索。

中班科学说课稿《沉与浮》

（八）说特色

水是生活中最常见的物质，也是幼儿最常接触的物质。本次活动我将教学内容锁定在：幼儿对物体在水中沉浮现象的观察探索，这符合中班幼儿的年龄特点和认知能力。我在活动中利用了记录表，培养幼儿的科学探究、观察记录的能力。由于活动材料易得，活动环节的层层递进，使本次活动易于组织操作。

三、大班数学活动说课稿——《分萝卜》

（一）说教学内容

幼儿园的数学是一门系统性、逻辑性很强的学科，有其自身的特点和规律。《纲要》提出：数学教育必须要让幼儿能从生活和游戏中对周围环境的数、量、形、时间和空间等现象产生兴趣，建构初步的数的概念，并学习用简单的数学方法解决生活和游戏中某些简单的问题。6的分解组成是本学期大班数学教育的基本内容，而数的组成是数概念教育内容中的重要组成部分。在平时的数学教学活动中，活动设计比较侧重幼儿的记忆和训练，缺乏活动的趣味性。根据《纲要》的指导，结合本学期幼儿数学领域的教育教学目标，我构思了本节数学活动。

（二）说学情

本次教学活动是幼儿在学习了2、3、4、5的分解和组成以及5以内加减法的基础上来进行教学的。大班幼儿有较强的好奇心，对新事物有探索欲望。从大班幼儿近期的情况来看，幼儿对数的概念理解还存在问题，本次活动通过操作、观察，幼儿在玩中学，在学中乐，从而形成数概念的意识。

（三）说教学目标

教育目标是本次活动的指向标，也是教育活动的起点和归宿，我根据大班幼儿特点设定了以下活动目标。

(1) 认知目标：通过自主探索动手操作，感知6的分解组成，并说出6的5种分法。

(2) 技能目标：在感知数的分解组成的基础上，掌握数组成的递增、递减、互换的规律。

(3) 情感目标：在操作中体验数学游戏的乐趣。

根据以上对教学内容、学情和教学目标的分析，我为本次活动制定的重难点如下。

重点是感知6的分解组成，并说出6的5种分法。

难点是在感知数的分解组成的基础上，掌握数组成的递增、递减、互换的规律。

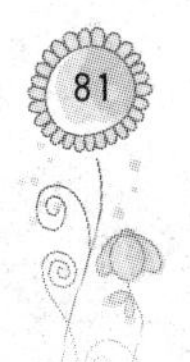

（四）说教学准备

充足的准备是活动顺利实施的关键，因此我做了以下几种准备。

（1）物质准备：每个幼儿一份分萝卜的材料（6 个萝卜小模型、2 个小篮筐）、故事背景图、记录单、笔、游戏音乐、呼啦圈。

（2）经验准备：幼儿已学习了 2、3、4、5 的分解和组成以及 5 以内加减法。

（五）说教法与说学法

俗话说“教无定法，但教必有法”。因此本次活动我采用了以下教学法。

1. 教法

（1）游戏法：游戏是幼儿最喜欢的活动，符合当下幼儿身心发展规律。在活动开始采用“你问我答”的游戏。例如，“小朋友我问你，4 可以分成几和几？”以有韵律问答的形式进行师幼互动，帮助幼儿复习已有知识经验，又为活动的开展做好了铺垫。

（2）故事情境法：幼儿都喜欢听故事，活动中创设故事情境，增添了活动的趣味性，同时也激发了幼儿的学习兴趣，让幼儿能更加积极热情地参与到活动中。

2. 学法

（1）视听做结合法：通过图片和故事的有机结合，让幼儿直观地观看图片、理解情境故事、动手操作材料，引导幼儿学习 6 的分解组合。

（2）自由讨论法：通过故事情节提问，给幼儿足够的时间和空间与同伴自由讨论，培养幼儿分享自己的想法和成功的乐趣。

（六）说教学过程设计

1. 开始部分：游戏导入

通过“你问我答”游戏的形式来复习 5 以内数的分解组成。

师：小朋友，我问你，5 可以分成 4 和几？

幼：×老师，我告诉你，5 可以分成 4 和 1。

师：小朋友，我问你，4 和 1 合起来是几？

幼：×老师，我告诉你，4 和 1 合起来就是 5。

通过有韵律的师幼游戏互动，复习 5 有 4 种、4 有 3 种、3 有 2 种、2 有 1 种的分解组成，帮助幼儿复习已有知识经验，为接下来探索 6 的分解与组成做好准备。

2. 基本部分：6 的分解组成

（1）通过故事，引出 6 的分解的主题

出示故事背景图，讲述故事内容。通过分萝卜的问题情境，激发了幼儿的探索兴趣。正如《纲要》中指出：“让幼儿学习用简单的数学方法解决生活和游戏中某些简单的问题。”

（2）练习 6 的分解组成，小组讨论

通过故事分萝卜，给予幼儿 6 个萝卜 2 个篮子这样的情境，让幼儿对 6 的分解进行探索，知道 6 的分解组成来自于数字 1 到 5，数字 1、2、3、4、5 从小到大是递增，5、4、3、2、1 从大到小是递减。(我为什么会讲递增与递减呢,目的是让幼儿直观地发现递增和递减的第一个数加起来刚好是6,比如说递增第一个数1与递减第一个数5,合起来6)通过这样的方式合作讨论记录6的不同分解方式。

(3) 整理6的分解组成

通过"你问我答"游戏让幼儿实际操作,营造分萝卜的故事情境,例如当我们左边这个篮子里面有2个萝卜的时候,剩下那个篮子里应该放几个萝卜呢(4个萝卜)。当左边篮子有3个萝卜的时候,剩下那个篮子里应该放3个萝卜。通过这样具体操作的方式,引导幼儿对6的分解组成有一个直观的体会。探索出6总共有五种分法,但是幼儿可能会发现,6可以分成1和5,6也可以分成5和1,它们的数字是一样的,只是颠倒了顺序,但是它们总数是没有变的,幼儿可能会对这个发现有一定的探索欲望或者不知道原因是什么,所以我会引导幼儿去探索,这样的规律叫作互换规律。

3. 结束部分:游戏自然结束

跳圈游戏,6个幼儿为一组,每组2个圈(1个红圈,1个蓝圈),2个圈合起来是6个人,这时我会带着幼儿来一次听口令,例如,当老师说红圈4,6人自己分配分别站到2个圈内与教师口令保持一致。幼儿凭借直接经验在游戏中再次通过操作的方式巩固6的分解组成。

大班科学说课稿
《分萝卜》

(七) 说特色

活动的开始与结尾都有游戏形式的加入,增加了数学活动的趣味性。同时让幼儿在宽松、愉悦的情境中解决问题,努力建构积极、有效的师幼互动。

第五节 幼儿园艺术领域说课稿

一、小班美术活动说课稿——《会跳舞的小怪兽》

(一) 说教学内容

《指南》中指出:幼儿艺术领域学习的关键在于充分创造条件和机会,在大自然和社会文化生活中萌发幼儿对美的感受和体验,丰富其想象力和创造力,引导幼儿学会用心灵去感受和发现美,用自己的方式去表现和创造美。幼儿美术教育围绕着"让幼儿感受美、表现美、创造美"展开,"玩色"是小班美术教育中的重要内容,如何通过"玩色"让幼儿感受美、表现美、创造美呢? 我利用"小怪兽"为载体,创设游戏情境,让幼儿在情境中自然地感受美、表现美、创造美。

(二) 说学情

小班幼儿喜欢颜色鲜艳的物品,观察事物时首先从颜色入手。他们认识常见的红、黄、蓝、绿等颜色,并有自己偏爱的颜色。美术游戏是小班幼儿最喜欢的活动之一,他们喜

欢探索自己的动作与留在画纸上印记的关系，但由于小手肌肉发育不充分，对一些美术工具的操作还存在困难，所以教师在进行美术教育时要根据幼儿能力，帮助幼儿逐步了解美术工具材料的用法。本次活动，我加入了滴管、吸管，鼓励幼儿用滴一滴、吹一吹的方式来进行美术游戏。

（三）说教学目标

根据教学内容与小班幼儿的年龄特点，我设定了本次活动的目标。

(1) 认知目标：通过观察动画片《怪兽大学》，了解各种怪兽的夸张形象。

(2) 技能目标：使用教师提供的材料，通过滴、吹、贴画等技能表现出小怪兽的各种造型。

(3) 情感目标：喜欢参与活动，体验美术活动带来的乐趣。

（四）说重点与难点

(1) 活动重点：使用滴管、吸管、塑料眼睛，通过滴、吹、贴画等技能表现出小怪兽的各种造型。围绕活动重点，我在环节设置上利用视频图片帮助幼儿积累各种小怪兽的形象；通过个别指导帮助幼儿进行艺术想象，鼓励幼儿大胆创作。

(2) 活动难点：使用滴管滴颜料，吸管吹造型的方法。为突破难点，我采用先集体讲解示范工具的使用方法，然后幼儿操作时再进行个别指导。

（五）说教学准备

为了更好地突出重点，突破难点，我做了以下准备。

(1) 物质准备：吸管、滴管、水粉颜料、不同形状的黑色卡纸、塑料小眼珠、胶水、棉签、纸盘、课件。

(2) 经验准备：看过动画片《怪兽大学》、使用过滴管、有用吸管的经验。

（六）说教法与说学法

《纲要》和《指南》中指出：教师应成为幼儿活动的支持者、合作者、引导者。教师的主要作用在于激发幼儿感受美、表现美的情趣，丰富他们的审美经验，使幼儿体验自由表达和创作的快乐，在活动中我主要采取的教法是：多媒体教学法、示范讲解法、个别指导法。为调动幼儿的积极性，我采取的学法主要有：观察法、操作体验法、交流讨论法。

（七）说教学过程设计

为了紧扣教学目标，展开教学活动，我设计了以下几个环节。

1. 欣赏导入

教师带领幼儿欣赏动画片《怪兽大学》片段，观察动物的夸张造型，萌发创作愿望。

师：“今天老师给你们带来了一些好看的图片，我们一起来看看图片上都有谁呀？它们都长成什么样？”

通过开放式提问，让幼儿大胆表达自己的想法，幼儿们的答案五花八门，最后教师进行小结：小怪兽的样子有很多种，有高的矮的、胖的瘦的，有的长着一只眼睛，有的长着三只眼睛。这一环节完成了认知目标：了解各种怪兽的夸张形象，也为本次活动重点做好铺垫。

2. 讲解示范作画方法

(1) 出示范例，幼儿观察

范例的出示，更加直观、生动，可以帮助幼儿了解各种怪兽的夸张形象，还可以丰富他们的想象力，为幼儿创作奠定基础。

师："这些小怪兽可能在干吗？在哪里跳舞？都是怎么跳舞的？"

教师引导幼儿观察小怪兽的各种形态和动态。

(2) 幼儿探索创作方法

师："这些跳舞的小怪兽是用滴管、吸管和颜料画出来的，你知道是怎么画出来的吗？谁来试一试？"

接下来教师进行示范讲解："用滴管吸了颜料滴在卡纸上，然后用吸管将颜料吹向各个方向，'跳舞的小怪兽'就出现啦。"这一环节对于解决活动重点、突破活动难点非常关键。

3. 幼儿创作、教师指导

这一环节我采用操作体验法，让幼儿直观、具体地操作美术材料，创作小怪兽的形象。在操作过程中，教师观察指导幼儿作画工具的正确使用方法；引导幼儿对吹画的图案进行大胆想象。

4. 展示与分享

幼儿创作完成后，幼儿之间可以互相交流作品。

师："请和你旁边的小朋友说一说你画的小怪兽是怎样跳舞的？你最喜欢哪幅作品？为什么？"

幼儿通过交流讨论，相互学习，体验美术活动带来的乐趣。

小班美术说课稿
《会跳舞的小怪兽》

（八）说特色

本活动巧妙地将幼儿喜欢的动画片《怪兽大学》中各种奇形怪状的怪兽形象与玩色游戏相结合，增加幼儿玩色的兴趣。幼儿在活动中利用滴管、吸管作画，培养了幼儿使用美术工具的能力。通过观察自己吹出来的色块，并把它们想象成各种奇异的怪兽形象，发展了幼儿的艺术想象力。

二、中班美术活动说课稿——《各种各样的鱼》

（一）说教学内容

线描画是用线条的变化来描绘对象及其形体结构的绘画方式。线描画的绘画工具比较简单，可以用勾线笔、铅笔、油画棒、钢笔等，利用点、线、面来绘画，既可以对物象进行细致入微的刻画，也可以对物象进行简单的艺术处理，作为情感表达的一种方式。所以，我

把线描画作为这学期班级美术活动的一项主要内容。由此我设计了此次活动。

（二）说学情

我班幼儿在简笔画的训练基础上，再进行线描画的练习，会使其绘画的精细方面和手眼协调方面有很大发展。这样不仅提高了幼儿的绘画能力，同时提高了幼儿专心做事的能力，更能激发幼儿的绘画兴趣。幼儿在欣赏、发现、感受线条美的同时，大胆创作，不仅能将幼儿零碎的经验加以提炼，而且与《指南》中提倡的“教育生活化、生活教育化”的理念相吻合，同时在中班开展线描画，能引导幼儿通过“观察—想象—发现—表现—创造”系列活动，有意识地锻炼和培养幼儿的观察力、想象力，促进其个性的发展。

（三）说教学目标

本次活动根据中班幼儿的发展特点，我从知识与技能、价值与情感设计了以下三个目标。

（1）认知目标：引导幼儿用线条的形状变化和疏密排列来装饰鱼。

（2）技能目标：鼓励幼儿按自己的想象大胆创作，发展幼儿初步的创新能力。

（3）情感目标：让幼儿了解人与自然和谐相处的重要性。

（四）说重点与难点

本次活动是幼儿初次接触线描画，需要从模仿学习开始。因此，我把本次活动的重点定位于模仿学习，学习用线条的形状变化和疏密排列来装饰鱼。在模仿学习的基础上，再鼓励幼儿进行大胆想象与创作，创作出具有自己特色的装饰鱼，这也成为本次活动的难点。

（五）说教学准备

多媒体课件《海底世界》、画好的线描画作品、其他幼儿画的线描画鱼、白纸、勾线笔每人一份。

（六）说教法与说学法

选用适当的教学方法，能达到事半功倍的效果，根据本班幼儿的年龄特点，我采用了以下教法和学法。

（1）多媒体教学法：借助多媒体手段进行观察欣赏演示，可以更为简洁、生动，容易地吸引幼儿的注意。本次活动设计中，我通过幻灯片的展示，让幼儿感受到鱼宝宝身上线条的纹样美、图案美。

（2）观察比较法：观察法即运用观察进行教学的方法。通过观察，幼儿既形成了整体的印象，又把握了局部的细节特点。而在观察中进行比较，则能让幼儿更加直观地感受不同的创作手法带来的不同效果。本次活动中，为了让幼儿直接地感受点、线、面的疏密变化和规律性对装饰效果的影响，我采用了观察比较的方法，让幼儿在观察比较三幅特征明显的线描画作品中，发现装饰过于繁杂、无规律，装饰手法单一、缺少变化都不能给人带来美的享受,从而有效地突破了本次活动的重难点。

(3) 欣赏评价法:欣赏评价法指的是将幼儿不同特点的作品进行对比评价,肯定各自的特点。在本次活动的最后环节,我采用了欣赏评价法,在欣赏的同时围绕两个问题展开点评。

问题1:"你最喜欢哪个鱼宝宝? 为什么?"这样可使幼儿在审美的同时自然地习得经验,为下次经验迁移做准备。

问题2:"你是用怎样的线条和图案来装饰鱼宝宝的?"让幼儿用语言将自己的装饰意图表达出来,达到分享和交流的目的。在这一环节,教师和同伴的欣赏与评价能让幼儿对本次活动产生愉悦感和成就感。

(七) 说教学过程设计

在遵循幼儿学习规律"观察—想象—发现—表现—创造"的基础上,我把本次活动分为以下几个环节。

1. 导入部分

观看多媒体课件:欣赏海底世界各种各样的鱼的花纹,引导幼儿说出鱼儿身上花纹的特点。师:在美丽的大海里,生活着许多快乐的鱼宝宝,他们和鱼妈妈自由自在地在海洋里嬉戏玩耍,一会儿在珊瑚里捉迷藏,一会儿凑在一起说着悄悄话,可幸福了。然后请幼儿讲讲自己最喜欢哪条鱼,它是什么形状的? 身体各部位的名称以及身上的花纹是什么样的? 特别是对形状怪异的鱼,启发幼儿尽可能讲详细一点。

2. 基本部分

(1) 欣赏课件:欣赏幼儿的作品,引导幼儿说说他们的画都用了哪些线条装饰,并进行比较。

(2) 欣赏成品,让幼儿学习装饰鱼宝宝的基本方法。同时逐个展示各种点、线、面(根据幼儿回答展示各种线形和点形装饰),既增强了趣味性,又有效地发挥了教育的功效。

(3) 示范讲解几种鱼的画法(欣赏成品)。

① 请幼儿说说老师都用了什么线条来画各种各样的鱼。

② 教师在幼儿最喜欢的鱼身上示范画出各种形状的线条,并重点讲解如何处理线条的疏密关系。

③ 请部分幼儿来装饰几条鱼宝宝。

④ 引导幼儿讨论自己准备画一条什么样的鱼。

(4) 通过比较,了解点、线、面的疏密变化和规律性对装饰效果的影响。为了帮助幼儿理解线描画抽象的形式及构成规律,我选择了三幅特征明显的线描画作品(图1:装饰过于繁杂、无规律;图2:装饰手法单一、缺少变化;图3:疏密变化恰当、有一定规律),幼儿通过观察比较,在教师追问"这两个鱼宝宝美吗? 为什么?"的过程中交流、探索、发现,从而掌握线描画的基本规律,为接下来的创作提供支撑。

(5) 幼儿创作,教师指导要点:

① 鼓励幼儿大胆想象各种奇形怪状的鱼,看谁想的和别人不一样。

② 启发幼儿用不同的花纹装饰鱼,并注意线条的疏密变化。

③ 帮助能力差的幼儿变化各种线条花纹。

(6) 观赏评析作品:

① 请幼儿互相讲述自己所画的鱼。

② 请个别幼儿谈谈自己喜欢哪一条鱼,为什么?

3. 结束部分

师:今天,小朋友帮助鱼妈妈找回了鱼宝宝,并且鱼宝宝身上的花纹都非常漂亮,线条的疏密也很好,鱼妈妈谢谢你们了,现在我来当鱼妈妈,小朋友们来当鱼宝宝,我们一起游到大海里去做游戏吧。

(八) 说特色

整个活动我以幼儿的兴趣为出发点,在活动设计中,我既给予幼儿技法上的帮助,又给予幼儿充分的创造空间。活动中我始终作为幼儿的支持者、引导者和合作者;充分尊重每位幼儿的创造,肯定、接纳他们独特的审美观和表达方式,让幼儿在特别宽松、开放、愉悦的环境中感受美、表现美。根据对本次活动教法与学法的选择与教学程序的设计,估计活动的重难点将会得到突破。但是由于幼儿存在个体差异,因此,我在活动中还将根据幼儿的基础和能力水平,给予相应的指导,使幼儿在原有水平的基础上得到最大限度的提高。

中班美术说课稿《各种各样的鱼》

三、大班美术活动说课稿——《美丽的青花瓷》

(一) 说教学内容

青花瓷又称白地青花瓷,简称青花,是中华陶瓷烧制工艺的珍品,是中国瓷器的主流品种之一,青花瓷清丽、隽逸,千百年来不断向世人展现它迷人的风采。在我们平时的生活中有关青花瓷元素的日常用品较多,但幼儿对青花瓷的相关经验却少之又少,所以我们可以通过本次活动加深幼儿对青花瓷的了解,丰富幼儿对青花瓷的认识经验。《指南》指出:“幼儿艺术领域学习的关键在于充分创造条件和机会,引导幼儿学会用心灵去感受和发现美。”因此,《美丽的青花瓷》这一活动,我结合大班幼儿年龄和在欣赏时越来越注意形式特征和技巧方面的特点,我采用以观察和交流为基础,通过提问、讨论的方式,引导幼儿认识青花瓷,了解其特点,激发幼儿探究的兴趣去创作设计有关青花瓷元素的作品,体验青花瓷作品的艺术美。

(二) 说学情

在开展了以“中国传统文化”为主题的活动后,幼儿们对中国艺术瑰宝之一的青花瓷产生了浓厚的兴趣。在活动开始,我们可以通过提问的方式如:“青花瓷的花纹有哪些形状呢?”“我们怎么来设计青花瓷呢?”进一步引导幼儿感受青花瓷花纹的独特性。幼儿进入大班之后,鉴赏力、理解力也都达到了较高的层次。在有了一定的美术欣赏经验之后,幼儿们对美术作品的观察更加敏锐。这更需要教师给予幼儿深层次的启发和引导。

（三）说教学目标

根据幼儿们的年龄特点和认知水平，让幼儿们能够在本活动中获取有关青花瓷的知识以及用线条、图案来装饰青花瓷的能力，我设计了以下几个目标。

（1）幼儿尝试利用线、图案装饰物品，制作一件有青花瓷相关元素的美术作品。

（2）幼儿通过欣赏青花瓷的美丽花纹及色彩的独特性，感受青花瓷的艺术美。

（四）说重点与难点

根据对教学内容、学情和教学目标的分析，我确定本次活动的重难点为：幼儿尝试利用线、图案装饰物品，制作一件有青花瓷相关元素的美术作品。

（五）说教学准备

意大利著名教育家蒙台梭利曾说："充足的活动准备是活动顺利实施的关键。"所以为了让幼儿感受青花瓷的艺术美，充分发挥自己的创造性，我做了以下准备。

（1）有关青花瓷的实物若干。

（2）范例作品，自制青花瓷图片一套。

（3）每个幼儿分发蓝色记号笔一支，纸制品一个。

（六）说教法与说学法

1. 说教法

（1）欣赏法：《指南》中指出："幼儿艺术领域学习的关键在于充分创造条件和机会，在大自然和社会文化生活中萌发幼儿对美的感受和体验，丰富其想象力和创造力，引导幼儿学会用心灵去感受美和发现美，用自己的方式去表现美和创造美。"因此，欣赏是幼儿美术活动的基石。活动开始让幼儿欣赏青花瓷的实物，不仅激发了幼儿的好奇心和兴趣，还让幼儿更直观地去感知青花瓷的魅力，在视觉上给幼儿以积极的刺激，激发幼儿的创造力，为活动的开展做好了铺垫。

（2）观察法：活动中让幼儿仔细观察青花瓷的外形和图案，能集中幼儿的注意力，让幼儿对青花瓷的细节、元素有更深的认知，便于后续创作活动的开展。

2. 说学法

（1）交流讨论法：幼儿在创作自己的作品时有一定的感受，让他们互相交流自己的想法、互相欣赏对方的创作，不仅能让幼儿分享快乐，还达到了生生互动的目的，帮助幼儿积累了共同经验，也提高了幼儿的语言表达能力。

（2）展示法：活动最后进行幼儿作品的布展，让幼儿大胆展示自己的作品，发挥幼儿的主体地位，让每个幼儿都拥有自我展示的机会。

（七）说教学过程设计

《3—6岁儿童学习与发展指南》中将3～6岁幼儿艺术学习与发展划分为感受与欣赏，表现与创造两个子领域，因此本次教学设计也围绕这两个方面的要求展开。

1. 欣赏青花瓷实物，激发兴趣

通过展示青花瓷的实物，引导幼儿进行欣赏，对青花瓷的外形和细节有一个大概的了解，让幼儿萌发创作的欲望。

2. 引导幼儿欣赏青花瓷图案排列组合的规律

幼儿在这个环节很难发现图案组合的规律，教师可以通过提问的方式让幼儿感知图案的排列顺序。例如，盘子上有什么样的花纹？盘子上除了花，还有什么线？中间是什么花纹？旁边又有什么花纹？花和线是怎么组合的？等等。引导幼儿观察图案的排列要有疏密，注意对称还有排列的规律。

3. 欣赏自制青花瓷图片，加深对线条、图案的认识

出示四张图片，引导幼儿发现图片用的装饰手法。教师通过示范，让幼儿了解一些装饰的手法，如锯齿线、弹簧线等。

4. 教师交代要求，幼儿操作

教师可以提供一些可以用青花瓷元素装饰的物品，如和花瓶、盘子一样的纸制品。让幼儿来当小设计师，激发幼儿参与制作，用学到的本领设计制作一件自己喜欢的青花瓷作品。教师重点指导幼儿用对称的方法，用线条有规律来装饰。

5. 作品展示

请个别幼儿展示作品，相互欣赏。让幼儿分组展示自己的作品。

（八）说特色

大班美术说课稿《美丽的青花瓷》

本次活动的设计内容比较整合。艺术领域幼儿们运用绘画形式进行青花瓷的创作，在创作中利用美术的不同表现手法。在线条和图案的设计中，进行领域渗透，幼儿综合运用数学知识来进行图案的设计。例如，将图案线条交替重复进行排序完成创作；绘画对称的图案，等等。综合运用数学的知识。在活动后的展示环节，幼儿通过描述自己的设计，不仅展示了作品，还提升了自己的语言表达能力。

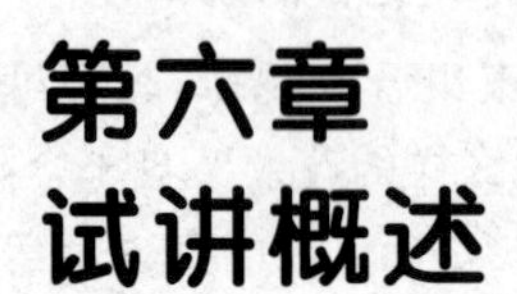

第六章 试讲概述

第一节　试讲的基本知识

一、试讲的概念及价值

（一）试讲的概念

试讲，作为一种教师考试评价的方式，目前被广泛应用于各级各类幼儿园教学技能竞赛、园本教研、骨干教师学科带头人评选、幼儿教师职称评定、幼儿教师招聘、幼儿教师资格证考核等活动中。

试讲又叫“模拟课堂教学”，是指在有限的时间内，教师通过口头语言、形体语言和各种教学技能与组织形式的展示而进行的一种考查教师综合能力的教学方式。

（二）试讲的价值

试讲运用范围较广，领导检查教学情况、评价教师的教学水平、教师之间研讨教学、开展教学技能竞赛等均可采用试讲的形式。试讲不但具有教研作用，而且具有评价教师业务水平的功能。因此，试讲是教师提高教育教学质量和检测教师业务水平的有效途径之一。

幼儿园试讲是在教育科学研究的大背景下产生的一个新课题，具有不可替代的独特价值，主要表现在以下几个方面。

1. 有利于促进教师个体的专业成长

试讲不仅是一种信息传播的过程，更是一种艺术表现的过程。没有高超的教育教学技巧，把握不了教育的艺术性，就不可能提高教育质量。而试讲则要求执教者在一定的教学思想的指导下，从教学内容入手，寻求最佳的角度切入，安排恰当的教学活

动，这与平时的教学完全一致，而且更集中，更精练，更需要讲究教学艺术，更富有挑战性。对听者而言，精短的试讲使其更容易吸取精华和发现问题，作为今后教学的借鉴。如果再加以真切地研讨并听取中肯的评点，对提高教学能力是非常有益的。因此，为了更好地试讲，为了彰显自我的教学特色和教学主张，教师不仅要认真钻研各领域的教材，精通《纲要》《指南》等相关要求，还要自觉学习有关教育教学和心理学的理论与知识。

我们知道，知识技能与实践是教师专业技能发展的重要因素。而我国师范教育的传统做法往往是注重专业知识的教学，忽视基本教学技能和能力的培养，年轻教师大多通过模仿和经验积累来计划和组织教学，这样滞缓了青年教师的成长和发展。试讲则为教师的成长和发展提供了一条有效途径，教师通过试讲不但可以迅速掌握教育教学的基本原理和方法，而且可以在实践中不断熟练和提高，能使教师们形成自己独特的教学风格，还能使他们尽快地朝着研究型、专家型教师迈进。

2. 有利于促进教学研共同体的形成

众所周知，整体的属性和功能大于各孤立部分的综合。同侪互助是指两个或多个教师共同反思当前的教学实践，改进和建立新的技能，相互教导，共享经验，共同参与教学研究，并在工作中共同解决实际问题，从而获得共同的成长。[①] 在传统的教学中，幼儿园教师常常局限在自己的"一亩三分地"中，在"我的班级我做主"的思想指导下日复一日地重复着自己的教学活动，教师个人所获得的教育教学经验相对比较狭隘，不够丰富与完善。试讲可以为教师个体与幼儿园群体之间搭建相互学习、相互交流、相互研究的平台，观摩他人讲课，也会使自己更好地上课，更好地解决大家所遇到的问题。

在当下的教育教学实践中，存在一系列需要解决的问题与疑惑，而这些问题和困惑，凭借教师个人的力量是难以解决的，需要通过教师群体的努力才能达成。在试讲过程中，教师通过展现自己的教学过程，引发其他教师对教学设计的思考和判断，并在相互碰撞与交流中共同完善对问题的认识和看法。

在此过程中，年轻教师能够学习到教师群体的智慧和经验，并体验到共同研究的快乐；而骨干教师则能够充分发挥示范带头作用，并在对话与思辨中进一步升华自己的教育理念与教学思想。在融入不同的观念、认识和看法的过程中达到共生共长的目的。

3. 有利于提高园本教研的实效

听评课是常规的教研活动形式，在一定的时间和地点往往只能听到个别教师的课，虽然不乏针对性，但形式单一、容量不大。试讲观摩不失为一种多样化、高密度、大容量的教研活动形式，而且不受教学进度、教育对象的限制，使最优化的教学得以展示。半天时间可安排多个教师进行试讲，给教师们提供了广泛的学习机会，极大地提高了教研活动的实效。

4. 有利于提高评价教学水平的信度

众所周知，试讲产生于说课之后，以弥补说课坐而论道的不足，这两种形式相辅相成，进一步考查教师的教育教学理论功底、专业知识的掌握程度、课堂教学的调控和应变能

---

① 唐海燕，林高明．幼儿园片段教学精彩实录(大班)[M]. 福州：福建教育出版社，2016：3-4.

力，进而综合评价教师的教学水平。说课和试讲之间存在相互关联、相互促进的关系，具备良好的说课能力是成功试讲的前提，因为科学的蓝图是有效施工的保证；而试讲又能更好地促进说课的完善与提升，二者相辅相成，综合合理地运用能够不断提升教师的实践智慧与理性水平。

二、试讲的分类

试讲一般分为以下两种类型。

(1) 无生试讲，即在没有幼儿的虚拟课堂中进行的，教师在教学时要模拟幼儿的存在，进行对话与交流，要预设可能出现的问题，要通过角色扮演将幼儿的主体地位充分体现，以此考查教师教育教学技能的一种方式。常见于教师招聘、资格证考核中，要求考生在考场内模拟讲课，将考官当作幼儿，进行幼儿园课程的教学，以此展示自己综合的教学能力和教学方法。无生试讲是在比较理想的环境下进行的，试讲者可以预设幼儿的水平、教学手段、教学效果等，带有一定表演性质。

(2) 有生试讲，即教师面对真实存在的幼儿，在规定时间内进行的集体教学活动，是各级各类幼儿园开展教学技能竞赛及园本教研的一种方式，也是考查教师教育教学技能的常见方式。这种方式更能考验教师的综合能力，因为教师既要懂得如何管理整个班级，又要在遇到突发状况时随机应变。

很多学者根据不同的标准，将试讲分为以下几种类型。

(一) 以教学场景分类

从教学场景看，试讲可分为实境与虚境两种类型。

实境型试讲是为教者提供真正的课堂，教者可以面对幼儿进行教学(见图 6-1)。虚境型试讲则只能面对评委或参加教研活动的教师进行模拟教学(见图 6-2)。由于虚境不为时空所限，操作方便，所以尽管有脱离幼儿主体之弊，但事实上更频繁地被使用。目前，教师资格面试和教师招聘考试中的试讲一般采用虚境型试讲。

图 6-1 实境型

图 6-2 虚境型

（二）以教学内容分类

从教学内容看，试讲可分为节选与专题两种类型

节选型是选取某些片段进行教学，授课教师根据节选的内容确定教学目标，设计教学方案，进而实施课堂教学。专题型是从某个主题中抽取一节活动（或一个知识点、能力点、一个教学环节）让教师施教，授课教师以此作为目标进行教学。

（三）以选题来源分类

从选题来源看，试讲可分为自定（或自主）和他定（或特定）两种类型

自定型是由授课教师自己选择试讲的内容，是进行教研活动时多采用的方式。例如，某幼儿园优质课比赛活动方案中，竞赛内容为幼儿园五大领域，主题活动及题目自定，年龄班级不限。

他定型则由他人（专家、评委、组织者）指定选题，授课教师按照要求进行试讲，竞赛活动和评价工作多采用他定型试讲。资格证面试中就是典型的他定型试讲。

教师资格证考试面试流程如下。

1. 抽题。按考点安排，登录面试测评系统，计算机从题库中随机抽取试题（幼儿园类别考生从抽取的 2 道题中任选 1 道，其余类别只抽取 1 道试题），考生确认后，计算机打印试题清单。

2. 备课。考生持试题单进入备课室，撰写教案（或活动演示方案）。时间 20 分钟。

3. 回答规定问题。考生由工作人员引导进入指定面试室。考官从试题库中随机抽取 2 道规定问题，要求考生回答。时间 5 分钟左右。

4. 试讲/演示。考生按照准备的教案（或活动演示方案）进行试讲（或演示）。时间 10 分钟。

5. 答辩。考官围绕考生试讲（或演示）等相关内容进行提问，考生答辩；小学全科考生不再答辩，自己从体、音、美科目中任选一项现场进行才艺展示，器材自备。时间 5 分钟。

6. 评分。考官依据评分标准对考生面试表现进行综合评分。

幼儿园教师资格证考试面试备课纸实例

准考证号　　　　　　　　　　姓名　　　　　　　　　　所在考场

1. 题目：儿歌《小蚱蜢学跳高》

2. 内容：

小蚱蜢学跳高

小蚱蜢，
学跳高，
一跳跳上狗尾草，
腿一弹，
脚一翘，
哪个有我跳得高，
草一摇，
摔一跤，
头上跌个大青包。

3. 基本要求：

(1) 设计一个适合4～5岁年龄段的幼儿活动。

(2) 根据儿歌内容进行仿编。

(3) 请在10分钟内完成上述任务。

在教师资格证面试和招教面试试讲中，一般采用虚境型、节选型和他定型形式较多，临时抽签，当场限时准备，以此来检测教师的素质和教学水平，能够比较客观地评判其高下优劣。在各级各类幼儿园教学技能竞赛、园本教研等活动中，大多采用实境型、专题型和自定型，这类方式要求教师要有对全场的把控能力。所以，在准备试讲的过程中，尽量多备些教案，或者尝试不同类型的教法，以提升应对各种类型试讲的能力。

三、说课与试讲的异同

说课和试讲是教师的必备技能，主要考查教师的综合能力和基本理论素养。

然而有些教师容易将说课和试讲这两项完全不同的考核方式混淆，甚至认为两者之间画等号。下面分析下说课和试讲的异同之处：

首先，两者的活动时间基本相同，一般都控制在10～15分钟以内；其次，都用于诊断、评估教师的教育教学能力与基本功等，因此常有教师将两种教研形式混淆，但是说课与试讲有着明显的不同，表现在以下四个方面(见表6-1)。

表6-1　说课与试讲的异同

项　目	说　课	试　讲
性质	教什么、怎么教、为什么教	教什么、怎么教
对象	领导、同行或专家、评委	幼儿
方法	以教师解说为主	教师与幼儿双边活动
评价标准	教学讲课的相关技能水平	教学和教研能力

（一）性质不同

试讲模拟了实际课堂教学过程，展示的是教师“教”与学生“学”的情境，是教师将自己的教学设想付诸实际的实施过程，主要阐述的是“教什么”和“怎么教”。

而说课的重点在于“说”，即说教材、说活动目标、说活动准备、说教法学法、说活动过程……说课是介于备课与上课之间的一个相对独立的教学活动与环节，它是在告诉听者自己准备“怎么教”，并用相应的理论阐述自己“为什么要这样教”，以及“这样教的依据和原理是什么”。虽然说课中也要展现完整的教学流程，但更倾向于理性的阐述，它提供的是一张施工的蓝图，而试讲则是施工。

大班科学领域：有趣的影子——导入环节的说课

爱因斯坦说过：“兴趣是学生最好的老师。”幼儿有了兴趣，就会积极主动地参与到活动中去（这样教的依据和原理）。因此，在活动第一环节我让幼儿猜这样一个谜语（怎么教）：“有个好朋友，天天跟我走，有时走在前，有时走在后，我和他说话，就是不开口。”以此来引导幼儿与老师、与同伴之间的相互交流，在轻松和谐的互动氛围中培养幼儿的学习兴趣，激发幼儿的求知欲望，从而使幼儿的整个身心都投入到探索活动中去（为什么这样教）。

大班科学领域：有趣的影子——导入环节的试讲

师：小朋友们，今天老师给你们带来了一个有趣的谜语，请竖起小耳朵认真听。（怎么教）

“有个好朋友，天天跟我走，有时走在前，有时走在后，我和他说话，就是不开口。”

幼：影子。

师：小朋友们你们见过影子吗？影子是什么样的呢？为什么会有影子呢？（教什么）

（二）对象不同

说课是一种课前行为，面对的对象是领导、同行或专家、评委；与听者一起进行预测或反思，共同研讨进一步改进和优化教学设计的教学研究过程以及如何确立教学重点。而试讲是课堂行为，面对的对象是幼儿，通过和幼儿面对面的交流与合作，向幼儿传授知识和方法的过程。

（三）方法不同

试讲要求展示（模拟）教师与幼儿的双边活动。在无生试讲中，教师是我和“我”的对话，前面的我是执教老师，后面的“我”是执教老师所面对的幼儿，但在试讲中幼儿的角色也必须由执教老师来完成。教师要有对全场的把控能力，展现出教师与幼儿的双边活动，

再现课堂。而说课则是教师解说自己教学意图的过程，无须互动。

(四) 评价标准不同

试讲着重观察教师课堂教学的过程，例如如何调动幼儿的积极思维，如何机智处理教与学中的矛盾，如何有效控制教学进程等，考查教师的表达能力、逻辑思维能力、应变能力以及教学讲课的相关技能水平。说课的过程重在评价教师掌握教材，运用教学理论设计教学方案，以及预设教学过程等方面，教师的教学理念、教学目标有显性表达的过程，反映的是一个教师的实际教学水平和教学研究能力。

第二节　试讲的基本特征

一、实践性

实践性是试讲最基本也是最重要的特征。从本质上说，试讲就是一次教学实践活动。如果说课是教者向听众展示其对某节课教学设想的一种方式，重点在于比较系统地介绍教学设计及其理论依据，那么试讲就是将此教学设想具体实施的过程，目的在于体现其教学设计的合理性、可行性和实效性。更好地将课堂教学实践与教育教学理论有机地结合起来，真正地做到理论与实践相统一。

二、完整性

幼儿园试讲基本呈现的是一个完整的教学过程，即使有时在内容上是局部的，但教学步骤也应是完整的。如同平时授课进行施教，要做到教学过程逻辑性强，层次清楚，突出重点，突破难点，完成教学目标；同样也要充分发挥教师的主导功能。所以要求试讲要有逻辑清晰而又完整的教学步骤实施过程。

三、虚拟性

虚拟性是虚境型试讲所具有的一种特征。虚拟性试讲虽然在本质上是教学活动，但又与正常的教学活动有所不同，平时教学实践的实施对象是幼儿，而虚境型试讲面对的却是同事、同行，甚至是评委，因此在教学实施过程中就带有浓重的虚拟色彩。

四、预设性

虚境型试讲通常面对的都是评委或同行，幼儿的发言、幼儿的活动、师生的交流等无法真实地进行，都是通过授课教师的精心预设，由教师的“我”和幼儿的“我”的互动来完成教学流程。教师只有加以预设，试讲才能顺利进行。这就要求教师不但要做到眼中有幼

儿，还要做到心中有课堂，按预设进行有声有色的虚拟教学。

五、双重性

在无生试讲的教学实施过程中，教师扮演着两种角色，既要呈现教师教的功能，又要体现幼儿的学习活动，展示师幼交流互动的过程。教师要注意角色的转换，时而是教师，时而是幼儿；要注意语言的转换，时而转述幼儿的话语，时而对幼儿进行表扬评价；要注意教学方法的灵活选用，做到有问有讲，有讨论有评价，有组织有互动。

第三节 试讲的具体实施与要求

执教者要善于创设(虚拟)课堂教学情境，力求教学生动、简练，富有流动感和层次感。下面说一说试讲时的具体实施与要求。

一、表现崭新教学理念

理念是行为的先导，行为是理念的外在表现，任何一个行为背后总有一种理念在支撑。幼儿教师的教育教学理念支配甚至决定了幼儿教师如何设计教学过程、采取何种教学方法、创设何种教学情境等，因此，是否具有先进的教育教学理念并贯穿于整个试讲始终是评判一节试讲优秀与否的关键和前提。

(一) 目标制定上，尽量体现三维度和以幼儿为主体

新课程背景下的试讲，要求根据教学任务和学生的需求，需从知识与技能、过程与方法、情感态度与价值观三维度出发设计教学目标。具体到教学实践，就是要把原来目标单一(知识与技能)的课堂转变为目标多维(知识与技能、过程与方法、情感态度与价值观三个维度)的课堂。

三维的课程目标应是一个整体，知识与技能、过程与方法、情感态度与价值观三个方面互相联系，融为一体。在教学中，既没有离开情感态度与价值观、过程与方法的知识与技能的学习，也没有离开知识与技能的情感态度与价值观、过程与方法的学习。具体的教育活动目标在新课程的背景下可以分为三个维度：认知目标、技能目标、情感目标，即所谓的三维目标。

制定目标时除了要体现三维目标外，主语的表述也要做到一致且要尽可能地以幼儿为主体，因为新课改的一个最大特点，就是由注重教师“怎样教”变为重视幼儿“如何学”和“学的效果”。因此，教师表述活动目标时，要把幼儿当作行为的主体，以行为目标的方式进行具体、精确的表述，使活动目标具有较好的清晰度，保证目标的可测性，并使课程的评价有直接的“标杆”。

小班数学活动:“好玩的大和小” 说活动目标

认知目标:学会目测有明显大小差异的物体,懂得物体的大小是通过比较来认识的。

技能目标:通过游戏初步体会到由大到小和由小到大之间的转变,初步发展幼儿的多向思维。

情感目标:激发幼儿探索的主动性、积极性,培养幼儿探索的兴趣。

(二)教学问题的预设上,尽量体现开放性

问题是教学的核心,有了问题,思维才有方向;有了问题,思维才有动力;有了问题,思维才有创新。好的问题,必须富有启发性,不仅要使幼儿能答出什么,还应该使幼儿能讲出“为什么”,进而能提出自己的见解。切忌什么都问,什么都提“是不是”“对不对”“好不好”之类的有关问题,要围绕教育活动的重点内容和突破教育活动难点,设计一些关键性的问题引起幼儿主动思考,并力求让幼儿自己去解决这些问题。[①] 例如,在“斜坡玩小车”的活动中,可以让幼儿想一想:“为什么有的车子开得远,有的车子开得近?”让幼儿自己探索发现寻找答案。

(三)氛围的营造上,尽量体现互动性

从无生试讲来说,试讲就是我和“我”的对话,前面的我是执教教师,后面的“我”是执教教师所面对的幼儿,但在试讲中幼儿的这个角色也必须由执教教师来完成。也就是说,在试讲中,教师要有先知先觉的意识,要根据不同的活动内容和不同年龄阶段幼儿的发展特点来预设学情,虚拟出幼儿在活动中的不同表现以及存在的各种问题,并对此作出充分的预设和处置,进而在此基础上有针对性地引导和点拨。

目前在试讲中发现,大部分教师不能很好地营造出师幼互动的良好情境,常常是一个人唱“独角戏”,课堂因为缺失了幼儿的存在而显得枯燥、无味。例如在大班音乐活动“绿色的家”中,我们可以预设幼儿的多种回答,并通过“回声应”的方式展现出来。教师可以说:“刚才乐乐小朋友听到歌里面唱到了小鸟娃娃,那么欣欣你听到歌曲里面唱了什么呢?”教师停顿1~2秒钟后回应:“哦!欣欣小朋友听得真仔细,她还听到歌曲里面唱到了‘沙沙沙’的声音呢,我们一起来学一学这个‘沙沙沙’是怎么唱的吧!”

在无生试讲中,教师在指定幼儿时应多用处所词,如“坐在边上的小男生”“胖墩墩的小男生”“举手最高的这位小女孩”“你手举最快,你来说”“穿花裙子的小女生”“绑两个小辫子的女孩”等,可彰显空间感,明确地指出幼儿的所在,也让人仿佛置身真实课堂。无生试讲虽然是教师在没有幼儿参与的情况下进行的课堂教学,但执教老师一定要做“心中有幼儿”,同时配以投去的目光,则更有助于营造恍若现场的感觉。这样,就会让成人的我与幼儿的“我”在教学中相互交融、彼此共生,从而达到此时无“生”胜有“生”的境界。

---

① 莫源秋,韦凌云.幼儿教师实用教育教学技能[M].北京:中国轻工业出版社,2012:10.

二、教学手段要丰富

3～6岁幼儿好奇心强，对任何事情都充满欲望，但他们注意力不集中，易分散，而形式多样的教育教学手段能促进幼儿主动思考，并积极投入到各项活动中去。

（一）运用现代化教学手段

现代教学手段的应用水平也能反映出一个老师的教学素养与能力。很多教师在面试试讲中不知道如何使用多媒体，常常放弃了多媒体教学手段的使用，其实我们可以通过教师的语言引导来让评委知道你使用了哪些教学手段。例如“今天老师带来了一段好看的视频，我们一起来看看，这段视频中都讲了什么有趣的故事？”或者可以说“现在请小朋友到前面的大屏幕上来找找哪些小动物躲起来了？”等，营造出人机互动、人机对话等活动情境。

（二）运用游戏、故事等多种方式

试讲虽然是教师独立展示自己教学的过程，但也不能以讲授式教学为主，要充分发挥幼儿的主体作用，积极运用自主、合作、探究的学习方式。在课程游戏化建设的背景之下，我们更要创设游戏、故事、生活等各种情境，让幼儿在自由宽松的环境中愉快地学习。

小班数学活动：认识5以内的点数　说活动过程

游戏一：

1. 手指游戏导入，初步感知

师：一个手指点点，两个手指剪剪，三个手指弯弯，四个手指叉叉，五个手指开花。

提问：小朋友，你们左边的这只手一共有几个手指头？那右边的手一共有几个手指头？

2. 出示链子，引起幼儿兴趣

师：小朋友看，这是×××用玩具穿的链子。让我们来数数看，这里一共有几个玩具？（幼儿点数，集体回答）

提问：红颜色的玩具有几个？黄颜色的玩具有几个？蓝颜色的玩具有几个？有几个圆形的玩具？几个三角形的玩具？几个正方形的玩具？（个别幼儿回答）

3. 借助“穿链子”，加深幼儿理解

游戏二：

幼儿在教师规定的时间内穿链子。（如教师数10声）

师：现在请你们把穿好的链子放在桌子上，观察一下都有些什么颜色。（幼儿讨论讲述，个别幼儿举手回答）

师：那数一下，你穿的链子用了几个红颜色的玩具，数好的举手告诉我。（个别幼儿回答）

师：再数一下有几个绿色……点数完后拆下来轻轻地放到框内。

游戏三：

1. 请你按我说的穿

师：下面我们来玩一个游戏，“看谁数得对”。

(1) 请小朋友们选4个绿颜色的玩具穿在一起(边数边穿)→接着再穿5个黄颜色的玩具→再接着穿2个蓝颜色的玩具。现在让我们来观察一下，你穿的这串链子都有些什么图形？

提问：数一下有几个三角形玩具？几个正方形玩具？几个圆形玩具？同时请幼儿点数后用画点的形式在下表中表示出总数。

△	
□	
○	

(2) 请小朋友们选2个绿颜色的圆形玩具穿在一起(边数边穿)→接着再穿2个圆形黄颜色的玩具→再接着穿2个圆形蓝颜色的玩具。现在让我们来观察一下，你穿的这串链子和前面穿的链子有什么不同？都有些什么图形？有什么颜色？有几个？怎么排列的？

2. 想象创编

请小朋友们自己设计漂亮的链子，并说说是怎么设计的。

活动延伸：

将玩具摆在活动区，引导幼儿在自由活动时间自己穿链子并数数。

游戏是幼儿最喜爱的学习方式。无论是在正式的教育活动中还是非正式的教育活动中，无论是在集体活动中还是幼儿的个别或小组活动中，游戏总是紧密伴随着幼儿的一种活动形式。使用游戏法时，教师应清楚地认识到所采用的游戏是为教育活动目标服务的，所选游戏的目标和规则应与教育活动目标要求相吻合。教师既可以将游戏作为教育活动中的一个环节，也可以用一个游戏贯穿于整个教育活动之中。

三、注意运用教学语言

既然试讲也是教学活动，教学语言就应运用课堂教学语言，要像上课那样，有声有色、灵活多变、富有感染力、前后连贯紧凑、过渡流畅自然。无生试讲的执教者要把听评课的老师看作自己班上的学生，有问有讲，有读有说，用语言变化将他们带入课堂教学中，使之未进课堂却仿佛看到上课的影子，感受到课堂教学效果。也就是说，即使有的试讲不能像

真实的课堂那样进行，但要利用教学语言让听者犹如身置课堂之中。同时，试讲的教学情境很大程度上通过评价来体现，因此，试讲中的评价语言也很重要，在预设时也要有针对性地加强，尽量少用“你真棒”“你做得不错”“你表现很好”等针对性不强的评价语。

教师语言表达能力的强弱直接影响课堂教学的效果及教育效果。因此，在日常的活动中，要通过多读、多听、多写、多说等方式，努力锤炼自己的教学语言，提升自我的语言表达能力。

四、教学亮点要凸显

一节课必然亮点纷呈，有亮点、有精彩之处才能吸引人、方显教学个性。亮点有时是层次清晰、衔接自然的教学环节；有时是字字珠玑、抑扬顿挫的教学语言；有时是有张有弛、动静结合的教学节奏；有时是趣味盎然、充满挑战的教学情境；有时是起伏有致、疏密相间的课堂结构；有时是启发诱导、虚实相生的教学方法……简言之，一段语言生动的导语是亮点，一个幼儿喜欢的情境是亮点，一个具有挑战性的问题是亮点，一个易于激发幼儿探究兴趣的材料是亮点，幼儿的精彩回答是亮点，教师适宜的点评是亮点，巧妙的课堂过渡是亮点，言有尽意无穷的结束语是亮点……大到教学的各个板块，小到教学的各个环节，亮点无处不在，无时不有。平平淡淡的试讲无光彩可言，只有在平静湖面投掷一个个“亮点”才会泛起涟漪波纹，才会使听课的老师或评委耳目一新，为你的好印象、好成绩锦上添花，从而引起评委的共鸣，最终获得评委的好评。

五、注重教学设计

教学设计涉及教学目标、教学重难点、教学方法、教学步骤、教学过程等。其中最应重视的是教法和步骤，教法可以体现出教师的教学理念，是突破重难点实现教学目标的途径，步骤则是教法的具体操作程序，安排好步骤可以使教学过程合理流动，有条不紊，富有层次感。在教学设计时，还要注意导入语、问答、活动过程等的设计。

需注意虚境型教学中没有真正的幼儿，教者须设计虚拟的教学情境，让教学逼真地进行到底。虚拟的讨论、交流、辩论、活动等情境，使课堂教学师幼互动，幼幼互动，生动活泼，给人身临其境的感觉。虚拟教学情境可以通过教师的口头语言、肢体语言、间歇停顿等来建构，再现真切的教学情境，忌用提示语加以说明。在试讲实施过程中因其虚拟性也需要较强的表演能力，因此试讲时应有较强的应变能力，能够及时调整自己的心态，让自己尽快地进入试讲的角色中。

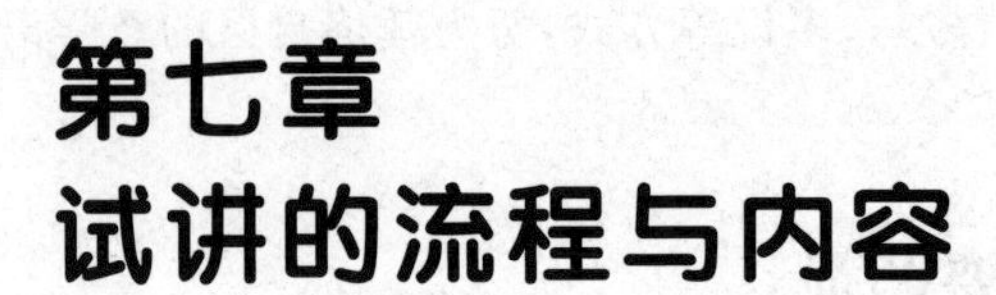

第七章 试讲的流程与内容

幼儿园教师教学工作的基本程序是说课—备课—上课—写教学反思。本章将从如何备课、怎样上课(开始部分、基本部分、结束部分)、怎么进行教学反思这三部分来详细分析。

第一节　备课的基本流程

备课是幼儿教师教学技能的基本功,是幼儿教师个性化教学的真实记录。只有备好课,才能科学合理地安排教学环节,才能在教学活动中吸引幼儿的注意力,才能更好地引导幼儿在活动中有效地学习,才能让幼儿教师自身在专业化的道路上成长得更快。

备课是教师教学工作的起始环节,是上好课的先决条件。备课内容包括:做好三项工作(备教材、备幼儿和备教法);写好三种计划(学年/学期教学计划、月/单元/主题教育活动教学计划、具体教育活动计划)。

一、做好三项工作

(一) 备教材

幼儿园教师备课流程中的备教材(选择和分析活动内容),类似于中小学教学中的教材分析,又不全然相同。在“生活即教育,经验即课程”的理念下,幼儿教师的备课内容不再局限于教材、教参内容,而是广义上的课程内容或活动内容(健康、社会、科学、艺术、语言)。“以幼儿为本的课程观”强调知识的动态性、可操作性、建构性,强调教育内容向生活世界回归。科学地选择活动内容、分析活动内容是幼儿教师备课工作的重要环节,是制定合理

有效的活动方案的关键步骤。因此，每位教师都应掌握选择与分析活动内容的一些基本策略。

1. 选择活动内容

《纲要》中指出：教育内容的选择应遵循“既适合幼儿的现有水平，又有一定的挑战性。既符合幼儿的现实需要，又有利于其长远发展。既贴近幼儿的生活来选择幼儿感兴趣的事物和问题，又有助于拓展幼儿的经验和视野”的原则。这些原则要求都是围绕幼儿的生活经验而提出的，所以，幼儿园教育活动内容的选择必须以幼儿的生活经验为基准，遵循各年龄段幼儿认知、能力、情感态度、个性和社会性发展方面的一般规律，提出既与幼儿原有经验相适宜又有利于幼儿主动建构的活动内容范围和处在幼儿“最近发展区”的内容难易程度。同时，协调好社会生活经验与幼儿个性生活经验之间的矛盾，以及学科逻辑与幼儿心理发展逻辑之间的矛盾。①

从幼儿的需要出发，到幼儿生活中去选择教育内容。教育的价值需要通过课程来实现，而真正能促进幼儿发展的课程，应该是源于幼儿生活的课程。正如陶行知所说，教育只有通过生活才能产生作用并真正成为教育。在幼儿生活中蕴含着丰富的具有教育价值的资源。例如，幼儿衣服上扣子的形状、大小、多少、材质的不同，幼儿每天用餐完毕餐具的分类放置，爸爸、妈妈的手机号码、自己家的门牌号、车牌号码和购买食品上的数字等都是幼儿生活中的数学。还有，在幼儿接触食物的过程中，让他们了解食物的正确名称，观察食物的形状，品尝食物的味道，欣赏食物的天然色彩及食物经过加工后的样子等都可以成为设计活动的素材。在实践中教师应提高自己的捕捉意识，取材于生活的教育内容是最贴合幼儿经验的内容，也是最容易引发幼儿探究兴趣的内容。

2. 分析活动内容

“一千个读者，就有一千个哈姆雷特。”对于相同的活动内容，如果分析的思路不同，最终呈现出来的活动形式、效果也不尽相同。对活动内容的分析主要体现在价值分析和结构分析两方面。

对活动内容进行价值分析，主要目的是将隐含在内容载体中可促进幼儿身心发展方面的潜在价值因素合理地挖掘出来，并结合幼儿发展实际和活动实施的可行性，从而制定科学合理的活动目标。② 教师在对活动目标进行价值分析时，要做到知识价值、能力价值和情感价值三方面并重，尤其是相对较为隐性的情感价值。例如，小班健康活动“袜子对对碰”，对这一活动内容进行价值分析时，教师如果将分析视野局限于知识和能力层面上，只关注了解袜子对脚有重要的保护作用和探索穿脱袜子的方法。在活动实施过程中，极易变成工具性色彩浓厚的学习活动，教师应深入地挖掘出活动内容的情感基调，将幼儿自己学会穿脱袜子后的自我服务的乐趣和成功感分析出来。

对活动内容进行结构分析主要是指厘清活动内容的逻辑结构，剖析出活动内容的重难点。这样便于教师结合幼儿的认知特点及环境因素，对活动过程的环节安排进行合理设计。

---

① 黄瑾．幼儿园教育活动设计与指导[M]．2版．上海：华东师范大学出版社，2007：41.

② 吴振东．幼儿教师教学基本策略[M]．福州：福建教育出版社，2014：24.

（二）备幼儿

备幼儿是指备课必须切合幼儿实际需要，全面了解幼儿的情况。《纲要》中明确指出："幼儿园教育要尊重幼儿的人格和权利，尊重幼儿身心发展的规律和学习特点。"这一要求推动着幼儿园课程在以"教"为中心向以"学"为中心的道路上前进发展。幼儿是学习的主体，幼儿园教学活动应是师幼共同研究、共同创新、共同进步的互动过程。这就要求教师在活动前要花更多的时间去了解幼儿，根据其年龄特点及学习需要分析幼儿先前的经验和已有的认知水平，进而确定"最近发展区"，真正做到因材施教。

1. 掌握幼儿各年龄段身心发展规律与特点

幼儿的年龄特点是幼儿教师备课时分析的重点内容之一。不同年龄段的幼儿在身体发育、思维发展、认知水平等方面均会呈现出较大的差异。教师在备课时，只有对幼儿的年龄特点了然于心，才能科学地安排适合相应年龄段幼儿的教学活动设计。

2. 发现幼儿的兴趣所在

"兴趣是最好的老师"，处于"以自我为中心"阶段的学龄前幼儿，在学习过程中，关注点大多落于自身的兴趣上。在幼儿园的一日生活中，教师要有一双善于发现的眼睛，发现幼儿的兴趣，通过询问交谈接受并充分把握幼儿的兴趣，以幼儿的兴趣为出发点，促进幼儿的发展。

3. 了解幼儿的原有认知经验水平

幼儿教师的专业化体现在善于观察和评价幼儿的行为表现，并以此作为课程计划的依据和设计个性化课程的依据。幼儿教师在备课时，要对幼儿已有的相关经验和认知水平进行分析，包括幼儿的知识起点能力、技能起点能力及态度起点能力三方面。综合以上内容，幼儿教师才能得出较准确的幼儿现有水平，为后期的设计教学目标、教学过程做好准备。

4. 找到幼儿的"最近发展区"

维果茨基认为最近发展区是指"幼儿现有的独立解决问题的水平和通过帮助而能达到的潜在的发展水平之间的区域"，最近发展区是教学发展的最佳期限，在最佳期限内进行的教学是促进幼儿发展最佳的教学。所以，分析幼儿的最近发展区是幼儿教师备课时必做的工作之一。幼儿教师分析幼儿现有水平和要达到的水平的目的在于：找到幼儿该如何进行学习和是否有发展的可能，可能发展的空间在什么地方，最近发展区在哪里，区域到底有多大。准确判断幼儿的最近发展区，能使幼儿教师对幼儿的发展情况把握得更具体。教师备课时设定的活动目标，既要在幼儿的原有水平基础之上，又要走在幼儿发展的前面，创设出"跳一跳，够得着"的活动目标。

5. 分析不同幼儿的个性特点及学习风格

不同的幼儿在身心发展阶段顺序上会体现出共同的特点。但是，个体之间也会在身心发展水平的高低和快慢上表现出一定的差异。幼儿入幼儿园时所具备的前期经验是形形色色的，所以他们的课程必须开放、灵活，以使每个幼儿都可以基于自己独特的原有水

平进行扩展。[1] 个体的成长会受到先天遗传因素、后天的家庭环境、社会环境、学校教育等因素的影响，各种因素的综合影响使得每个幼儿都是独一无二的个体，在幼儿园一日生活中每个幼儿都会呈现出不同的个性特点及学习风格。幼儿教师在备课时，要将幼儿丰富的个性特点和各异的学习风格考虑进去，创设开放式、多元化的活动方案。

（三）备教法

在活动目标和内容确定好之后，用什么方法和手段实现教学活动目标和内容是教师需要认真思考的问题，它要求教师根据教学活动的要求和幼儿的情况来选择运用何种教学方法完成任务。

"教学有法，但无定法，贵在得法。"每一种教学方法都有它的合理性和科学性。任何一种教学方法最核心的作用就是为实现活动目标和完成教学任务服务。教学方法的实施就是把教师的教学、幼儿的学习和教学的内容有效地联结起来，使这些基本要素能够在教学活动过程中充分地发挥它们各自的功能和作用，实现预期的教学活动目标，达到预期的教学效果。

在长期的教学实践中，人们积累了多种教学方法。根据教学活动中幼儿的不同认识方式，可将常用的教学方法分为五大类(见表 7-1)。

表 7-1　幼儿园常用的教学方法

以语言传递为主	以直观感知为主	以实际训练为主	以探究活动为主	以情感陶冶为主
讲授法 谈话法 讨论法 阅读指导法	演示法 参观法	练习法 实验法 创造性作业法	发现法	欣赏教学法 情境教学法

除以上表格中的教学方法外，还有游戏法、比较法、观察法、强化法、启发法、暗示法等。在诸多的教学方法中，无所谓优劣。所谓好的教学方法，实际上应是最适当的教学方法。教师选择教学方法主要受制于教学目标的要求、不同的教学内容、幼儿的年龄特征和学习特点、教师素质与个性特点、幼儿园与地方可提供的条件、教学时限(规定的课时与可利用的时间)等。只有综合考虑各种因素的制约作用，发挥出教学的最佳效益，才是最好的方法。

二、制订教学进度计划

制订教学进度计划具体包括制订学年/学期教学计划、月/单元/主题教育活动教学计划、具体教育活动计划三项内容。

（一）学年/学期教学计划

学年/学期教学计划往往是在学年或学期开始前根据《纲要》和《指南》制订出来。内

---

① Eva L. Essa. 幼儿早期教育导论[M]. 马燕，马希武，王连江，译 . 6 版 . 北京：中国轻工业出版社，2012：133-134.

容包括：班况分析、确定本学期幼儿要达到的目标、明确教学内容及措施、班级环境创设规划和家园合作规划等。

（二）月/单元/主题教育活动教学计划

制订学年/学期教学进度计划后，教师还要围绕某一月或单元或主题制订计划。这一计划的内容包括：主题名称、主题的教学目标、各个具体活动的计划与设计等。

（三）具体教育活动计划

具体教育活动计划也称教案，是对每一节活动具体深入的教学准备。编写活动方案是幼儿教师备课流程中最重要的一步，是将前期的各项准备工作呈现在眼前的关键一步。活动方案写得好，目标明确、条理清晰、层次分明，那么在活动方案的实施过程中教师就能得心应手、有条不紊、中心明确。反之，则条理不清、轻重不分，教者思绪不明，学者一头雾水，就不能达到良好的教学效果。

一般来说，一份完整的活动方案包括以下几个部分（见表 7-2）。

表 7-2　幼儿园教育活动方案表

活动组织教师：　　　　　　　　活动班级：　　　　　　　　活动时间：

活动名称	
活动设计意图	
活动目标	
活动重、难点	
活动准备	
活动过程	
活动延伸	
活动反思	

1. 活动名称

活动名称即一次具体教育活动的名字，是对活动内容、活动目标的反映。应简洁明了，切入主题，富有趣味性，能够激发幼儿的兴趣。具体要求：①尽量体现教育活动的目标；②尽量符合幼儿化的特点；③尽量贴近教育活动的主要内容。每个活动名称都应包含年龄班、活动领域、具体活动名称三要素。例如，小班科学活动——我会吹泡泡；中班健康活动——快乐的小青蛙；大班社会活动——我是消防小卫士。

2. 活动设计意图

设计意图位于一篇教案开端。俗话说："良好的开端是成功的一半"，然而很多教师或考生对于"设计意图"的设计总感觉无从下笔，犹犹豫豫，忐忐忑忑。设计意图的设计需注意以下几点。

（1）解读题目，找准关键词

无论是试讲还是说课，考试的时候都会给我们一个题目，我们首先要做的就是分析试题，找出活动的年龄、领域。按照题目相关要求撰写。如果没有题目，也没有明确要求是哪一个领域的活动，我们则可以根据自身特点，选取一个合适的幼儿年龄阶段来设计，但是要突出某一个领域作为重点。

（2）分析活动内容，说明活动的教育意义

简单地说，设计意图就是阐明“我为什么要设计这个活动”。教师可从两方面分析：一方面，分析幼儿。因为幼儿的心理和生理的发展尚未成熟，发展水平低，本活动才具有意义，考生要认真分析幼儿的现有水平；另一方面，分析活动的教育意义。简单地说，就是说明此次活动能为幼儿带来哪些积极影响，设计活动的真正意图是建构一种网状支架去帮助幼儿往“更高处”攀爬，解决“幼儿”与“活动”之间的矛盾，满足幼儿生活或学习上的某种需求。

（3）符合文件要求，有理有据

我们设计一个活动，目的在于让幼儿达到某种水平。但是，需要强调的是，我们设计活动不是一意孤行，而是要有理论依据，不可忽略文件和纲领的精神与要求，《纲要》和《指南》对我们起着导向作用，我们在执行教学的过程中要符合《纲要》或《指南》的精神。所以在设计“意图”的时候要写出《纲要》或《指南》在本节活动内容方面的相关要求。

小班社会活动：我爱我的幼儿园　说设计意图

（幼儿生活实际情况）在幼儿的生活经历中，从家庭到幼儿园是一次较大的环境变迁。幼儿离开自己的爸爸、妈妈来到陌生的环境，难免缺乏安全感。（幼儿现有水平）同时，幼儿从“小太阳”变为群体中的一员，这种角色的转换要求他们改变以往的某些习惯做法，学会在集体生活中要遵循一定的行为规范。（活动的教育意义）本次系列活动旨在为幼儿及时提供帮助，使他们尽快熟悉并喜爱幼儿园的环境和集体生活，带给幼儿有益的尝试和生活经验，从而积极主动适应生活环境，实现顺利过渡。

中班社会活动：学做小客人　说设计意图

现在的幼儿大都是独生子女，为了让他们有更多的交往机会，家人常常会带他们去同伴家玩，但是在他们做小客人的时候，往往不会主动使用礼貌用语，常常在父母的提示、引导下才会与人打招呼问好，有时还会因为争抢玩具等与同伴发生矛盾，年龄小的孩子更是如此。（幼儿生活实际现状）

《纲要》中提出：要加强师生之间、同伴之间的交往，培养幼儿对人亲近、友爱的态度，教给必要的交往技能，学会和睦相处。（符合文件要求）

我班幼儿刚进入幼儿园这个大集体，在礼貌行为方面还没有养成习惯，在交往技能和经验方面更是缺乏，所以我选择了社会活动“学做小客人”。（幼儿现有水平）希望通过本次活动，促进幼儿礼貌习惯的养成，提高交往技能。（活动的教育意义）

综上所述，“设计意图”要从幼儿的身心发展水平去阐述，从幼儿在生活中的实际状况去阐述，从活动性质和对幼儿的价值去阐述，从《纲要》和《指南》的指导精神去阐述。

3. 活动目标

活动目标的确定是每个教育活动设计的首要环节，是开展教育活动的出发点和归宿，是通过本次活动期望幼儿获得哪些方面发展的预期。目标的表述要简洁清晰、角度统一，全面具体明确，具有可操作性，遵循幼儿为主体的原则，并从认知、技能、情感三个维度分别进行表述。

小班数学活动：图形画展　说活动目标

认知目标：巩固对圆形、三角形、正方形的认识，能根据图形名称取出图形并按一一对应的关系放置。

技能目标：能自由选择图形拼出各种不同的图案，发挥幼儿的创造性。

情感目标：培养幼儿动手操作能力和思维能力，体验图形组合变化的乐趣。

4. 活动重点与难点

教师要分析本次活动的内容，依据活动的目标确定本次活动的重点；重点是指教学活动中关键性的、最基本的、最重要的中心内容，是整节活动结构的主要线索，掌握了解这部分内容，对于巩固旧知识和学习新知识都起着决定性作用。难点是教师依据幼儿身心发展的水平、特点和已有的知识经验确定活动的难点，往往是幼儿难于理解或领会的内容，或较抽象，或较复杂，或较深奥。需要注意的是，难点不一定是重点，但有些内容既是难点又是重点。

小班数学活动：图形画展　说活动重难点

活动重点：巩固对圆形、三角形、正方形的认识。

活动难点：能自由选择图形拼出各种不同的图案并说出自己拼的是什么，用了什么图形。

5. 活动准备

活动准备是实施活动的前提，它直接影响幼儿参与活动的积极性、活动的进程和实际效果。

(1) 经验准备

经验准备包括两个方面：一是教师要具备相关的知识。教师除了平时积累知识外，还应在开展某个活动之前，查阅相关的工具书以广泛地了解相关知识。二是要了解幼儿具备哪些与该活动相关的知识和能力，以便有针对性地开展教育活动。

(2) 物质准备

物质准备包括材料准备（幼儿操作材料、教师教具材料及教学设施准备等）和场地准备（场地安排、规划、布置，场地安全检查等）。教师可以采取各种方法，组织幼儿一起来准备活动材料。材料既可以由教师准备，也可以是教师带领幼儿事先收集，还可以让幼儿从家中带来，教师再根据幼儿带来的材料有目的地加以补充。

小班数学活动：图形画展　说活动准备

1. 场地布置：由圆形、三角形、正方形、长方形的图形挖空的小路，填充小路的圆形、三角形、长方形共20～30个（大小不一）。

2. 小兔头套一个，简单的图形拼贴画3张。

3. 各种图形（圆形、三角形、正方形、长方形若干）每人一份，白纸每人一张。

中班音乐欣赏活动：小鸭的舞　说活动准备

经验准备：带幼儿们到公园亲眼看一看小鸭子；播放反映小鸭子生活的视频，让幼儿们注意观看并模仿小鸭嬉戏、奔跑、摇摆走、游水等动作；讲述关于小鸭子的有趣故事，介绍小鸭子的生活习性。

物质准备：音乐磁带、小鸭头饰、蓝色皱纹纸、彩色笔、图画纸、图谱等。

需要注意的是，无论是经验准备还是物质准备，都要从教师和幼儿两方面来考虑。

6. 活动过程

此部分为整个活动方案的主体部分，在活动过程部分，教师应依据教学计划的设想撰写出详细的活动流程，包括开始部分、基本部分、结束部分。开始部分即导入活动，教师可以通过各种方法将幼儿导入本次活动。

教师在设计活动的基本部分时，需要考虑以下几点。

（1）活动大体分为几个步骤？

（2）每个步骤必须完成哪些内容？采用什么方式和方法？

（3）哪个步骤是重点？哪个步骤是难点？怎么突出重点？怎么突破难点？

（4）每个步骤的时间如何分配？

（5）每个步骤中，教师要向幼儿提出哪些问题？

（6）用什么方式进行步骤之间的过渡与衔接？

在活动的结束部分，教师要考虑结束的方式，既要使这一次活动圆满结束，又不能结束幼儿活动的积极性。结束活动的设计要体现开放性，在形式上不拘泥于常规。

本章“第三节　幼儿园五大领域活动过程的设计流程”将详细介绍各类活动过程设计的技能。

7. 活动延伸

好的教育活动不是止于特定的某一次活动，而是一个长期、持续的过程，特别是能力、习惯的培养，活动延伸不可缺少。活动延伸是为了保持教学活动的完整性、连贯性，从而更好地保证幼儿学习的完整性、连贯性。虽然在幼儿园的教育教学中，我们不强调教授系统的知识和技能，但强调幼儿发展的整合性、延续性，强调培养完整的幼儿。从这个角度来讲，幼儿园教育教学是一个整体，一日活动的各个部分应相互联系，更好地把前一个活动和后续活动联结起来。现阶段，大多数幼儿园都采用主题活动的方式编排课程内容，主题活动是由相互关联的一系列教学活动、游戏活动、生活活动、家园社区活动等组成的，不能把它们一个一个地割裂开来，也就是说，需要延伸活动把幼儿的一日生活与幼儿园、家庭和社区的活动紧密联系在一起。从另一个角度讲，一次活动的时间、容量毕竟有限，不可能解决很多问题，也很难照顾到幼儿的个别差异，再加上教师准备的材料有限，很难满足所有幼儿的兴趣和需要，所以尤其需要延伸活动。例如，在小班“兔子爱吃什么”的科学探究活动中，教师先让幼儿猜想兔子爱吃什么，然后自己去验证。幼儿认为面包、青菜、萝卜、火腿肠、肉、牛奶等都是兔子爱吃的，但教师没有准备火腿肠、牛奶，幼儿无法验证，而延伸活动可以实实在在地解决这个问题。

延伸活动往哪延伸呢?

(1) 可以延伸到下一个活动，使半日活动或者一日活动成为一个有机联系的整体。例如，在大班音乐活动“小树叶”中，幼儿对歌词中描写的秋天树叶飘落的景象很感兴趣，教师就可以将延伸活动设计为带幼儿去户外观察树叶，捡落叶，进行树叶分类活动或树叶粘贴活动。

(2) 可以延伸到区域活动中去，使区域活动成为教学活动的自然延伸。现阶段幼儿园的教学活动主要依赖集体教学活动，它在解决所有幼儿面临的共同问题、充分发挥教师的作用等方面确有优势，但集体教学存在的最大弊端就是很难照顾幼儿的个别差异，很难满足每个幼儿的兴趣、需要，很难保证每个幼儿富有个性的发展。在我国现阶段幼儿园幼儿多、教师少的现实条件下，解决这个问题最有效的办法就是为幼儿创造一个立体的、多元的、丰富多彩的环境，幼儿可以按照自己的需要和兴趣特点与环境互动，获得有益的发展。区域是很重要的环境之一，幼儿在区域中的活动是自主的，富有个性的，区域活动既可以和教学活动连成一个整体，满足幼儿个别学习的需要，又可以充分发挥环境的育人功能。区域还有许多是幼儿的自主小组活动，同时，也可以发挥幼儿相互协作、共同学习的价值。例如，在大班“四季服装”的科学活动中，了解了四季特征及四季服装的特点和相互关系后，幼儿并不满足。教师就可以在区域活动时为幼儿提供不同的材料(布料、纸、塑料袋、各种小装饰物等)，让幼儿根据自己的兴趣制作服装，展示服装。

(3) 可以延伸到家庭和社会活动中，真正实现幼儿园与家庭、社会的密切配合。现阶段的主题综合教育对资源的依赖性较强，幼儿园的资源毕竟有限，所以充分发挥家庭与社会的教育资源是必然的。例如，大班“恐龙世界”的主题活动就需要家长和幼儿一起寻找资料，一起研究和探讨。如果所在地区有相关的博物馆，家长或教师就可带幼儿前去参观，由幼儿园内的教育扩展到家庭和社会，扩大幼儿的活动范围，向幼儿提供多种活动的方式，也就为幼儿提供了多种发展的机会。这种延伸活动能满足幼儿主题学习的需要，有效促进幼儿的发展。

(4) 活动延伸的方法还有领域渗透、环境创设、生活活动等。活动延伸是对前面活动的巩固，也是继续开展下一个活动的联结，起着承上启下的作用。教师要交代清楚延伸的具体活动是什么，其指导要点是什么，使教育内容自然地渗透到幼儿的一日生活之中，更好地达成活动目标。

第二节 试讲的导入设计

试讲设计的开始部分就是导入，导入是教师引导幼儿进入活动状态的过程。俗话说“好的开始是成功的一半”，说明试讲设计的导入尤为重要。而“万事开头难”又恰恰说明了导入环节也需要方法和技巧，否则就会事倍功半。德国教育家第斯多惠曾说：“教学的艺术不在于传授本领，而在于激励、唤醒、鼓舞。”教学活动的导入环节就好比一支乐曲的引子，一出戏剧的序幕，良好的导入时间不宜过长，内容形式应新颖有趣而紧扣活动主题，达到激趣、设疑、启思、导行的效果，能帮助教师高效地开展教学活动，就是良好的开端。

一、导入的目的

（一）引导幼儿进入活动状态

幼儿教师通过导入，渲染教学气氛，吸引幼儿的注意力，激发幼儿参与活动的兴趣，使幼儿明确活动目标，调动幼儿参与活动的积极性和主动性，以便全身心地投入活动状态。

（二）引导幼儿进入活动主题

幼儿教师通过导入，把幼儿带入活动的主题当中，为随后的活动内容有效开展奠定基础，帮助幼儿进入预定的教学轨道，[①]如图 7-1 所示。

“导”	⟹	“入”
（教师）		（幼儿）
指点引导		进入状态
手段和出发点		目的和归宿

图 7-1 引导幼儿进入活动主题

二、导入的基本要求

（一）简洁性

导入本身不是活动的主体，更不是活动的重点，因此导入环节的设计要短小精练，时间一般不超过 3 分钟。语言力求概括精练，不可喧宾夺主，力争用最少的语言、最短的时间，迅速、巧妙地吸引幼儿的注意。

① 戎计双．幼儿园教育活动设计与实训[M]．上海：复旦大学出版社，2018：41-42．

（二）针对性

根据活动内容、幼儿年龄特点等，确定活动主题，教师在活动一开始就把幼儿带入一个特定的情境中。根据教学的既定目标，活动的内容、特点和幼儿的实际，教师巧妙地设计导入方法和导语，且语言准确鲜明、主干突出，使每个幼儿都能进入活动状态。导入环节还应与后续环节衔接自然，要能为后续活动环节的开展做好铺垫。

（三）趣味性

要做到这一点，首先，语言要风趣、生动形象、充满感情；其次，方法要新颖、内容新颖、教具新颖；最后，还要有情趣性，关注幼儿的经验和兴趣，兴趣是幼儿参与活动的最直接、最真实的理由，有利于调动幼儿活动的积极性和主动性，既能制造悬念，又富有感染力，实现最佳的活动情感状态。

（四）启发性

启发引导幼儿积极思考是进入导入设计的核心内容，它既是活动中师幼互动特点的反映，也是实现教育活动目标的内在要求。设计富有启发性的导入，首先要精心设计导入的内容，然后采用多种方式，如问题启发、演示启发、情境启发、实物启发等因势利导，引起幼儿思考，激发幼儿的好奇心和求知欲。

（五）艺术性

艺术性是导入活动设计的最高要求，也是教师导入设计能力的综合。首先，要做到导入的内容、方法、手段具有高度的统一性、和谐性；其次，要做到导入设计具有教育性和科学性，这是艺术性的合理内核，否则，就会使导入流于戏谑、肤浅；最后，要做到导入环节与活动过程的其他基本环节之间衔接巧妙，节奏转换自然，富有逻辑性。

三、导入的类型

教育活动导入的方式是多种多样的，好的导入不仅会考虑到幼儿发展水平、教育活动的内容与目标，而且会考虑到教师自身的素质等，以期达到最佳导入效果。幼儿园教学活动导入方式丰富多样，常见的导入方式有以下几种。

（一）直观导入法

直观导入法是教师利用直观材料、实验操作、环境设置等因素，引导幼儿进入活动的方式。

1. 直观材料导入

直观材料导入是指教师通过图片、实物、模型等材料的呈现，将幼儿的注意力吸引到活动的主题上来，引导幼儿进入活动的方式。在这类导入方式中，直观材料的选择和准备是教师应该重点考虑的问题，直观材料的选择离不开活动的目标与内容。

小班语言活动:小兔子找太阳　实物导入

师:(出示小兔子的耳朵)今天咱们班来了一位动物朋友。在这儿,这是谁呀?(小兔)你怎么知道的?(我看见了小兔的耳朵)我们一起来看看吧。

师:哇,原来真的是小兔子呢。(兔):小朋友们好!

幼:小兔你好!

2. 实验操作导入

实验操作导入是指通过操作实验材料,演示实验过程,引导幼儿进行活动的方法。实验操作法有两种方式:一种是由教师进行实验操作演示;另一种是以幼儿操作为主。无论哪种导入方式,所选择的实验操作都能最大限度地激发幼儿的好奇心和探索欲,使幼儿在进行活动时能产生疑问和思考。

中班科学活动:糖怎么不见了　演示导入

师:看看老师的桌子上有什么?

幼:水、杯子、糖等。

师:如果老师把糖放到水里去,搅拌一下,会怎么样呢?(教师进行实验操作演示)

师:大家看,糖怎么不见了呢?它真的消失了吗?

3. 环境设置导入

环境设置导入是指教师通过预先创设的环境或情境表演等,启发幼儿与环境互动进入活动的方法。

大班社会活动:开开心心过大年　环境导入

教师利用收集和制作的春联、灯笼、窗花等材料将活动室布置得有浓浓的年味。

师:"小朋友们,你们发现今天的教室和往常比有什么不一样的地方吗?"

引领幼儿观察,并讨论为什么要这样布置活动室,进而引导幼儿进入活动。

环境是幼儿的第三位老师。良好的环境创设能对幼儿的学习、发展起到潜移默化的作用,在教学活动的导入中,创设教学环节的效果要优于幼儿对单个实物的观察。因此,教师要为幼儿创设与教学活动内容相适应的环境,让环境这位不会说话的教师带领幼儿学习。①

---

① 朱晓颖,严佳晨,涂远娜. 幼儿教师实用教学技能[M]. 北京:北京师范大学出版社,2015:61-62.

（二）多媒体导入法

多媒体导入法是指教师运用录像、电脑等多媒体手段导入活动的方式。相对于传统教学手段而言，多媒体教学技术不仅丰富了教学内容，还能为教师提供形象的表达工具，改变传统教育的单调模式。

中班健康活动：请保护我们的牙齿　多媒体导入

师：今天老师给小朋友带来一段录像，请小朋友们看一看、猜一猜录像里是什么地方？录像里的人都是谁？里面的小朋友得了什么病？

（三）情境导入法

情境导入法是指教师通过一定的情境导入活动的方式。这些情境可以是教师精心创设的，也可以是临时捕捉的。情境的创设和捕捉必须围绕教育目标而设计，让幼儿置身于特定的情境之中，深入体会。

中班社会活动：小动物模拟医院　情境导入

教师以客人小熊送森林里生病的小动物去医院看病的情境表演形式引出活动主题，激发幼儿活动兴趣。

教师模仿打电话给要来做客的小熊询问迟到的原因，小熊告诉小朋友们森林里许多小动物都生病了，自己准备带小动物们去医院看病。但小熊没有独自去医院看病的经历，不了解医院看病的程序，因此心里害怕，询问小朋友应该怎么办，引出活动主题。

（四）兴趣导入法

兴趣导入法是指教师根据幼儿无意注意占优势的特点，通过外部新鲜事物的刺激，使幼儿优先注意某种事物，从而引起幼儿的兴趣，并使其渴望认识的一种导入方式。

幼儿教师引发幼儿兴趣的方式有很多种，比如利用故事、诗歌、谜语、歌曲、律动、舞蹈等文艺活动或游戏手段引入活动的方式。

小班音乐活动：我爱洗澡　游戏导入

师：小朋友们，我们是不是学过《找一个朋友碰一碰》这首歌曲啊？现在就让我们的身体动起来吧。老师唱到碰哪儿，小朋友之间就碰哪儿，比如头碰头等。让幼儿熟悉身体的各个部位，增强趣味性。

找一个朋友碰一碰

1=C 2/4

1 3 4 | 5 3 | 6 4 | 2 —|
找 一 个 朋 友 碰 一 碰，
1 3 4 | 5 3 | 4 2 | 1 —|
找 一 个 朋 友 碰 一 碰，
4 4 | 6 — | 0 0 | 0 0 |
碰 哪 里？（念白）鼻子碰鼻 子。

中班社会活动：神奇的筷子 谜语导入

师：老师给小朋友带来了一个谜语，打一生活用品。请小朋友来猜猜是什么？

“姐妹一样长，进出总成双，酸甜苦辣味，总是它先尝。”

教师巧妙地将谜底与教学内容联系起来，引导幼儿通过猜谜语引发对“筷子”的兴趣。

（五）悬疑导入法

好奇心是人类追求知识的动力来源，幼儿在生活体验中对位置事物充满了好奇。悬疑导入法是指结合教育内容设计一些既符合幼儿认知水平，又生动有趣、富有启发性的问题，以造成悬念，使幼儿产生探求事物奥秘的心理。

中班社会活动：保护小树 悬疑导入

秋天过去了，寒冷的冬天就要来了，小朋友们渐渐地都穿上了棉衣。你们知道吗？幼儿园、马路上和公园里的小树，也觉得很冷，这可怎么办呢？

（六）经验导入法

经验导入法是指教师引导幼儿回忆已有知识或生活经验而导入活动的方式。

中班体育活动：蚂蚁运粮 经验导入

师：小朋友们，你们见过蚂蚁吗？在哪里发现过蚂蚁？蚂蚁长成什么样？它是怎么走路的？

第三节 幼儿园五大领域活动过程的设计流程

一、幼儿园健康教育活动的设计

幼儿园健康教育的内容大致包括身体保健教育活动和身体锻炼活动两个方面。

（一）幼儿身体保健教育活动的设计

1. 幼儿身体保健教育活动的内容

（1）生活卫生习惯和能力

生活卫生习惯和能力包括盥洗的有关知识、方法和技能，穿脱衣服的有关知识和技能，保护个人和周围环境清洁卫生的有关知识、技能及情感态度，生活作息的有关知识和习惯，学习习惯，饮食卫生的习惯，坐、行、站、立的正确姿势等。

（2）饮食与营养

饮食与营养包括饮食的有关知识和技能，常见食物的名称及其营养知识，营养与健康的关系，膳食平衡的简单知识等。

（3）人体认识与保护

人体认识与保护包括身体的主要器官及其主要功能，保护器官的基本知识和技能，预防接种的有关知识和态度，常见疾病的预防知识和治疗，常见外伤的简单处理知识和方法，预防龋齿及换牙的有关知识，心理健康的有关知识等。

（4）保护自身安全

保护自身安全包括生活安全常识，活动安全常识，药物安全常识，应对和处理意外事故的简单知识与技能，自我保护能力等。

2. 幼儿身体保健教育活动的方法

（1）动作与行为练习法

动作与行为练习法是指让幼儿对已学过的生活技能、健康行为等进行反复练习，加深理解，形成稳定的技能和良好行为习惯的方法。

（2）讲解演示法

讲解演示法是指教师边讲解边结合动作演示，或以实物、模型演示，具体而形象地向幼儿传授有关健康的知识和技能，提高幼儿对健康的认识水平。需要说明的是，演示的手段应多样化，尤其是运用电教手段进行直观而动态的演示，能激发幼儿的兴趣，增强幼儿对健康知识的理解。

（3）情境表演法

情境表演法是指现场或通过录像向幼儿展示生活情境，让幼儿观察和分析情境中所涉及的健康问题。由于情境表演的主题源于幼儿的现实生活，因而能激发幼儿的兴趣，较好地帮助幼儿认识生活中可能遇到的同类问题和冲突，树立正确的态度和行为。

(4) 讨论评议法

讨论评议法是指在幼儿参与健康教育的过程中，让他们提出问题，发表自己的意见和看法，最后得出结论，达成共识。这种方法能有效地帮助幼儿表达自己的真实想法，在讨论、评议中提高他们辨别是非的能力和对健康的认识水平。

(5) 感知体验法

感知体验法是指让幼儿通过各种感官来认识和判别事物的特性。这种方法能有效地激发幼儿参与活动和在活动中探究的兴趣，加强他们对事物认识的印象。例如，教师让幼儿认识各种食物，向幼儿介绍简单的营养知识时，让幼儿亲眼看一看，亲手摸一摸，亲自闻一闻、尝一尝，他们往往会十分乐意，且对认识的食物产生深刻的印象。①

3. 幼儿身体保健教育活动过程设计的步骤

(1) 开始部分：通过实物、提问、游戏、谜语、故事等方式导入。

(2) 基本部分：帮助幼儿学习身体保健相关的知识。在这一环节中，教师可以采用的方法有很多，例如让幼儿互相讨论，分享自己的见解，或通过观看影片或做游戏知道与身体保教相关的知识等。

(3) 结束部分：小结和活动延伸。

(二)幼儿身体锻炼活动的设计

1. 幼儿身体锻炼活动的内容

(1) 身体活动的知识和技能

身体活动的知识和技能包括走、跑、跳、投掷、平衡、钻爬、攀登等基本动作及有关知识，体育运动的有关知识与技能等。

(2) 身体素质练习

身体素质练习包括平衡、协调、灵敏、柔韧、力量、速度等身体功能练习的有关知识和技能。

(3) 基本体操和队列队形练习

基本体操和队列队形练习包括模仿操、徒手体操、轻器械体操，口令、信号与动作、列队、变化队形练习等。

2. 幼儿身体锻炼活动的方法

(1) 讲解示范法

讲解是指教师用语言组织幼儿的活动，指导他们理解和掌握活动的名称及练习内容，领会动作的要领和做法的一种方法。示范是指教师以个体(教师或幼儿)的动作为范例，使幼儿看到所要练习和掌握的动作或技能的具体形象、结构和完成的先后顺序等的一种方法。在具体的活动中，讲解和示范需合理结合，并根据幼儿的年龄特点和幼儿对身体练习内容熟悉的程度确定讲解和示范运用的比例大小。示范能弥补讲解的不足，而讲解又能补充示范不易表达的内容。因此，边示范、边讲解、边组织幼儿进行练习是适合幼儿特点的有效方法之一。

---

① 中公教育教师资格考试研究院．幼儿园面试一本通[M]．北京：世界图书出版公司北京公司，2012：71.

(2) 练习法

练习法是指通过讲解示范后,在幼儿初步建立与活动有关的表象或概念的基础上,让幼儿在教师的指导下进行各种身体练习,以实现身体锻炼活动目标的一种方法。它是体育活动中最基本也是最重要的方法。幼儿园常用的练习法有以下四种。

① 重复练习法

重复练习法是指在固定的条件下反复练习的方法。例如,重复做某节体操或练习某个游戏等。

② 条件练习法

条件练习法是指设置一定的具体条件或在改变先前练习条件的情况下,让幼儿进行练习的方法。例如,在规定高度的条件下让幼儿练习纵跳接触物,或在改变平衡木的练习高度、练习动作或难度后,让幼儿按改变要求练习等,都采用了这种方法。

③ 完整练习法和分解练习法

完整练习法是指把整个动作或活动过程完整地进行练习的方法;分解练习法是指将动作或活动过程分成几个部分,按部分逐次进行练习,最后再组合成完整动作或活动全过程进行练习的方法。例如,练习跑的动作,可让幼儿先原地练习摆臂动作,然后再结合下肢动作,完整练习整个动作。

④ 循环练习法

循环练习法是指依次做几个不同类型和性质的动作,或依次进行几项活动内容的锻炼方法。循环练习法多用于早操和户外体育活动。

(3) 语言提示法和具体帮助法

语言提示法是指在幼儿进行身体练习时,教师用简短明确的语言,提示和指导幼儿正确完成动作或进行活动的方法。具体帮助法是指教师直接且具体地帮助幼儿改正错误,掌握正确的练习要求和方法。这些方法往往结合使用,多用于重复练习时由教师帮助幼儿防止和纠正错误,也是实施个别指导的有效方法。

(4) 游戏法

游戏法是指以游戏的形式组织幼儿进行锻炼的方法。这种方法能将幼儿难以理解的或枯燥的动作和身体素质等练习变成有趣的模仿活动或具体的游戏情节,提高他们练习的兴趣。

(5) 比赛法

比赛法是指在规定的比赛条件下,教师引导幼儿充分运用已掌握的各种动作技能,通过竞赛以决胜负的一种方法。比赛法有严格的规则和明显的竞争因素,对体能要求较高,一般适用于中、大班幼儿。

(6) 口令法

口令法是指教师借助口令、哨声、音乐、鼓声、拍手等有节奏、有特色的声响,来引导幼儿进行身体锻炼的一种方法。

3. 幼儿身体锻炼活动过程设计的步骤

(1) 开始部分

任务:组织幼儿,集中幼儿的注意,使幼儿明确活动的内容和要求,激发他们参与身体锻炼活动的兴趣;通过身体锻炼活动,克服各器官、组织的惰性,提高其活动能力,发展主要肌肉群；根据基本部分的内容，做些有针对性的准备活动，为下面的活动做好适应性准备。

内容：集合幼儿、整队，向幼儿说明活动的要求和主要内容；做一些基本体操或模仿活动；开展一些运动负荷不大、有利于发展幼儿体能的游戏；也可进行一些简单的舞蹈和律动等。

开始部分的设计要新颖简短，应根据幼儿的特点、基本部分的目标、气候等因素来确定活动的内容和实践，一般占总时间的10%～20%为宜，幼儿的年龄越小，所占的时间越少。

（2）基本部分

任务：学习新的或较难的活动内容；巩固和提高已学过的各类练习和游戏等，并从中通过幼儿自身的身体练习，提高幼儿的身体素质，发展幼儿的能力，培养幼儿良好的品质等。

内容：基本部分的内容主要包括发展体能的游戏、基本体操等，一般以《纲要》和《指南》中规定的内容为主，一次活动一般安排1～2项活动内容。在内容的安排上应注意新旧教材搭配，急缓结合，全面锻炼幼儿的身体。

整个的运动负荷高峰，一般出现在基本部分，教师教学时要掌握好负荷的节奏。基本部分活动的时间一般占时间的70%～80%。

（3）结束部分

任务：降低幼儿大脑的兴奋性，使幼儿的身体由运动的紧张状态逐渐恢复到相对安静状态，放松肢体；合理地进行小结评价，有组织地结束活动，收拾和整理器材。

内容（一般包括两个方面）：一是做一些身体放松的游戏活动，帮助幼儿放松肌肉，消除疲劳，使幼儿的身体和情绪由高度的紧张、兴奋、激动状态逐渐过渡到相对平静的状态。二是进行本节活动的简单小结，肯定和称赞幼儿的努力和成功，同时要继续激发和保持幼儿对身体活动的兴趣性和积极性，并组织幼儿整理器材，养成做事有始有终的好习惯。

结束部分活动的时间占总时间的10%～20%，并视具体的活动情况有所增减。[①]

二、幼儿园语言教育活动的设计

（一）幼儿园语言教育活动的内容

幼儿园语言教育内容可以分为专门的语言教育内容和渗透的语言教育内容两大类。

1. 专门的语言教育活动

专门的语言教育，是根据既定的语言教育目标，有计划地组织和安排学前幼儿系统学习语言的过程，是通过专门的语言教育活动来实现的。它主要包括谈话活动、讲述活动、听说游戏、文学作品学习和早期阅读等活动类型。

（1）谈话活动

谈话活动创设的是日常口语交往情境，要求幼儿调动自己已有的经验，围绕一定的话

---

① 朱凯莉，冯国荣．幼儿园教育活动设计与指导[M]．西安：陕西师范大学出版总社有限公司，2014：93-94.

题倾听他人的意见，表达自己的想法。谈话活动的重要目标在于培养幼儿运用口头语言与他人交际的意识、情感和能力。谈话活动的主要内容有以下几点。

① 围绕自己熟悉的人或事进行谈话。

② 就某一熟悉的场景发表个人的观点和想法。

（2）讲述活动

讲述活动主要为幼儿创设正式的口语表达情境，使幼儿有机会在集体面前表达自己对某一图片、实物或情境的认识、看法等，学习表述的方法和技能。这类活动培养幼儿认真倾听的习惯和完整、连贯、清楚的表述能力，促进其独白语言的发展。讲述活动的主要内容有以下几点。

① 用简单明了的语言，把某一实物的特征、功用解说清楚。

② 用比较恰当的语言讲述图片或影片中的主要人物、事件。

③ 用生动形象的语言，讲述处在某一情境中的人物的形态、动作。

（3）听说游戏

听说游戏为幼儿提供了一种轻松、愉悦的游戏情境，使幼儿在游戏中按一定的规则练习口头语言，培养幼儿在口语交际活动中的快速、机智、灵活的倾听和表达能力。听说游戏的主要内容有以下几种。

① 巩固难发的音，排除方言干扰音，练习声调和发声用气。

② 扩展、丰富词汇量，正确运用各类词语。

③ 在游戏中尝试运用某些结构的句子，锻炼语感。

（4）文学作品学习活动

文学作品学习活动是以幼儿文学作品为基本教育内容而设计组织的语言教育活动，它从一个具体的文学作品教学入手，围绕这个作品展开一系列相关活动，帮助幼儿理解文学作品所展示的丰富、优美的艺术语言和生动、有趣的情节，是幼儿园语言教育的重要内容。

幼儿文学作品主要包括童话、生活故事和自然故事、诗歌、散文、谜语、绕口令等。它们具有丰富优美的语言和生动有趣的情节，作品中人物个性鲜明，主题富有哲理，深受幼儿喜爱。文学作品学习活动的主要内容有以下几种。

① 聆听与感受文学作品。要求幼儿集中注意力去聆听教师朗读文学作品，感受文学作品的语言、情节、动作、人物对话等，感受作品的思想感情脉络和丰富独特的表现手法。

② 朗诵与表演文学作品。要求幼儿跟随教师朗诵文学作品，并扮演其中的角色，运用道具、场景等材料，借助动作、表情、对话等来学习、模仿和表演文学作品的内容，进一步理解文学作品。

③ 仿编与创编文学作品。要求幼儿在理解文学作品内容的基础上，仿编儿歌、幼儿诗、散文、谜语等内容，并根据所创设的条件以及提供的材料创编文学作品。

（5）早期阅读

早期阅读是指幼儿对简单的文字、图画、标记等的阅读活动，其中包括指导图书和文字的重要性，愿意阅读图书和文字，学习初步的阅读和书写的准备技能等。早期阅读经验是幼儿由口头语言向书面语言过渡的前期阅读准备和前期书写准备，是理解口语与文字

之间关系的重要经验。

2. 渗透的语言教育活动

(1) 渗透的语言教育内容，主要是利用学前幼儿的各种生活和学习经验，在真实的生活情境中，为幼儿提供更加广泛的、多种多样的学习和运用语言的计划。渗透的语言教育内容主要在以下几种情境中体现。

(2) 日常生活中的语言教育活动。

(3) 人际交往中的语言教育活动。

(4) 游戏活动中的语言教育活动。

(5) 学习活动。

(二) 幼儿园语言教育活动的方法

1. 示范模仿法

示范模仿法是指在语言教育活动中，教师通过自身的模范化语言，为幼儿提供语言学习的样板，让幼儿在良好的语言环境中自然地模仿学习。习得规范的语言，提高其语言能力的一种方法。示范可以由教师亲自进行，也可以采用录音的方式，甚至可以让语言发展较好的幼儿来示范。

2. 视、听、讲、做结合法

幼儿的学习方式比较直观，思维具体形象，对直接体验的认识、记忆比较深刻。视、听、讲、做结合法是依据“直观法”和“观察法”并结合幼儿语言学习的特殊性而提出的。

“视”是指教师提供讲述对象的具体形象，如实物、动画、图片、图书、情境表演等，让幼儿充分地观察，帮助幼儿理解语言，获得对讲述对象的感知。

“听”是指教师用语言对学习对象进行描述、启发、暗示、示范等，引导和组织幼儿进行讨论，让幼儿通过声音充分地感知与领会语言。

“讲”是指教师引导幼儿在感知理解的基础上充分地表述个人对事物的认识。

“做”是指教师给幼儿提供一定的想象空间，通过幼儿的参与或独立的操作活动，帮助幼儿充分地构思，从而组织起更加丰富、连贯、完整、富有创造性的语言进行表述。

这四个方面有机地结合起来，“视”“听”的内容由教师提供，最后由幼儿通过“讲”和“做”反映出来，从而转化为幼儿的语言能力。“视”“听”“做”都是为“讲”服务的，在“讲”的过程中，幼儿的语言能力得到发展。

3. 游戏法

游戏法是指教师运用有规则的游戏，训练幼儿正确发音，丰富幼儿词汇和句式的一种方法。游戏是符合幼儿年龄特点的活动，运用游戏法进行教育是幼儿语言教育中常见的方式之一，它有助于提高幼儿的学习兴趣，能集中幼儿的注意力，促进幼儿各种感官和大脑运转的积极活动。

4. 表演法

表演法是指幼儿在教师的指导下，在熟悉理解文学作品的基础上，扮演文学作品中的

人物，并根据作品情节的发展，通过对话、动作、表情等再现文学作品，从而加深对作品的认识，提高自身语言表现力和创造性的一种方法。

5. 练习法

练习法是指教师在语言活动中，有意识地让幼儿针对特定的语言因素（如语音、词汇、句子等），在不同的内容或环境中反复运用，巩固所学语言知识，训练幼儿某方面语言技能技巧的一种方法。在幼儿园语言教育活动中，练习主要以口头练习为主，强调语言运用能力的培养。

（三）幼儿园语言教育活动过程设计的步骤

幼儿园专门的语言教育活动类型有谈话活动、讲述活动、听说游戏、文学作品学习活动、早期阅读。在语言教育活动试讲中，选用最多的是谈话活动和文学作品学习活动。

1. 谈话活动设计的步骤

（1）创设谈话情境，引出谈话话题

① 用实物或直观教具创设谈话情境。通过挂图、幻灯、墙饰布置、玩具、录像等各种不同的实物，为幼儿提供与话题内容相关的材料，启迪幼儿谈话的兴趣和思路。

② 用语言创设谈话情境。教师通过自己说一段话，提出一些问题来唤起幼儿的回忆，调动他们的经验，以便适时地切入话题。

③ 用游戏或表演的形式创设谈话情境。通过开展一些游戏或表演活动，来提供一些与谈话内容有关的情境，以引起幼儿表述的愿望。

（2）围绕话题运用已有经验自由交谈

谈话活动开始之后，教师接下来要为幼儿提供围绕话题自由交谈的机会。这一步骤的目的在于调动幼儿个人有关对谈话中心话题的知识储备，运用已有的谈话经验交流个人意见。例如，在“各种各样的树叶”这一谈话活动中，教师把手头的树叶分发给各小组，幼儿在观察、触摸、比较中各抒己见。

一个谈话活动开展得如何，取决于教师对这个过程的把握程度。教师在指导中应尽量做到“一个围绕”“两个自由”。“一个围绕”是指教师指导幼儿围绕中心话题大胆地与同伴交谈。“两个自由”是指交谈的内容自由、交谈的对象自由。幼儿只要围绕话题进行交谈即可，教师不必过多地干涉幼儿交谈的内容。此外，幼儿交谈的对象也是自由的，可以两两交谈，也可以分组交谈，或与教师交谈。教师不要干涉幼儿转换交谈的对象，只要他们积极地参与到交谈中，就是达到教学的要求。

（3）围绕中心话题拓展谈话范围

在幼儿运用已有的知识经验充分地交谈后，教师要适时地将幼儿集中起来，以提问、讨论或启发的方式帮助幼儿学习新的谈话技能和谈话规则，掌握正确的谈话思路和方法。这一过程是谈话活动的重点内容和核心。

① 中心话题的拓展是逐步进行的。一般来说，中心话题是沿着这样的顺序拓展的：对话题对象的描述和基本态度→为什么会有这种态度→对话题对象的独特感受。

② 正确地看待谈话技能、态度和规则的学习。教师在引导幼儿学习新的谈话经验时，不要有急于求成、立竿见影的思想。如果教师在谈话活动中，让幼儿机械地反复练习

某一交往技能，甚至让幼儿将某些交往词语背诵下来，这种做法就违背了谈话活动的基本宗旨。

(4) 教师隐性示范新的谈话经验

在通过逐层深入拓展幼儿谈话内容的基础上，教师往往以参与者的身份，通过隐性示范向幼儿提供谈话范例，帮助幼儿掌握新的谈话经验，使幼儿的谈话水平进一步提高，如“我喜欢的图书”，教师可以谈一谈自己喜欢哪本图书？喜欢的原因是什么？例如，“我喜欢这本《科学小常识》。因为它告诉我蝴蝶是怎样转变而来的，原来蝴蝶穿着美丽的外衣在花丛中传播花粉之前，是一只专吃植物叶子的害虫。我从这本书中学到了新知识，所以我喜欢并爱护这本书。”教师的示范可以给幼儿提供模仿的样板。

2. 讲述活动设计的步骤

(1) 感知理解讲述对象

感知理解讲述对象是讲述活动的关键，这一过程主要是通过观察的途径进行，同时强调各种感官的综合感知。在各种讲述活动进行之前，教师可先让幼儿仔细观察图片、实物、情境等凭借物，从而感知理解讲述对象。幼儿在观察的同时，也可以利用其他感觉通道获得直接认识，如听觉、触觉、味觉、嗅觉等。

(2) 运用已有经验讲述

在幼儿感知理解讲述对象的基础上，教师指导幼儿运用已有经验进行讲述。此阶段，教师应尽量放手让幼儿自由讲述，给予幼儿充分的机会实践和运用已有的经验进行讲述。这是幼儿自由发挥的阶段，要让他们自由主动讲述。通过这一阶段的自由讲述，可以活跃讲述气氛，提高幼儿参与活动的积极性，并且帮助教师理解每位幼儿的讲述水平。组织幼儿运用已有经验自由讲述的方式很多，主要有集体讲述、分组讲述、个别交流等。

教师在指导这一活动时，需要注意以下几点。

① 让幼儿自由讲述之前，教师要交代清楚讲述的要求，提醒幼儿要围绕感知理解的对象进行讲述。

② 在幼儿自由讲述的过程中，教师要注意倾听幼儿的讲述内容，及时发现幼儿讲述的“闪光点”以及存在的问题。

在活动中，教师不要过多地指点幼儿讲述，而是要注意倾听，最多以插问、提问等方法引发幼儿讲述，以免干扰幼儿的正常讲述，降低幼儿讲述的积极性。在设计和实施讲述活动中，这一步骤不可缺少，否则会影响讲述活动的效果。

(3) 引进新的讲述经验

新的讲述经验是每次讲述活动学习的重点，具体是指讲述的思路和讲述的方式。通过前两个层次的铺垫，教师可以根据本次活动目标要求，帮助幼儿学习新的讲述经验。教师可以采取以下方式引入新的讲述经验。

新的讲述经验主要有以下几点。

① 讲述的思路。教师在示范新的讲述经验时，很重要的一点就是帮助幼儿厘清讲述的思路，使整个讲述有较强的顺序性和条理性。帮助幼儿理顺讲述的思路是非常重要的，它可以帮助幼儿将基本内容讲述出来，避免重大事件、重要人物的遗漏或没有围绕事件发

生的顺序来讲述现象的出现。教师可以示范新的讲述思路，就同一讲述对象发表教师个人的见解。但教师的示范绝不是幼儿复述的样板，否则会降低幼儿讲述的积极性和创造性。

② 讲述的全面性。在讲述中，教师要帮助幼儿认识到讲述的基本要素：人物、地点、事件、结果。幼儿在讲述中往往会遗漏其中的某一方面内容，使讲述缺乏完整性和连贯性。因此，教师要让幼儿掌握这些基本要素，准确地将要表述的内容完整全面地讲述出来。教师可以用提问或插问的方式引导幼儿一起讨论新的讲述内容，可以从某一个幼儿的讲述内容入手，与幼儿们一起分析其讲述的内容是否全面、完整，在讨论、达成一致意见的同时，幼儿们也就学习了新的讲述经验。

③ 讲述的基本方式。在讲述活动中，无论是看图讲述还是实物讲述，每种类型的讲述都要培养幼儿按照一定的顺序进行讲述的能力。这种顺序包括从上到下、从左到右、从大到小、从近及远、从表面到本质的描述。这些基本方式都有助于幼儿清楚、有条理地进行讲述。

(4) 巩固和迁移新的讲述经验

在讲述活动中，巩固和迁移新的讲述经验为幼儿提供了实际操作新经验的机会，以便他们更好地获得这些经验。具体有以下三种做法。

① 由 A 及 B。当幼儿学习了一种新的讲述经验后，教师立即提供同类不同内容的机会，让幼儿用讲 A 的思路去讲述 B。例如，在实物讲述活动“苹果”后，幼儿学会了由外到里、由外形特征到用途的讲述方法，在此基础上教师可以将“苹果”变为“西瓜”，引导幼儿用同样的方法进行讲述。

② 由 A 及 A。在教师示范新的讲述经验并帮助幼儿厘清思路后，让幼儿尝试用新的方式来讲述同一件事、同一情境。例如幼儿学习讲述“美丽的菊花”后，让幼儿开个小花展，向弟弟妹妹介绍“美丽的菊花”。

③ 由 A 及 A_1。在教师示范过新的拼图和讲述经验之后，进一步要求幼儿自己拼图添画后讲述。例如拼图讲述“小动物的家”，教师添画小鱼和池塘后，示范新的讲述经验。再要求幼儿自己拼图添画，然后讲述。

3. 听说游戏活动设计的步骤

(1) 创设游戏情境，引发幼儿兴趣

在听说游戏开始时，教师需要采用一些手段去设置游戏情境。

① 用物品创设游戏情境。教师使用一些与听说游戏有关的物品，或者玩具、日用品等，布置游戏的情境，制造游戏的氛围，引发幼儿参与游戏的兴趣。

② 用动作创设游戏情境。教师用动作表演，让幼儿想象出游戏的角色、场所，进而产生游戏情境的气氛。

③ 用语言创设游戏情境。教师通过自己所说的话，直接描述或指出游戏中角色以及所处的环境。

(2) 交代游戏规则，明确游戏玩法

在创设游戏情境之后，教师就要向幼儿交代游戏的规则，这一步骤的目的是要幼儿通过教师布置任务、讲解要求，明确游戏的玩法。教师采用讲解和示范相结合的方式，引导

幼儿理解游戏的规则，教师在交代游戏规则时，要注意以下几点。

① 用简洁明了的语言讲解。在交代游戏规则时，切忌啰唆、冗长的解释，以免幼儿抓不住要领，不能及时领悟理解游戏规则，影响游戏的进程。

② 要讲清楚听说游戏的规则要点和游戏的开展顺序。听说游戏的规则要点一般都是游戏中幼儿要按照规范说出的话，教师应当让幼儿基本明白说什么和怎样说，以便他们能够在参与游戏时付诸实施。同时要帮助幼儿清楚地理解游戏开展顺序，这样他们才能够顺利地开展活动。

③ 教师用较慢的语速进行讲解和示范。教师在交代游戏规则时使用的语言应当是相对减慢速度的语言。尤其是针对游戏规则回答问题或说一句话时，一定要保证让幼儿听清楚，因为这种语言带有示范的性质。

(3) 教师引导幼儿游戏

教师指导幼儿游戏，有利于幼儿在活动过程中，熟悉游戏规则，进一步明确和掌握游戏的玩法，掌握在游戏中运用语言交往的基本思路，从而为独立开展听说游戏做好充分的准备。

(4) 幼儿自主游戏

通过前面三个步骤的活动，幼儿已经比较熟悉和掌握游戏的规则和玩法，具备独自开展听说游戏的基础。在幼儿自主游戏阶段，教师可以放手让幼儿自己开展活动。此时，教师应该从游戏领导者身份退出，处于旁观地位。教师还要注意及时解决游戏中可能出现的矛盾和纠纷，以免因角色分配不当或其他问题影响游戏顺利进行，促使幼儿更加主动、积极地活动，圆满地完成听说游戏的教育任务。

4. 常见的文学作品学习活动设计的步骤

1) 讲故事活动的设计

(1) 创设情境，引出故事

教师可借助歌曲、游戏、图片、直观教具等设置一定的情境，使幼儿对参与的活动产生浓厚的兴趣。具体导入的方式详见本章“第二节　试讲的导入设计”。

(2) 初步感知故事内容

让幼儿感知欣赏故事的方式有很多，教师的讲述是用得最多、最直接的方式。教师在引起幼儿听故事的兴趣后，辅以适当的直观教具，用生动有感情的语言完整讲述故事，让幼儿对故事内容有基本的了解和认识。

(3) 深入理解故事内容

帮助幼儿理解故事的内容可以使幼儿更好地吸收故事的教育意义。教师可以借助挂图、教具、故事表演和提问等方式，帮助幼儿理解故事的主题、情节、人物性格特征等。

(4) 围绕故事开展相关语言活动

为帮助幼儿理解掌握故事，教师可以在理解、结束或延伸环节安排活动，如表演故事、复述故事、创编故事和续编故事等围绕故事主题开展的各种语言活动。

深入理解故事内容和围绕故事开展相关语言活动这两部分内容常常通过三个层次的提问来完成，即认知性提问、理解性提问和创造性提问。

中班诗歌活动——家

首先,认知性提问:“今天老师带来一幅美丽的图画,我们一起来看看图画上都有些什么?”(答案:天空、树木、河水、花儿)

其次,理解性提问:“天空是什么样子的?树木长得怎样?河水是什么样的?”

最后,创造性提问:“蓝蓝的天空、密密的树林、清清的小河会是谁家的呢?还有什么地方会是谁的家?”

通过这样层层递进的提问,达到教学活动的最终目标。

(5)故事结束法

为保持教学的完整性和连贯性,在故事的主题部分讲授完之后,还应注意对活动的结束部分进行设计。设计故事结束的常用方式有以下几种。

① 总结概括结束法

总结概括结束法是指将活动的主要内容加以总结概括,帮助幼儿有重点地记住活动内容,并感知故事寓意。例如,在《小乌龟找工作》故事结束后,教师与幼儿互动,让幼儿结合自己的实际情况,向同伴、老师讲述自己曾经遇到的困难,启发幼儿用“我一定会……”说一句话,增强幼儿的自信心,使幼儿懂得遇到困难只要坚持不懈,努力尝试,愿望就能实现。

② 游戏表演结束法

游戏表演结束法是指采用和教学内容相关的游戏、表演等活动结束的方式。例如,在《小熊请客》故事结束后,老师说:“今天,我们学会了故事《小熊请客》,下面我们来表演这个故事吧。”请全体幼儿一起学习小熊的语言和动作,幼儿分组表演,教师指导,并提醒扮演小动物们的幼儿按照顺序出场,鼓励能力弱的幼儿大胆表现各自的角色。

③ 回味结尾,鼓舞精神

在故事活动中,教师在结尾巧妙引入与活动主题相同的其他内容,或是其他文学作品,可以使本来趋于平淡的结束部分又掀波澜,使幼儿的内心再次被打动。例如,在讲完《小马过河》的故事后,教师可以让幼儿学习“勇气”的儿歌。

中班语言活动——会动的房子

小松鼠在树顶上住腻了,于是决定在地面上重新建造一座房子。在大树底下,它发现了一块大石头,由七块小石头拼成,很硬,也很光滑。小松鼠说:“嘿,就在这上面造一座房子!”房子终于造好了,忙了一天的小松鼠也累了,在新家里睡着了。“呼呼呼!”什么声音?小松鼠被吵醒了。推开窗一看,呀!自己是在美丽的山脚下,小风奏起了动听的山歌。真奇怪,昨天还在大树下,今天却来到了山脚下。可小松鼠又一想:没关系,山脚下挺好的,有动听的山歌做伴。第二天,又传来“哗哗哗”的声音。小松鼠推开窗一看。呀!又来到了大海边,浪花唱起了欢快的歌声。小松鼠这下可乐了,“我的房子会动,

我的房子会动！”小松鼠禁不住在房子里手舞足蹈。突然，传来一个声音，“小松鼠呀，快别乱动。”“咦，是谁呢？是这块硬硬的大石头？”“小松鼠你真粗心，把房子盖在我的背上，我驮着你走过了许多地方。”小松鼠低头一看，原来是乌龟，那硬硬的大石头竟然是乌龟的背。小松鼠惭愧得脸都红了，赶紧说：“你，你累坏了吧？”乌龟说：“不，这下我们俩可以做伴了。”

活动过程如下。

1. 开始部分

以谈话问答的形式导入课题。

导入语：小朋友们，你家的房子会动吗？你见过会动的房子吗？今天呀，老师要讲一个会动的房子的故事，小朋友们想不想听呀？

2. 基本部分

(1) 播放伴奏音乐，教师生动有感情地讲述故事。 ——初步感知

故事第一遍讲完后，教师提出描述性问题，帮助幼儿掌握故事大意。提问：“故事叫什么名字？”“故事中有哪些小动物？”“小松鼠把房子盖在了哪里？”“小松鼠的房子先后到了哪些地方？”

(2) 教师通过幻灯片和录音，第二遍讲述故事，要求幼儿体验并模仿故事中出现的声音。 ——深入理解

教师通过提出思考性问题，帮助幼儿理解故事主题。

例如，房子为什么会动？故事里的小松鼠是一只怎样的小松鼠？

(3) 幼儿表演或续编故事，在假设性提问的引导下迁移作品经验，进行大胆的艺术想象和创造。 ——围绕故事开展相关语言活动

教师可这样提问引导幼儿续编故事：“小朋友想一想，会动的房子还会到哪儿去呢？”“小朋友们要是造房子的话，会把房子造哪里呢？”“你可以用什么方法让你的房子动起来呢？”等，引导幼儿在理解故事的基础上，大胆地续编或创编故事。

幼儿自由仿编或续编，并完整地讲给同伴或老师听。

3. 结束部分

小结：教师对幼儿的表现进行评议和知识总结。

2) 儿歌/诗歌活动设计

在开始部分，教师通过直观教具、多媒体、游戏、谜语、歌曲、律动、舞蹈、提问等方式将幼儿带入作品的意境中，营造欣赏作品的良好氛围。

在基本部分，教师先示范朗诵，再帮助幼儿理解内容，然后让幼儿跟读。

(1) 初步感知作品内容——示范朗诵

教师可以通过给幼儿声情并茂地示范朗诵或采用播放录音的方式，向幼儿呈现儿歌、诗歌等。教师在示范朗诵时，需注意以下几点。

① 吐字清楚、发音正确、熟练、流畅。

② 儿歌的节拍、节奏，以及声音的高低、强弱和快慢的变化。

③ 注意朗读时的强弱变化。

④ 教师应根据儿歌或诗歌的内容辅以动作和表情，可以加强语言的形象性，但动作与表情都应适当自然，多余的动作和过度的表情会分散幼儿的注意力。

（2）理解内容

① 介绍内容。介绍儿歌或诗歌内容的方式可结合直观教具（实物、玩具）进行，也可以根据儿歌或诗歌内容设计的图片进行。对于一些有情节的儿歌或诗歌，教师可以用讲故事的形式向幼儿介绍。

② 加深理解。为了使幼儿加深对儿歌或诗歌内容的理解，教师可以向幼儿提一些与儿歌或诗歌内容有关的问题，让幼儿思考并回答。在具体运用时，介绍内容和加深理解这两个步骤可以先后安排，也可以结合进行。所以，在幼儿初步感知作品内容之后，教师应进一步引导幼儿深入理解和体验作品内涵，具体可以通过以下三种方式来帮助幼儿理解作品。

a. 出示挂图等教具。教师将语言所描绘的意境转化成具体直观的画面，把画面做成挂图，组织幼儿通过观察挂图理解作品的优美意境。例如，在面试试讲过程中，可以采用简笔画的形式迅速勾画出儿歌或诗歌所表达的意境。

b. 采用提问方式。教师通过描述性提问来帮助幼儿理解作品的基本内容。

c. 朗诵诗文。教师可以开展形式多样的朗诵，如通过集体、分组、个人等形式朗读，还可以分角色或对答式朗读，通过反复朗读，让幼儿不断品味、领悟作品，加深作品在其脑海中的印象。

（3）幼儿跟读

① 完整跟读。完整跟读是指幼儿跟着教师从头到尾一句接着一句地读（较长的儿歌可分段进行），开始教师读得大声一些，以后声音逐渐放低，直到幼儿能够独立朗读。

② 分句跟读。分句跟读是指教师读一句，幼儿跟读一句。这种方式的优点是使幼儿对每个句子都能听清，模仿得也比较准确。

在结束部分，可采用三种方式结尾。

（1）律动结尾

律动结尾是指选取与本儿歌或诗歌活动相关的律动，或是选取开头导入部分的律动，再或者根据儿歌或诗歌内容进行动作创编，教师与幼儿边唱边跳，在欢乐的氛围中结尾的一种方式。

（2）游戏结尾

游戏结尾是指为该儿歌或诗歌设计一个与主题贴切的游戏，在游戏的欢乐氛围中结束的一种方式。

例如，诗歌《家》，可设计一个帮助小动物找家的游戏，进而巩固诗歌。

家

蓝蓝的天空是白云的家，
密密的树林是小鸟的家，
绿绿的草地是小羊的家，
清清的河水是小鱼的家，
红红的花儿是蝴蝶的家，

快乐的幼儿园是小朋友的家。

(3) 情境结尾

许多儿歌或诗歌都可以加入情境模仿表演，可以选取2～3组幼儿进行模仿，在模仿中再次巩固。

例如，儿歌《模仿操》，可表演不同动物走路的样子。

模仿操

小鸭子走路，摇呀摇啊摇；

小乌龟走路，慢吞吞；

小白兔走路，蹦蹦跳；

小花猫走路，静悄悄。

5. 早期阅读活动设计的步骤

(1) 选择适宜的阅读材料。

(2) 制订活动方案。

(3) 实施活动方案。

① 导入活动，激发幼儿阅读图书的兴趣。

② 幼儿自主阅读图书。留给幼儿充足的时间，让幼儿阅读图书画画，获得相关信息。

③ 师幼共读。由教师引领幼儿获得书面语言信息，通过提问、讲解、教具演示等，帮助幼儿深入理解作品内容。

④ 重点阅读。就作品中重点、难点、关键内容重复阅读，教师可重点提问，和幼儿展开讨论，引导幼儿理解作品的教育意义及艺术性等。

⑤ 总结阅读内容，通过总结，帮助幼儿巩固、消化阅读内容，加深印象。

(4) 总结与评价。①

三、幼儿园社会教育活动的设计

（一）幼儿园社会教育活动的内容

1. 人际关系

人际关系是指幼儿在与周围环境中人的交往过程中形成的相互关系。主要包括交往态度、交往规则、交往技能等。通过教育，使幼儿乐意与人交往，愿意合作与分享，能站在他人立场思考问题，懂得尊重别人，当与同伴发生矛盾时，能正确处理分歧和纠纷，能正确使用礼貌用语等。

2. 社会环境

社会环境是指幼儿生活中经常接触的社会机构、生活设施、社会事件和其中的社会角色。通过了解这些内容，帮助幼儿了解和熟悉自己生活的环境，从而丰富其生活经验，感受人与社会环境之间的相互依存关系，进而更好地适应社会。

---

① 朱凯莉，冯国荣．幼儿园教育活动设计与指导[M]．西安：陕西师范大学出版社，2014：126.

3. 社会行为规范

社会行为规范是指幼儿在社会生活中需要理解和掌握的各种行为准则，如遵守纪律、爱护公共卫生，不随便打扰他人，不做损害别人的事，举止文明、有礼貌，诚实、守信。通过教育，逐步培养幼儿的道德意识和按道德标准行动的自觉性。

4. 社会文化

社会文化是指生活中稳定的价值取向、行为方式及精神风貌及其多种表现形式。例如，名胜古迹、传统节日、民歌民谣、民间工艺、优秀历史人物、世界著名的人文景观、优秀的艺术作品等。经过教育，引导幼儿从小熟悉民族优秀文化，认同并热爱自己民族的优秀文化，同时也能了解世界各国的优秀文化，开阔视野。

（二）幼儿园社会教育活动的方法

幼儿园社会教育活动的方法既有其他领域通用的一般方法，如讲解、谈话、讨论、参观等；也有社会教育领域采用较多、效果较好的特殊方法。以下重点介绍这些特殊方法。

1. 行为练习法

行为练习法是指导幼儿按照正确的社会行为规范进行实践和训练，使幼儿理解并学会正确的社会行为规范，是幼儿形成和巩固良好社会行为习惯的基本方法。这种方法的使用往往渗透在日常生活中，如学习整理图书玩具、做值日生、入园和离园时的礼貌行为练习、文明用餐的行为练习等。

2. 强化评价法

强化评价法是指社会学习过程中，利用他人对幼儿行为评价、强化幼儿的积极行为，抑制幼儿的消极行为直至最后消退的一种教育方法。

3. 角色扮演法

角色扮演法即教师创设现实社会中的特定情境，让幼儿扮演一定的社会角色，使幼儿表现出与这一角色一致的且符合这一角色规范的社会行为，并在此过程中感知角色间的关系，感知和理解他人的感受、行为经验，从而掌握自己承担的角色所应遵循的社会行为规范和道德要求。

4. 观察学习法

观察学习法是指幼儿通过模仿或观察学习，直接学会新的行为模式，获得相应的社会行为的方法。这种方法可以使幼儿内在的行为倾向变为外在的实际行动，可以通过对模仿对象的学习，改变、消除或强化个体原有的行为模式。

5. 移情训练法

移情是指设身处地地站在他人的位置和立场上考虑问题，理解他人的感情和需要。移情训练法是指通过故事、情境表演及日常交谈等形式，使幼儿理解和分享别人的情绪情感体验，使幼儿在日后生活中，对他人类似的情绪、情感会产生习惯性的理解和分享，是幼儿社会教育中一种比较特殊的教育方法。

（三）幼儿园各类社会教育活动过程设计的步骤

幼儿园常见的社会教育活动的类型有参观活动、社会实践活动、谈话活动、游戏活动、综合活动。在社会教育活动试讲中，常采用的是谈话活动形式。

1. 参观活动

参观能使幼儿通过对实际事物和现象的观察、探究而获得较为丰富的直接知识和经验，扩展其社会视野，帮助幼儿理解事物之间的联系（见表 7-3）。日常生活中所涉及的各个场所和设施，都可以作为幼儿参观的场所，如超市、图书馆、菜市场、书店、工厂、博物馆等。

表 7-3　幼儿园社会领域参观活动设计流程

活动类型	设计流程	具 体 内 容
参观活动	参观前的准备	确定参观对象，与所到参观地点的负责人进行联系，征得其同意和认可
		确定行走路线，要注意安全，考虑好沿途可能存在的问题
		制订参观计划，包含参观目的、准备、步骤、教师的组织与指导等
		做好准备工作，如与参观地点相关的知识、水、纸巾等。同时可争取家长配合参与活动的组织
	参观的组织	出发前的组织：整队集中检查行装，介绍参观的目的与要求，为保证出行安全，要强调参观活动的纪律
		出发途中的组织：保证幼儿的安全，如步行时教师走在马路外侧，教师一前一后带队，防止幼儿走散；坐车时提醒幼儿不要将手脚伸出窗外
		到达时的组织：重新整队，重申参观的要求，布置具体的参观任务
		参观过程中的组织：教师与参观地的工作人员合作，组织幼儿有秩序地参观，用幼儿理解的语言进行讲解
		结束时的组织：选用适当的方法，灵活地结束参观活动。如参观学校、工厂等可以鼓励幼儿用自己即兴表演的节目向工作人员表示感谢，如果考虑到工作人员忙，可自然结束，礼貌地道别
	延伸活动	返回后可组织谈话、评价、创设区角等相关活动

2. 社会实践活动

社会实践活动是指教师利用社会生活中的教育资源，组织幼儿亲自参与某项活动，感知、体验或学习某种社会技能的教育活动。例如，让幼儿带钱到超市购物，在幼儿园内种植蔬菜，到社区打扫卫生，为灾区捐物等。

社会实践给予幼儿参与真正的社会生活的机会，可以满足幼儿的好奇心、参与成人活动的愿望等，扩展幼儿的社会认知，并能在参与过程中引发幼儿的社会情感，发展幼儿社会交往的技能，使幼儿在社会实践中得到潜移默化的教育和锻炼。

幼儿园社会实践活动的设计与实施如下。

(1) 做好活动前的准备工作。在组织实践活动之前,教师应该选择那些与幼儿生活密切相关的,幼儿感兴趣并力所能及的活动作为实践内容。需要仔细考虑实践过程中各个环节的操作和衔接,设计好活动程序,准备好活动材料。

(2) 安排好实践环节,既要达到实践目的,又要保证幼儿身心安全。在园内的实践活动要给幼儿提供安全的操作材料,到园外的活动,要注意外出的安全问题,最好争取家长的配合。

3. 谈话活动

谈话就是教师与幼儿双方围绕某一个问题或主题,自由发表自己的意见和想法,进行互相交流、互相学习的活动方式。在幼儿语言教育中使用谈话法,主要目的是发展幼儿的语言表达能力。在社会教育中使用谈话法,主要目的是促进幼儿社会性发展,逐步适应社会环境。教师借助恰当的问题,帮助幼儿分析、提炼原有的社会知识经验,使之系统化或明确化,谈话法也可使幼儿获得社会性规范性语言,发展幼儿的语言交往能力。

本部分谈话活动设计的步骤详见语言教育活动过程设计中。

4. 游戏活动

游戏是幼儿最喜爱的活动,它是幼儿对成人社会生活的想象和模仿,满足了幼儿渴望参加成人社会生活的愿望。在幼儿园开展的各类游戏中,与社会教育联系较为密切的是角色游戏。玩角色游戏时,幼儿必须认识游戏伙伴,协调与伙伴的关系,并学习如何处理游戏中的纠纷,因而,角色游戏能够促使幼儿在轻松、平等、快乐的氛围中认识社会生活及行为规则,并帮助幼儿逐渐形成规则意识和任务意识,提高幼儿的人际交往能力。

5. 综合活动

综合活动是指教师运用各种教学方法,并将社会教育与其他领域的活动有机地结合起来,在多种形式、多种活动中发展幼儿社会性的一种社会教育形式,即以社会领域为主的综合性主题活动。例如,“红红火火过新年”“遵守交通规则”“我真能干”等都是以社会教育内容为主的综合性主题活动。这种活动往往把游戏、表演、谈话、欣赏等多种形式结合起来运用,从而使幼儿对某个社会主题的认识更系统、更全面。

四、幼儿园科学教育活动的设计

(一) 幼儿园科学教育活动的内容

《指南》中明确指出:幼儿的科学领域是幼儿解决实际问题的过程中发现和理解事物本质和事物间关系的过程,主要包括科学探究和数学认知。

根据《纲要》和《指南》精神对科学教育活动与数学教育活动的内容进行了分类和归纳。

1. 科学教育活动的具体内容(表 7-4)

表 7-4 科学教育活动的具体内容

主要内容	具体分类	具体内容
自然环境与人类生活的关系	动植物与环境及人们生活的关系	(1) 动物名称及生活习性; (2) 探究和认识动植物的多样性; (3) 动植物的生长规律; (4) 动植物的人、自然环境的关系
	无生命物质与人、自然环境的关系	(1) 感受水的无色、无味、无嗅、透明,探索与水有关的现象; (2) 探索沙、石、土、空气的物理性质
	人体及人与自然环境的关系	认识人体外部的基本结构及功能、人体对环境的适应
关注、感受身边的自然科学现象	物理现象	光、力、热、磁、电等
	感受季节变化	四季变化、天气现象(冰、雨、雷、雪)
	天文现象	日、月、星
感受现代科学技术对人们生活的影响	日常生活中的科技产品	家用电器、交通工具、各种玩具
	使用简单的工具	剪刀、尺子、订书机
	简单的科技小制作	运用工具和材料制作简单的科技玩具,如万花筒、风筝等

2. 数学教育活动的具体内容(表 7-5)

表 7-5 数学教育活动的具体内容

主要内容	具体内容
集合	(1) 感知集合及其元素,进行物体的分类; (2) 认识"1"和"许多"及其关系; (3) 用对应的方法比较两组物体数量的相等与不等; (4) 初步感知集合间的并集、差集关系及包含关系
10 以内的数概念	(1) 认识 10 以内的基数; (2) 认识 10 以内的序数; (3) 认识 10 以内的相邻数; (4) 认识 10 以内数的组成; (5) 认读和书写阿拉伯数字
10 以内数的组成	(1) 实物加减; (2) 列式运算; (3) 认识零和得数是零的运算; (4) 自编口述应用题
量	(1) 大小、长短、粗细、厚薄、高矮、宽窄、轻重、远近等量的比较; (2) 量的排序; (3) 量的守恒; (4) 自然测量

续表

主要内容	具体内容
空间	(1) 空间方位:上下、前后、左右、里外、远近等; (2) 空间运动方向:向上、向下、向前、向后、向左、向右等
时间	(1) 早晨、晚上、白天、黑夜;昨天、今天、明天、星期等时间概念; (2) 认识时钟

(二) 幼儿园科学教育活动的方法

1. 科学活动常用的方法

(1) 观察法

观察法是指幼儿在直接接触事物的过程中,运用多种感官直观、生动、具体地认识事物的方法。

(2) 实验法

实验法是指教师或幼儿按照预想的目的,利用一些材料,通过简单演示或操作,对周围常见的科学现象加以验证的一种方法。

(3) 劳动与实践法

劳动与实践法主要有种植、饲养、科学小制作和协助成人劳动等。

(4) 测量法

测量法是指通过观察或运用简单的测量工具,对物体进行简单的、初级的测定的方法。

(5) 分类法

分类法是指幼儿把具有某一个或几个共同特征的物体聚集在一起的方法。

(6) 信息交流法

信息交流法是指幼儿运用言语或非言语的形式表达自己在科学探索活动中的发现,交流自己所使用的方法、探索过程以及认识和情感体验的方法。

(7) 早期科学阅读法

早期科学阅读法是指幼儿阅读富有科学知识的作品,包括儿童诗、儿歌、谜语、故事、科学童话等。

(8) 科学游戏法

科学游戏法是指运用自然物质(树叶、贝壳、沙、土等)和有关图片、玩具等,进行带有游戏性质的操作活动。

2. 数学活动常用的方法

(1) 操作法

操作法是提供给幼儿合适的材料、教具与环境,让幼儿在自己获得的实践过程中进行探索,并获得数学感性经验和逻辑知识的一种方法。幼儿学习数学的操作活动可以与分类、排序、比较、分合、计数、计量等内容有机结合。例如,提供给幼儿各种材料(纽扣、花片等),让他们进行计数活动;提供各种几何形状的塑片、积木等,让幼儿进行形体的认识、比较、拼搭活动;提供形状、颜色、大小不同的纽扣,让幼儿进行分类活动;等等。

（2）游戏法

游戏法是指将抽象的数学知识寓于幼儿感兴趣的游戏中，让幼儿在各种自由自在、无拘无束的游戏活动中学习数学的一种方法。

① 操作性数学游戏

操作性数学游戏是指让幼儿通过操作玩具或实物材料，从中获得数学知识的一种游戏。例如，小班幼儿学习分类时做的“图形宝宝找家”游戏，即安排三个动物玩具，分别贴上“▲”“■ ”“●”的标记，让幼儿把“图形宝宝”送到有相应特征的玩具动物“家”里去。

② 情节性数学游戏

情节性数学游戏是指有一定的情节、内容和角色，通过游戏情节的安排来体现所要学习的数学知识的游戏活动。例如，为小班幼儿学习“1 和许多”而设计的“猫捉老鼠”游戏，教师、幼儿分别扮演“猫妈妈”和“小猫”，以游戏口吻要求“小猫们”去抓老鼠，按“猫妈妈”要求抓老鼠，最后“猫妈妈”奖励“小猫们”吃“鱼”。在这一系列情节中，渗透了“1 和“许多”的数学概念。

③ 运动性数学游戏

运动性数学游戏是指数学概念或知识于体育活动之中的游戏。例如，大班幼儿学习数的组成，可通过投球、打“保龄球”等运动性游戏，来记录不同数量的结果，根据对结果的归纳来学习数的组成。

④ 运用各种感官的数学游戏

这类游戏主要强调通过不同的感官进行数学学习，强调幼儿对数、形知识的充分感知。例如，幼儿在学习认识、区别几何图形时，可在“奇妙的口袋”游戏中，通过触摸来感知、区别图形的不同特征。

⑤ 数学智力游戏

数学智力游戏是指以发展智力为主要任务的运用数学知识进行的游戏。例如，让幼儿数“重叠图形”等游戏。

⑥ 竞赛性游戏

竞赛性游戏是指带有竞赛性的数学游戏，它更适合中、大班幼儿。

（3）观察法和比较法

观察法是指幼儿在教师的引导下有目的地感知物体的数、量、形的特征的一种方法。比较法是指幼儿在教师的引导下，对两个（或两组）以上的物体进行比较，感知并找出它们在数、量、形等方面异同的一种方法。

（4）寻找法

寻找法是让幼儿从自身及周围生活环境和事物中寻找数、量、形及其关系，或在直接感知的基础上按数、量、形要求寻找相应数量实物的一种方法。

① 从自身寻找。

② 从已准备好的活动环境中去寻找。

③ 从自然环境中去寻找。

④ 从记忆表象中去寻找。

（三）幼儿园科学教育活动设计的步骤

1. 幼儿园各类科学活动设计的步骤

（1）观察认识类活动的设计

观察认识类活动的主要目的是引导幼儿探索客观事物、现象的特征，发展幼儿的科学认知、培养科学情感、形成科学态度、训练科学方法的一种科学启蒙教育活动。例如，“认识纸”“奇妙的昆虫世界”“四季的变化”“我们的地球”等。

观察认识类活动过程的基本步骤如下。

① 设计游戏情境或问题情境，激发幼儿主动观察的兴趣和欲望。

② 调动幼儿的多种感官参与观察，尝试多角度不断调整观察视角。

③ 启发幼儿运用卡片、图标和符号的意识，培养幼儿良好的科学态度和科学习惯。

④ 引导幼儿掌握多种观察方法和观察手段，充分发挥多媒体的作用，使抽象的、深奥的科学知识能够具体化、形象化、趣味化地呈现在幼儿的面前。

（2）实验操作类科学教育活动

实验操作类科学教育活动是指幼儿在教师指导下通过自己动手操作仪器和材料，以发现客观事物的变化及其关系的科学活动。例如，“探索物体吸水的实验”，教师为幼儿提供海绵、面巾纸、木块、塑料片等实验材料。幼儿在教师的引导下操作这些材料进行实验，探索哪些材料吸水、哪些材料不吸水，哪些材料吸水多、哪些材料吸水少。

实验操作类科学教育活动过程的基本步骤如下。

① 介绍材料，交代要求，引起幼儿探究兴趣。

② 提出思考问题，让幼儿尝试、操作和发现。

③ 观察幼儿，适时指导幼儿使用材料和工具。

④ 鼓励幼儿进行多种方法的尝试，允许幼儿出错。

⑤ 注重操作与讨论、交流相结合。

（3）科学制作类教育活动

科学制作类教育活动的主要目的是培养幼儿的动手操作能力，会使用简单的工具，掌握一定的制作方法，理解简单的科学原理等。例如，制作风筝、小花伞等。

科学制作类教育活动过程的基本步骤如下。

① 通过演示材料或演示操作或简短指令引起幼儿兴趣。

② 交代清楚操作的要求、方法和注意事项。

③ 教师有针对性地指导幼儿，鼓励幼儿按自己的想法操作。

④ 交流、讨论和分享以及教师的总结。

（4）交流讨论类活动

交流讨论类活动的主要目的是培养幼儿的表达交流技能和有关的科学知识及经验。例如，“你喜欢冬天还是夏天”“小动物有家吗”等。

交流讨论类活动过程的基本步骤如下。

① 创设情境，提出问题，引起兴趣。

② 呈现资料信息，交流讨论。

③ 引导幼儿获得结论。

2. 幼儿园数学活动设计的步骤

幼儿数学学习一般要经历四个基本流程:引导感知—指导操作—形成经验—运用经验。概括为以下三个部分。

开始部分:活动导入——引导感知。

基本部分:活动进行——指导操作、形成经验等操作学习环节。

幼儿可分组进行操作活动,也可集体进行操作活动。在幼儿操作过程中,教师要给幼儿足够的时间和空间,让其充分地尝试和探索,寻求解决问题的办法,并感受和发现其中的数学关系。在幼儿活动过程中,教师要很好地观察,了解幼儿的活动过程和特点,必要时应给予幼儿鼓励和指导。

结束部分:活动结束——运用经验。

师幼互动交流、讨论、分享活动经验和结果,同时表扬和鼓励幼儿,这主要是联系生活、运用经验梳理的环节,让幼儿感受和体验到生活和环境中蕴含的一些数学关系,使幼儿形成一些初步的数学概念。同时设计活动延伸(这一活动与活动后的各项活动之间的联系)使幼儿获得的数学经验在后面的活动中得到运用、巩固和强化。

五、幼儿园艺术教育活动的设计

(一) 幼儿园艺术教育活动的内容

幼儿园艺术教育活动包括美术教育活动和音乐教育活动。

1. 美术教育活动的内容

幼儿园美术教育的内容涵盖了幼儿生活的全部,幼儿的所见所闻,包括周围的人、动物、植物、风景、建筑、玩具和游戏等,都是幼儿进行美术活动的源泉,这些内容在表现形式上分为三大部分:绘画、手工和美术欣赏。

(1) 绘画活动

① 正确的绘画姿势、握笔方法和集中注意力完成作品的绘画习惯。

② 绘画工具和材料的认识和使用,如油画棒、水粉、水彩等。

③ 绘画的形式语言,如线条、形状、色彩、构图、明暗等美术要素。

(2) 手工活动

① 养成干净、整洁、有序等良好的手工活动习惯。

② 手工工具、材料及其性质,例如,手工工具:刀、笔、泥工板、牙签等。手工材料:点状材料、现状材料、面状材料和块状材料。手工技法:粘贴、剪、撕、折、染、盘绕、编织等。

③ 手工的题材,如玩具、节日装饰物、头饰、贺卡等。

(3) 美术欣赏活动

① 欣赏的对象及内容,包括绘画作品、雕塑作品、工艺美术作品、建筑艺术作品、幼儿美术作品、自然景物、周围环境等。

② 欣赏的知识和技能,包括对艺术形式的分析、对作品主题和形象的分析、对作品的

联想与表达、作品的背景知识、集中注意力欣赏美术作品的良好习惯等。

2. 音乐教育活动的内容

(1) 歌唱活动

唱歌是音乐艺术表现中最通俗、最普及、最易为幼儿所理解和喜爱的、最富有感染力的一种音乐表现形式，所以，歌唱是幼儿园音乐教育中的主要内容。歌曲是幼儿喜闻乐见的易于理解和接受的音乐内容。

(2) 韵律活动

韵律活动是音乐和动作相结合的活动，包括律动、舞蹈、音乐游戏和其他节奏动作。韵律活动要求幼儿的动作既要符合音乐的情绪、节奏、力度、速度的变化，又要注意动作正确、协调、有表现力。

(3) 打击乐演奏活动

幼儿园的打击乐演奏是指在音乐声中有节奏地敲打某些打击乐器的一种活动。它包括练习演奏已经配置好的器乐曲、声乐曲和为其他唱歌、舞蹈活动伴奏。

(4) 音乐欣赏活动

音乐欣赏活动是幼儿园音乐教学的基础，是幼儿感知、理解音乐、体验音乐情感的一种重要的音乐教育活动。通过欣赏活动，幼儿能感受到优美的旋律，从中得到自然美的启示、旋律美的感染及心灵美的熏陶，在欣赏中陶冶心灵。

(二) 幼儿园艺术教育活动的方法

1. 美术教育活动的方法

(1) 观察法

观察法是指在教师的指导下，幼儿通过多种感官感知事物的造型、结构、色彩、运用模式等审美特征并进行比较的一种方法。

(2) 示范和范例法

示范是指教师把美术过程中的难点直接操作给幼儿看，利于幼儿在直接模仿的条件下，学习一些参加美术活动必需的、关键的、技术性措施。

范例是指提供幼儿观察欣赏的直观教具，它可以是教师的范画，也可以是实物、照片、图片、图书等。

(3) 游戏练习法

游戏练习法是指通过游戏的形式，引导幼儿在愉快、积极的状态下学习美术技能，把视觉形象改变为视觉-运动形象，提高手眼协调能力，培养幼儿对美术活动的兴趣。

(4) 情感熏陶法

情感熏陶法是指教师为幼儿创设宽松愉快的心理环境和充满感情色彩的情境，让幼儿在身心最佳状态下，产生追求美、表现美的欲望和热情，积极主动地去观察、去想象、去创造。

(5) 谈话欣赏法

谈话欣赏法是教师以语言为中介启发幼儿，并与之交流对作品的感受和看法的方法。教师可以通过先讲解、再提问、最后表达的形式引导幼儿进行欣赏。

(6) 线索启迪法

线索启迪法是指教师提供某种刺激,如故事、音乐等,把幼儿引进想象的世界,引导幼儿思考和创造的方法。

2. 音乐教育活动的方法

(1) 示范法

教师用现场的演唱、演奏、做动作表演的方法来向幼儿提供活动的范例。教师应正确运用各种方式手段多样化示范,感情要真挚、表情要恰当、要面向全体幼儿。

(2) 语言指导法

在音乐活动中,运用语言的方法包括讲解、说明、提问、提示、谈话等。适当地运用语言能帮助幼儿感受和理解音乐表演,教师在运用语言时,应力求精练、明确,将具体形象的语言和幼儿的生活经验相结合。

(3) 多通道参与法

教师要调动幼儿的多种感官协同参与,以更好地丰富和强化幼儿对音乐的感受和理解,体验并享受音乐艺术的美。

(4) 练习法

掌握音乐技能技巧离不开系统的练习。练习时,教师要明确要求,突出练习重点,积极提高幼儿练习的兴趣和主动性,注意循序渐进。

(三) 幼儿艺术教育活动过程设计的步骤

1. 美术教育活动过程设计的步骤与指导

幼儿园美术教育活动中的绘画活动和手工活动的设计一般分为:活动准备、创作引导、创作辅导、作品评价和活动延伸。

(1) 活动准备

本阶段主要通过了解、分析幼儿的实际发展水平,对活动目标和内容进行分析理解,准备绘画材料与工具,帮助幼儿积累相关经验,制订活动方案。

(2) 创作引导

本阶段可以分为三个步骤:首先,导入活动,通过直观化、游戏化、形象化的形式,教师引导幼儿提取或获得与本次绘画活动相关的经验;其次,通过讲解、谈话、讨论、示范等方法,教师引导幼儿学习本次活动的重点和难点;最后,教师交代作品创作的具体要求,包括绘画的程序、绘画各项技能的要求以及创作习惯的规范等。

(3) 创作辅导

本阶段以幼儿创作为主,教师主要辅导幼儿的创作活动。主要包括辅导幼儿的构思、造型、使用色彩以及构图等。

(4) 作品评价

本阶段主要开展对幼儿作品的评价,可以通过教师的评价、幼儿之间的互评以及幼儿自评对幼儿的创作活动进行总结和评价。

(5) 活动延伸

幼儿美术教育活动的延伸主要围绕活动的主题和目标,在集体活动结束后,开展一系列相关的活动来巩固幼儿初学的新经验、新技能，丰富日常美术活动的内容。

幼儿园美术教育活动过程设计时需注意以下几点。

① 做好物质上的准备。

② 做好相关知识经验的准备。

③ 明确活动目标，理解欣赏内容。

④ 采用多种方法、手段进行欣赏。

⑤ 注重启发引导，欣赏要循序渐进。

2. 幼儿园音乐教育活动过程设计的步骤

幼儿园音乐教育活动的过程一般分为“三段式”结构和“单段式”结构。

(1)“三段式”结构

“三段式”结构，即把音乐活动分为开始部分、基本部分和结束部分。开始部分一般是复习幼儿已经学习过的歌曲、律动、舞蹈动作、音乐游戏，引入新的学习内容；基本部分主要学习新的作品或技能；结束部分是对于本次活动的小结和复习。

(2)“单段式”结构

“单段式”结构，即没有明显三部分的划分界限，而是围绕基本部分中新授的内容来组织安排活动结构。活动开始以与新活动内容有联系的幼儿经验作为导入，再通过分层次、递进式进入新作品的感受和学习中，活动最后则注重使幼儿享受和体验到新活动带来的愉快和舒适。

无论幼儿园音乐教育活动采用哪种结构形式，都应注意组成活动的各部分、各环节是否能充分发挥其内部的结构功能，要考虑活动必须顺应幼儿生理、心理机能活动变化的规律，尽量对幼儿的生理心理产生最佳的综合性影响效应。

幼儿园各类音乐教育活动过程如表 7-6 所示。

表 7-6 幼儿园各类音乐教育活动过程

<table>
<tr><th>活动类型</th><th>实施步骤</th><th>具体内容</th></tr>
<tr><td rowspan="5">歌唱活动</td><td>导入新歌</td><td>通过提问、讲故事或者角色扮演、实物观察等方式引入新歌</td></tr>
<tr><td>教师示范演唱</td><td>唱的过程中，教师要注意用正确的歌唱技巧，怀着对歌曲的真挚感情来演唱，使幼儿受到音乐艺术的感染</td></tr>
<tr><td>围绕新歌展开教学活动</td><td>引导幼儿理解歌词，掌握歌词（填充提问法、逻辑提问法、直观教具提示法、节奏朗诵法等），通过各种方式让幼儿熟悉旋律，运用整体教唱法或分句教唱法让幼儿学唱</td></tr>
<tr><td>表演演唱</td><td>在学会唱新歌的基础上，采取边唱边表演边伴奏等多种形式来巩固所学新歌曲</td></tr>
<tr><td>创造性演唱</td><td>通过创编动作、创编歌词、创编伴奏、创编丰富的演唱形式来进行</td></tr>
<tr><td>韵律活动</td><td colspan="2">在学习韵律活动的动作之前，教师应让幼儿反复听音乐，充分感受，正确理解，为学习动作打下良好的基础。教师应安排听音乐伴奏的时间，除了让幼儿听，还可以适当运用下列各种辅助方法，帮助幼儿感受和理解音乐</td></tr>
</table>

续表

活动类型	实施步骤	具体内容
韵律活动	介绍动作内容	教师从介绍动作入手进行教学，能帮助幼儿更好地感受音乐的性质和内容。如兔跳的动作表现音乐活泼、跳跃、轻快的性质
	介绍韵律活动的情节	在让幼儿感受音乐游戏和舞蹈的音乐时，教师可以通过介绍角色、情节发展的情况，帮助幼儿感受作品不同乐段的不同情绪，以及乐曲的结构段落、力度、速度、旋律进行等方面的变化
	教师动作示范	帮助幼儿记住音乐特点的作用
	在练习动作时，注意让幼儿欣赏音乐	在韵律活动中，音乐是动作的依据和指令，动作要根据音乐进行。教师应要求幼儿认真、仔细地听音乐，而不能一味强调动作的准确性，忽视与音乐的结合
打击乐演奏	幼儿欣赏、熟悉音乐	熟悉音乐，感受音乐的性质、力度、速度等
	练习整体的身体动作	为了便于幼儿充分感受音乐的节奏感，较快地掌握各种打击乐器的演奏方法，教师可以给每种乐器编上相应的身体动作，如拍手、拍腿、拍肩、拍膝盖、碰手指、跺脚等
	幼儿拿乐器整体演奏练习	开始练习时，演奏的速度可稍慢，由教师指挥。指挥除手的动作之外，眼神和面部表情也帮助一同指挥。在幼儿掌握后，可以请能力强的幼儿担任指挥。持相同乐器的幼儿应集中坐在一起，高音乐器一般排在前面，中音、低音乐器依次向后。当大部分幼儿基本掌握演奏方法之后，应让他们轮换敲击不同的打击乐器，这样有助于幼儿更好地认识各种乐器，学习不同的演奏方法，发展其相互协调的能力
音乐欣赏	介绍作品，提出要求	欣赏音乐之前，教师借助简短、生动的谈话，或念诗歌、讲故事、看图片等形式，向幼儿介绍作品的名称、主要内容和特点，使幼儿获得一个初步的、完整的印象
	幼儿欣赏音乐作品	第一次欣赏音乐作品，让幼儿完整欣赏全曲，使他们对作品有初步的完整印象； 第二次欣赏音乐作品，可以分段听，让幼儿注意其中的变化
	教师运用语言帮助幼儿深入欣赏作品	在听音乐后，教师还可以通过提一些问题让幼儿谈谈对作品的印象和感受，提问应紧密围绕以教学目的，结合作品内容，建立在幼儿已有的知识和生活经验的基础上，使幼儿有可能运用已有的印象和知识，思考和理解作品的内容、性质和变化
	重复深入地欣赏	要求幼儿在掌握音乐作品的主要内容和情绪性质的同时，感受和理解音乐表现手段的表情作用，比较完整、全面地感知音乐作品，并记忆、识别音乐作品的主要音调

各领域活动过程的设计步骤要清晰，注意突出幼儿的主体地位，每类教育活动都没有固定的设计模式，应从有利于更好地完成课程任务出发，根据影响课程结构的各种因素，以及教师本身的特点灵活变化。

第四节　教育教学反思的技能

美国学者布鲁克菲尔德指出:"优秀的教学荣誉应该赠予那些教师——他们坦诚地看待自己的失败和错误,并表明自己如何从失败和错误中吸取教训。"教育教学反思,是指教师对教育教学实践的再认识、再思考,并以此来总结经验教训,进一步提高教育教学水平。

美国学者波斯纳提出教师成长的公式:成长＝经验＋反思。没有经过反思的经验是狭隘的经验、是肤浅的知识。教学反思是教研活动的一种重要方式,它是执教者在组织完教育活动后,对自己所组织的教育活动的效果给予评价和定位,它包括活动前的反思、活动中的反思和活动后的反思。教学反思并不需要对每一环节都反思,它要求反思本活动中有哪些有价值的部分,反思本活动中有哪些需要调整的地方,反思有哪些创新的举措——努力对本次活动的亮点部分着重阐述;另外,还要反思本活动中做得不足的地方。

教学反思可以从以下几方面进行。

(1) 活动内容的选择。

- 活动内容是否适宜?
- 是否适合幼儿年龄特点和实际发展水平与需要?
- 所选择的教育内容,是否建立在幼儿已有的知识水平和生活经验之上?
- 是否符合幼儿的兴趣?

(2) 活动目标的确定。

为什么确定这样的目标?目标是否适当?是否达成?

(3) 活动情境的创设。

创设怎样的情境?为什么这样创设,收到了什么成效?

(4) 活动过程的设计。

各个环境思路衔接如何?为什么这样设计?

(5) 教学方法的选择。

活动中都采用了什么教学方法?为什么要采用这些方法?

(6) 教学策略的使用。

采用了哪些教学策略?为什么采用这些策略?解决了幼儿学习中的什么困难?

(7) 资源选择。

教具和学具的提供是否科学合理?对幼儿的学习是否最大限度地发挥了其作用?

(8) 幼儿的学习兴趣。

如何调动幼儿的学习兴趣?为什么这样调动幼儿的学习兴趣?

(9) 原活动方案做了哪些改变?改变的理由是什么?效果如何?

(10) 本活动中存在哪些不足的地方?原因是什么?

第八章 试讲的策略与注意事项

第一节 试讲的策略

一、观察策略

观察策略主要体现在有生试讲过程中，是教师对幼儿的认知、技能和情感方面的变化进行有目的的观察，获取有效信息，以便有效地调控教学活动，进而有效地促进幼儿发展的行为。观察策略的掌握有助于了解幼儿的即时状态，有利于对试讲进行及时有效的调控，进而提高试讲效果。

活动开始时的观察：观察幼儿在活动开始时的兴趣点和注意点。

活动进行中的观察：观察幼儿在活动进行中的主体性和互动性的情况。

活动结束中的观察：观察幼儿在整个活动结束中的情绪反应，是否愿意发表自己的意见，是否愿意交流和分享等。

二、提问策略

提问是指教师运用语言与幼儿进行互动的一种最基本也最常见的教学方法和策略。教师应当根据教育活动的实际情况（尤其是在有生试讲中），灵活调整提问的方式及内容，在层层深入的问题情境中不断启发幼儿，推动活动不断向前发展。即使在无生试讲中也可以通过提问，实现师生互动交流，营造出真实课堂的情境。

（一）提出问题的特征

1. 提出的问题要符合幼儿年龄特性

幼儿是一个非常特殊的群体，因其知识结构及思考能力的多

种原因限制，他们不可能对一个问题有多方面、深层次的思考，不能很好地把握问题的内涵，因此教师的提问要符合幼儿的年龄特性，问题的难度要适宜，提出的问题使幼儿能够接受，在幼儿理解内容的基础上进行教学。

2. 问题的表述要明确，不能产生疑义

在教学过程中，教师提问应具体明确，以便幼儿回答。因为幼儿经验少，对许多概念还不是很明确，提模糊不清的问题，容易对幼儿产生误导，发生不必要的错误，浪费时间，耽误教学目标的完成。

3. 提出的问题要有系统性，不能杂乱无章

教师在活动中可以根据具体的目的，合理地安排问题的难易次序，一般以认知性问题在前，理解性问题次之，创造性问题最后。这样，既体现了活动中教师由浅入深地引导，又为幼儿积极主动地、创造性地学习提供了"脚手架"。

4. 提问要突出重、难点，不能一概而论

教师在教学中，要认真分析考虑应如何设计问题来突出重、难点。教学重点是指幼儿应该掌握的内容，因此围绕教学重点要设计反复提问，使幼儿理解和掌握重点，从而保持思维的条理性、连续性和稳定性。至于教学难点是指幼儿学习掌握有困难的内容，教师应该更加耐心地提问引导，让幼儿慢慢理解掌握所学内容。

（二）注意选择合适的提问方式

依据提问引发幼儿的思维方向，可将提问分为以下六种方式。

1. 描述性提问，即让幼儿细致地观察并描述事物

例如，在出示大象的图片后可以向幼儿提问："大象的鼻子长成什么样?"然后让幼儿来描述大象的鼻子。

2. 比较性提问，即启发幼儿比较事物的异同

例如，在出示狮子和老虎的图片后可以向幼儿提问："狮子和老虎有什么不同?"这样能让幼儿开启心智，仔细观察两种动物。

3. 分类型提问，即启发和训练幼儿运用概念进行思维的提问

例如，可以给幼儿出示一些典型动物的图片，让幼儿观察，然后提问："说说在这些动物中哪些可以飞？哪些会在水里游泳？哪些只能在地面上生活?"这样提问能让幼儿学会区分事物、认识事物。

4. 假设性提问，即启发幼儿想象的提问

例如，在让幼儿看完一段遵守交通规则的录像后，可以这样提问："如果录像里的小朋友不遵守交通规则，将会发生什么?"这种类型的提问，可以培养和发展的幼儿的想象能力和思维能力。

5. 选择性提问，即对几种结论进行取舍的提问

例如，给幼儿看两个情境片段(一个讲卫生的幼儿和一个不讲卫生的幼儿)，然后提问："你认为他们谁是讲卫生的孩子?"这种方式提问可以让幼儿学会对比选择，提高幼儿

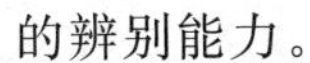

的辨别能力。

6. 反问提问,指对幼儿在观察、感知过程中初步得出的判断进行反问

例如,在幼儿看图说话活动中,让幼儿观察一幅图然后猜猜哪个是兔妈妈,等幼儿回答后可以用反问法提问:“你怎么知道这个是兔妈妈的?”这种提问,可以促使幼儿进一步精确、仔细地观察从而形成正确结论。

(三)注意运用问题提出的多种方法

(1)问答法:教师提出问题,请幼儿一一对答。

(2)补充法:一个幼儿回答教师提出问题后,其他幼儿可以补充。

(3)抢答法:教师提出问题后,要求全体幼儿抢答。

(4)设疑法:活动中教师有意识地为幼儿设置一些必要的疑难问题,以集中幼儿注意,激发、引导其积极思考。

(5)讨论法:当教师向幼儿提出问题时,让幼儿进行分组讨论,可选派代表发言,其他幼儿可以补充。

(四)提问的主要形式

(1)提出问题点名答。

(2)提出问题大家答。

(3)提出问题自己答。

(4)提出问题暂不答。

(五)提问的策略

(1)根据幼儿的认知水平、身心特点拟定学习任务、设计各种问题。无生试讲中教师还应预设幼儿的答案,体现现场感。

(2)无生试讲中,教师指定幼儿时应多用处所词,如“坐在边上的小男生”“胖墩墩的小男生”“举手最高的这位小女孩”“你手举最快,你来说”“穿花裙子的小女生”“绑两个小辫子的女孩”等,处所词彰显了空间感,言之凿凿地指出幼儿的所在,也让人仿佛置身真实课堂。尤其是在教师招聘考试或教师资格证面试时尽量避免出现幼儿的名字。

(3)无生试讲中,教师指定虚拟的幼儿个别发言时,手势应指向“心中幼儿”的所在,若配以投去的目光,则更有助于营造恍若现场的感觉。

(4)注意提问手势。

(六)提问的注意事项

(1)面向全体幼儿,注重个别差异。

(2)提问态度要亲切。

(3)提问后要有评价和反馈(参见评价策略)。

三、评价策略

新课程理念下的教学评价，要注重每个幼儿的独特感受，以激励为主，捕捉幼儿身上的闪光点，并及时给予肯定和表扬，通过每一个教学环节让幼儿感受到教师和同伴的关注。

试讲中常用如下评价。

（一）幼儿提出问题后的评价

（1）这个问题值得大家来思考。

（2）你提的问题，老师还没想到呢，真了不起！

（3）你提的问题正是我们现在需要解决的重要问题，你提得很准。

……

（二）幼儿发言后的评价

（1）通过你的发言，老师觉得你不仅认真听，而且积极动脑思考了，很棒呦！（跷起大拇指）

（2）（即兴鼓掌）你的发言得到了小朋友们的认可！（跷起大拇指）

（3）你的声音真好听，要是声音再大一点，你的回答一定会更棒！

（4）你的小脑筋动得真快，声音又那么响亮。（跷起大拇指）

（5）你是个爱动脑的好孩子，掌声送给你。（鼓掌）

（6）回答错了不要紧，重要的是你已经举起了手。

（7）你真细心，其他小朋友也要向他学习！

（8）你说得特别清楚，让大家一听就懂！

（9）你真像个小老师，说得头头是道。

（10）你的想法很独特，真了不起。

（11）你很勇敢，第一个举起手来。

（12）你真聪明，老师很喜欢你！

（13）你真棒，说得真清楚！

（14）你观察的真仔细呀！

……

（三）鼓励性的评价

（1）大胆些，当你举起小手时，你已经很了不起，如果能大声地说出你的想法，那就更了不起。

（2）你今天说话声音很响亮，如果能说得再简洁一些就更好了。

（3）如果你能把这个想法说得连贯些，那就更好了。

（4）你的想法很独特，我们一起来试试。

(5) 能经常看到你高高举起的小手吗?

……

(四) 否定性的评价

(1) 你的勇气,我很佩服! 如果在发言前,多问几个为什么,或多想几个方案,那就更好了。

(2) 学会倾听同学的发言是一种品质,养成这种品质你将会受益终身。

(3) 老师发现你很聪明,如果你认真听,你一定是班里最棒的!

(4) 你已经离成功很近了,再坐下想想好吗?

(5) 噢,这个问题你再考虑一下。

……

(五) 小组合作时的评价

(1) 你们小组真棒!

(2) 这个小组合作得很好。

(3) 你们都在积极参与了,真棒!

(4) 你们小组的同学很有责任感,能大胆地说出自己的想法。

(5) 你们小组的想法很独特,别的小组没想到的方法,你们小组却想到了。

……

(六) 动手操作后的评价

(1) 你真是个爱动脑筋的孩子,能做出这么有新意的东西。

(2) 你制作的图形既准确又美观,老师真的很佩服你。

(3) 你在动手操作或××时态度非常认真。

……

四、结束策略

结束环节是一个完整的教育教学活动必不可少的有机组成部分,一个好的结束应该是下一个活动的开始。因此,精心设计一个适宜而有效的结束方式是很有必要的。

(一) 结束部分设计的基本要求

1. 交替性

活动状态的动静交替和活动场所的室内变换等。若活动过程的主体部分是在"静"的状态中进行的,则在结束部分的设计可适当结合"动"的形式;若活动过程的主体部分是在室内进行的,则在结束部分的设计上可适当采用户外活动的形式等。例如,语言活动中通常是"先静后动",即活动过程前面大多偏向"静"的学习状态——对故事或儿歌等内容的理解及情感的把握;结束部分一般采用偏向"动"的学习方式——让幼儿分角色表演、创编儿歌动作等。

2. 整合性

整合性就是将构成课程的各个要素及有内在联系的不同领域内容有机地联系起来。整合教育是新课程改革的趋势，主要着眼于五大领域，以儿童发展为本，目的是激发幼儿主动学习，促进幼儿德、智、体、美的全面发展。例如，绘画活动中，可以要求幼儿用比较连续完整的语言，向同伴讲述自己作品的形式，结束该活动。

3. 适宜性

教师在结束部分的设计上，应考虑到具体的活动内容性质的不同及年龄班差异等因素，选择与之相匹配的结束方式。例如，美术活动一般以讲评作品方式结束，数学活动以练习法、操作法、游戏法等方式结束，文学作品学习活动常以表演方式结束等。结束部分也存在明显的年龄班差异。例如，在诗歌活动中，小班常以小结的方式结束，中、大班常以表演或仿编等方式结束。

（二）结束部分设计的基本方法

1. 游戏法

幼儿天生喜欢游戏，在游戏中易兴奋，易掌握所学的内容，特别是一些旨在让幼儿巩固假设或是迁移所学内容的教学活动的结束部分。在试讲中凸显出活动形式多样化和具有趣味性。例如，小班“认识图形”数学活动中是在“送图形宝宝回家”的愉快游戏中结束本次活动。

2. 表演法

为使幼儿对整个活动内容有更深层次的理解体验与感受，常用表演的方式来结束活动。这种结束方式常见于幼儿艺术学习活动(音乐、美术及幼儿文学作品学习)。例如，音乐活动中，根据歌曲师幼一起创编动作，边唱边跳。

3. 小结法

为了使幼儿对整个活动所涉及的应该掌握的知识或技能有较完整的清楚的认识，通常采用小结的方式结束活动。例如，科学活动中的小班观察活动“认识鱼宝宝”，教师最后以师幼小结的方式和幼儿一起探讨小鱼的主要外形特征和生活习性来结束活动。

4. 自然法

自然法是在活动过程进行中，直接以简短的语言作简单的交代来结束该活动。例如，音乐活动中的歌唱活动，要求幼儿把音乐材料放到操作区；也可以交代幼儿回家后将所学的歌曲唱给爸爸妈妈听；还可以采用在自由活动等时间，继续去表演区演唱的方式结束本次活动。

第二节　试讲的注意事项

为了促进教师个体的专业成长，帮助应聘者在面试环节脱颖而出，执教者在试讲中需注意以下几点。

一、清新雅致的着装

在试讲活动中，穿着打扮尽量不要标新立异(忌过露、过透、过紧或穿吊带、低胸、露脐装等，忌披发、化浓妆、穿拖鞋、留过长的指甲、涂抹指甲油，忌佩戴过多饰品、喷浓味香水等)，要么自然简洁，要么端庄典雅，尽量彰显幼儿教师阳光、朝气、活力的职业特征。

二、坦然亲切的目光

教师在试讲中，应面带真诚的微笑并且尽量和每一位评委进行眼神交流。可以和面带微笑的评委多交流，和表情严肃的评委少交流，这样既有利于自己的增长发挥，也能很好地尊重评委。试讲过程中，与幼儿交谈时最好蹲下来与幼儿目光平视，也让试讲更具现场感，更具感染力。距离评委的位置要适中，尽量找到和评委能够正常交流的位置。因为，太远会影响和评委的交流，太近又不利于试讲的正常发挥。做到镇定自然，目光和蔼亲切。

三、自然大方的表情

试讲环节中教师应根据教学内容进行适当的表情辅助，或开心，或难过，或吃惊，或害怕等。如果试讲中不小心说错了，尽量不要出现吐舌头、皱眉头等，可以巧妙机智地应对，如将错误的问题变成向幼儿抛出的问题，教师问幼儿："老师刚刚说得对吗?"

四、适宜的肢体动作

适宜的肢体动作，不仅可以缓解执教者紧张的心理，还能释放出表达的热情，使得教学声情并茂，动静交替。在教学过程中要避免肢体语言矫揉造作，应做到潇洒大方、自然得体，但也需因人而异，扬长避短，尽量与试讲内容浑然一体，达到最佳的教学效果。在面试过程中有模拟教具或课件使用时，也应辅以相应的动作。

五、清晰的语言表达

通过试讲，可以检验教师的书面语言和口头语言的表达能力。试讲前教师的准备工作大多是运用书面语言，试讲时则是将书面语言口语化。试讲中教师要运用标准的普通话，吐词清晰，声音响亮，语速快慢适中，语调要抑扬顿挫。试讲中教师尽量实现语言的"儿童化"，使其符合幼儿的心理发展特点。

除此之外，教师还应具备良好的心理素质；广博的知识基础；精心设计的导入语、过渡语、总结语；独特的亮点展示；充满游戏性、趣味性的课堂情境……试讲中的问题还会有很多很多，期待每一个教师在且行且思的过程中不断完善与补充。

第九章
幼儿园活动设计案例

第一节　幼儿园健康领域活动设计

一、小班健康领域活动设计——《小熊过桥》

（一）设计意图

《指南》中强调指出："要培养幼儿对运动的兴趣，在自主活动的基础上，积累运动经验，体验运动乐趣。"在体育活动中，平衡能力的训练是个比较重要的项目。本活动引导幼儿扮演"小熊"学习过独木桥的本领，"小熊"需要过"独木桥"买食物，而且每次过"独木桥"买的食物都不一样，丰富的游戏情境激发了幼儿活动的兴趣。教师还以"游戏情境、儿歌帮助，探索尝试、集体讨论，再练习"为主要策略，以幼儿最感兴趣的游戏情境贯穿始终，让幼儿在玩的过程中愿意挑战，习得方法。

（二）活动目标

(1) 认知目标：学习在低矮的物体上平稳地走，发展平衡能力。

(2) 技能目标：在走平衡木的时候学习眼睛看前面，一步一步慢慢走。

(3) 情感目标：在教师的鼓励下，愿意参与平衡游戏。

（三）活动重点与难点

(1) 活动重点：在平衡木上行走保持身体平衡。

(2) 活动难点：尝试走过不同宽度和高度的平衡木。

（四）活动准备

(1) 经验准备：幼儿玩过走平衡木的游戏。

(2) 物质准备:空旷的场地、不同宽窄,高矮的平衡木各 4 块、大筐子 2 个(上面画有食物的标记)、小熊过桥儿歌、放松音乐。

(五) 活动过程

1. 热身活动,激发兴趣

教师:小熊宝宝们,和熊妈妈一起来做操锻炼身体吧。

幼儿和教师一起围成大圆,做头部、扩胸、摆臂、双手上举,弯腰、活动手腕、压腿运动,再跑一跑等,进行重点部位的专项热身。

2. 在游戏中,发展能力,体验快乐

师:小朋友们,刚刚我们扮演了什么动物呀?(幼儿回答)那接下来我们再来听一首关于小熊的儿歌,请小朋友们仔细听,儿歌里的小熊在干什么?一边听一边跟着老师一起做动作。

教师播放儿歌,引导幼儿边听边做动作。

师:儿歌听完了,谁能告诉老师你听到小熊要干什么?它为什么要过桥呢?

3. 创设"小熊过桥"的情境,鼓励幼儿大胆尝试

师:其实是因为寒冷的冬天快要来了,熊妈妈一家要准备冬眠了,可是家里的食物不够了,所以熊妈妈准备带宝宝们到对面的超市买过冬的食物。但是去超市的路上有一座小桥,小朋友们,你们觉得小熊能自己走过去吗?现在请所有小朋友来扮演熊宝宝,我们先练习一下。

(1) 教师介绍平衡木和游戏玩法:这边是老师事先摆好的平衡木,我们用它来代替小桥,小朋友们要从起点开始,一个接着一个走过平衡木,到达终点后拿一瓶甜甜的"蜂蜜",再从侧边绕回来,排到队伍的后面,循环练习。

(2) 师幼站成半圆,共同讨论:怎么走才不会从小桥上掉下来呢?

(3) 教师总结:过小桥的时候,眼睛看着前面,不东张西望。不推也不挤,和前面小朋友保持距离。不跑不跳,一步一步,慢慢走,可以把小手张开保持身体的平衡。

4. 创设"到超市买食物"的游戏情境,幼儿练习走平衡木,锻炼身体的平衡性

(1) 创设"熊宝宝过桥买蜂蜜"的游戏情境

师:现在,熊妈妈终于放心让你们去买些东西了!每个宝贝买一瓶蜂蜜,然后带回来记住了吗?

游戏玩法:幼儿分成两组,一个跟着一个从起点开始走过"小桥"(矮的平衡木),到终点的"超市"拿一瓶蜂蜜,然后从侧边绕回来放进装蜂蜜的筐子里。

师:这一次所有小朋友都成功把"蜂蜜"带回来了,老师看到刚刚小朋友在过平衡木的时候都比上一次有进步,走得很稳。

(2) 增加"熊宝宝过桥买苹果"的情节

师:熊宝宝们,光有蜂蜜好像还不够,我们还要再去买一些苹果回来。不过这次从山上滚下来几块大石头挡在了小桥前面,所以你们需要先踩过大石头,才能继续走过小桥到达超市,你们有信心走过去吗?

① 游戏玩法:幼儿分成两组,走过"大石头"和"小桥"(垫脚石和平衡木),到达终点去

商店里买苹果，然后从侧边绕回来放在装苹果的筐子里。

② 请一位幼儿示范过桥，教师引导其他幼儿观察她是怎么走的，走的过程中要注意哪些要点。

幼儿在过垫脚石和平衡木的时候，教师及时鼓励幼儿，为幼儿加油！提醒幼儿眼睛要看脚下或前方，一步一步地踩稳了。

③ 师幼集中站成半圆，共同讨论：走在大石头和小桥上的时候害怕吗？这么高的小桥，你是怎么走过的啊？

5. 放松身心，感受快乐

师：今天我们买了很多蜂蜜和苹果，熊妈妈一家过冬的时候就不怕了。各位熊宝宝刚刚买东西辛苦了，现在让我们一起听着音乐放松放松、按摩按摩吧！

幼儿散点站在圈里，随音乐放松，捏捏手臂，捶捶双腿，伙伴之间相互捶背放松，调整呼吸，调节情绪。

（六）活动反思

《小熊过桥》是一首幼儿很熟悉且很喜欢的儿歌，小熊敢于走上摇摇晃晃的独木桥，对于幼儿来说，是一件值得赞赏、表扬的事情。借助儿歌内容，教师在活动中创设了“小熊过桥”的情境，鼓励幼儿练习如何调控自己的身体，让自己能在平衡木上走得稳、走得从容，激发幼儿内心深处想要完成任务的自豪感和成就感。教师还创设了“到超市买食物”的情境，让幼儿从单纯的练习转移到有情境的练习，调动了幼儿参与的积极性。幼儿在多次练习中努力调整自己的身体和眼睛的配合，调节自己走路的速度，努力保持一定的平衡性。

小班健康试讲《小熊过桥》

二、中班健康领域活动设计——《安全用药》

（一）设计意图

中班幼儿随着年龄的增长对周围事物充满了好奇，急于想去探索与体验，却往往忽视了自身的安全。春天温度较高，天气一会儿热，一会儿冷，很多幼儿感冒生病时需要吃药，有些幼儿看到小药箱里放着五颜六色形态不一的药品，很好奇，回家叫妈妈也往幼儿园给他带药，针对这一情况，我觉得有必要让幼儿了解一些药品的常识和吃药的安全，帮助幼儿建立正确的安全观念，提高幼儿自我安全保护意识。所以我设计了此次安全活动《安全用药》。

（二）活动目标

(1) 认知目标：认识几种常见的药品，并能对症下药。

(2) 技能目标：知道不同的病吃不同的药，不可以乱吃药。

(3) 情感目标：增强自我保护意识。

（三）活动准备

(1) 物质准备：创可贴、感冒药、眼药水等图片、PPT 课件、实物创可贴、999 感冒灵颗

粒、眼药水。

(2) 经验准备:在生活中见过常见的药品。

(四) 活动流程

1. 导入部分

(1) 通过故事导入,引起幼儿的兴趣

“大森林里的小熊生病了,肚子疼得厉害,于是它到森林小医院想找小狗医生看一看,可是小狗医生去给小鹿输液了,没在家,请小猴子给它看门。小猴子看着小熊难受的样子,便从药柜里拿了一盒药,说上次我感冒时小狗医生就是给我吃这种药,病就好了,现在你把这个药吃下去,肚子就会舒服的。”

师:小熊能吃这种药吗?

幼:不能,因为吃药必须让大人看着。

幼:因为小猴子是感冒,小熊是肚子不舒服,吃下去会中毒的。

(2) 教师总结

药的用途不同,症状不同,不能随便吃药。一种药不能解决所有的病情。

2. 展开部分

(1) 通过提问的方式,调动幼儿以往的生活经验

幼儿们有没有遇到过吃错药的情况呢?

师:你自己在家生病了能随便找药吃吗?

生病了应该怎么做?

小结:药物种类很多,每一种药都有不同的用法来治疗不同的病情。

(2) 认识几种常见的药品,并对症下药

师:小朋友在生活中都见过哪些药品呢?

分别出示创可贴、感冒药、眼药水并提问:你们知道这是什么吗? 这个又有什么作用呢?

(3) 幼儿共同讨论生病吃药时需要注意什么

小结:吃药时要有大人帮助,幼儿不能自己随便拿药吃。观看图片,帮助幼儿丰富有关的经验。

教师出示关于药品的是非图片,幼儿以举手表示“对”“错”。例如,咳嗽应该吃退烧药,眼药水可以消除疲劳。只要生病都可以吃药。

3. 结束部分

师幼共同总结,教师根据幼儿的回答做总结:不同的病会有不同的治疗方法,如果生病乱吃药,病会越来越严重,如果没病吃药,反而会生病。最好的方法是对症下药,生什么病吃什么药。要是不知道生什么病,应该到医院找医生看。

(五) 活动延伸

情境表演《小医院》。现在一起到我们班“爱心小医院”请小朋友们分别来扮演医生和

病人，看小医生开的药对不对，看谁能当个合格的小医生。

（六）活动反思

幼儿生活在家庭、幼儿园和社会环境之中，意外事故的发生常常是不可避免的，《安全用药》这个活动结束后，我觉得我们中班的幼儿对生病时该怎么办，他们的脑子里都是很清楚的，幼儿们都会说，要吃药，看医生，打针，打点滴等。但生病时，怎样安全用药，这个意识还是不强。所以，通过这个活动，我觉得在以后的有关安全主题的活动中，或者在平常的谈话中，应该让幼儿们懂得一些基本的安全知识，以此来提高幼儿判断事物的能力。这样能更好地增强他们自我保护的意识，同时丰富已有的经验。

中班健康试讲《安全用药》

三、大班体育活动设计——《大鞋小脚》

（一）设计意图

幼儿对成人的大鞋很感兴趣，很多幼儿在家都有穿爸爸妈妈的大鞋踢踏踢踏的经历。但对于两人同时穿一双大鞋一起走路会怎么样？幼儿很想亲身体验一下，因此我们设计了走大鞋这一活动。

（二）活动目标

（1）初步尝试两人合作向前移走“大鞋”，发展幼儿肢体平衡能力，培养团结协作的精神。

（2）自由选择同伴进行小组循环的“大鞋小脚”游戏，体验合作的乐趣。

（三）活动重点与难点

尝试两人合作向前移走“大鞋”。

（四）活动准备

牛奶箱粘贴的“大鞋”若干，大鞋上分别标有数字1、2。

（五）活动过程

1. 导入部分

（1）热身活动：音乐律动“兔子舞”。

（2）“左一右二”游戏：幼儿自由组队，两人一组，前后排队。教师说“一”，每组幼儿左脚向前一步；教师说“二”，每组幼儿右脚向前一步。如此反复游戏。

2. 基本部分

（1）教师介绍本次活动“大鞋”的玩法，请幼儿自由尝试

① 幼儿两人一组，自由组合，各选择一个分别标有1、2的“大鞋”进行尝试。

② 教师全场巡视，观察幼儿在尝试过程中出现的问题，例如，两人迈步不协调，步速

不一致等，并引导幼儿积极探索。

(2) 幼儿集合讨论

① 请尝试过程中步伐协调的一组幼儿现场演示并分享经验。

② 师幼共同总结“走大鞋”的好方法，即动作要领：后一名幼儿扶着前一名幼儿的肩膀；走的时候先出“数字 1”的鞋，再出有“数字 2”的鞋，两人同时喊“1、2，1、2，…”的口号。这样就不会摔倒，两人才能协调一致地向前走。

(3) 第二次自由尝试“走大鞋”

① 在《甩葱歌》乐声的伴奏下，幼儿再次尝试走“大鞋”。

② 教师进行个别指导与帮助。

③ 鼓励合作“走大鞋”成功的幼儿进行创新。

(4) “大鞋小脚”游戏

游戏玩法：幼儿两人一组，全班分成两组，两组同一起点，每组第一对到达终点线后，第二队出发，哪组用时最短到达终点线，哪组获胜。

最后，教师引导幼儿分享交流获胜原因。

3. 结束部分

奖励获胜的小组，鼓励输了的小组。收拾整理器械。

（六）活动反思

“大鞋小脚”是大班的一节体育活动，活动重点是尝试两人合作向前移走“大鞋”，以此发展幼儿肢体平衡能力，培养团结协作的精神。本次活动从“左一右二”的游戏开始，让幼儿在“左一右二”的游戏中体验团结协作的合作精神。在之后的第一次自由尝试中，大部分幼儿能配合走大鞋，还需要进一步练习。因此，教师在发现这一问题后，马上组织幼儿讨论学习“怎样走大鞋?”让合作较好的幼儿分享经验，这样让所有幼儿都学到成功的经验，为后面的游戏“大鞋小脚”做好前期的准备工作。但在自由尝试阶段给予幼儿自由尝试练习的时间不够，造成部分幼儿默契度不够，在之后的游戏中出现了失误。在之后的游戏活动中要给予幼儿足够的尝试时间。在整个活动设计中，我遵循大班幼儿的生理及心理发展特点，使各个环节逐级深入，环环相扣，激发了幼儿自主探索的兴趣。在本次体育活动中，幼儿走得很认真，玩得很开心。游戏提高了幼儿的平衡能力，使幼儿体会到了合作运动的愉悦，也增进了他们之间的感情。

大班健康试讲
《大鞋小脚》

第二节　幼儿园语言领域活动设计

一、小班语言领域活动设计——《小刺猬摘果子》

（一）设计意图

《指南》中强调：“语言是交流和思维的工具，幼儿期是语言发展，特别是口语发展的重要时期……,应为幼儿创设自由、宽松的语言交流环境,鼓励和支持幼儿与成人、同伴交流。让幼儿想说、敢说、喜欢说并能得到积极的回应。”我班幼儿入园初期,分离焦虑比较严重,原因之一是当他们遇到困难时不知道如何寻求帮助,常常用哭的方式来表达自己的需求。结合《指南》精神与本班幼儿的发展需求,我选择了讲述朋友互助的小故事《小刺猬摘果子》,故事情节简单易懂,画面简洁易理解,适合小班幼儿阅读。

(二) 活动目标

(1) 认知目标:理解小刺猬从“想摘果子”到“摘到果子”的故事情节。

(2) 技能目标:能在教师的引导下讲述故事主要内容,知道需要别人帮助的时候,用“××,你能帮我……”的句子表达。

(3) 情感目标:愿意与老师、小伙伴一起表演故事小片段,体验表演的乐趣。

(三) 活动重点与难点

(1) 活动重点:理解小刺猬从“想摘果子”到“摘到果子”的故事情节。

(2) 活动难点:学习用“××,你能帮我……”的句子表达自己的需求。

(四) 活动准备

(1) 物质准备:课件 PPT、故事主要情节的三张图片。

(2) 经验准备:手指游戏《小刺猬》。

(五) 活动过程

1. 手指游戏《小刺猬》,激趣导入

师:小刺猬,胆子大,见到老虎不害怕,弯腰变成一团刺,老虎拿它没办法。

2. 集体阅读,想象表达

(1) 阅读图 9-1～图 9-3

图 9-1

图 9-2

师:刚才我们玩的手指游戏里面有只小动物是谁?你们在哪里见过小刺猬?我们来看看小刺猬会发生什么样的故事?

师:在天气晴朗的一天,小刺猬在森林玩,接着它发现了什么?猜猜它会做什么?

图 9-3

小结：小刺猬的肚子好饿好饿，它好想摘个又大又红的苹果尝一尝。

(2) 阅读图 9-4～图 9-5

图 9-4

图 9-5

师：它摘到苹果了吗？为什么没有摘到？

师：有什么办法能帮小刺猬摘到果子？(幼儿发挥想象，为小刺猬想办法)

小结：小朋友们思考得很仔细，想了好多办法来帮助小刺猬，小刺猬也有一个好主意，我们接着往下看。

(3) 阅读图 9-6～图 9-7

图 9-6

图 9-7

师：小刺猬想到了什么办法？

师：要请别人帮忙，小刺猬会怎样对小猴说呢？

师：小猴会帮助小刺猬吗？

小结：小刺猬请小猴帮忙，说："小猴，你能帮助我吗？"小猴喜欢有礼貌的小刺猬，在小刺猬遇到困难的时候帮助了它。

(4) 阅读图 9-8

图 9-8

师：最后，小猴和小刺猬一起分享吃苹果，从此之后，他们也成了好朋友，瞧，他们吃得多开心呀！

3. 出示三张图片，复述故事内容

(1) 给故事取名字，并出示第一张图片

师：老师的故事讲完了，你们觉得好听吗？我们给故事取一个好听的名字吧！

(2) 复述故事的主要情节，并出示第二张和第三张图片

师：你们还记得小刺猬摘不到果子的时候，它想了一个什么办法吗？小刺猬对小猴说了什么？并请幼儿扮演对话。

师：摘到苹果以后小刺猬和小猴在干什么呀？

(3) 幼儿在教师引导下讲述故事

师：哪位小朋友想看着这三张图片给大家讲一讲《小刺猬摘果子》的故事？

4. 联系生活，迁移经验

师：小朋友们在幼儿园遇到过什么困难？可以怎么办呢？我们应该怎么说？

(教师列举几项日常观察中，幼儿常见的困难情境，让幼儿学习使用"××，你能帮我……"的句子)

5. 结束活动

总结：今天我们听了一个故事，故事的名字叫作什么呀？当小刺猬摘不到果子的时候是怎样对小猴说的？在生活中我们会遇到各种各样的困难，当需要别人帮忙的时候我们要向小刺猬学习，可以说："你能帮助我吗？"当别人有困难的时候，我们也应该向小猴一样，主动帮助别人。有礼貌，乐于助人的小朋友才会交到更多的好朋友噢！

(六) 活动延伸

户外体育活动《小刺猬摘果子》。

小刺猬摘果子

草地上有一棵苹果树，小刺猬站在树下数苹果，一个、两个、三个……小刺猬真想摘一只大苹果，可是树好高啊！怎么办呢？

哈！小刺猬有主意了。去找小猴帮忙吧！“小猴，你能帮我摘果子吗？”“好啊，我愿意！”

好朋友一起摘果子，一个、两个、三个……

大家一起吃苹果吧，苹果真甜！

（七）教学反思

《小刺猬摘果子》讲述的是小动物之间互助的故事，小班上学期的幼儿，处在阅读的初级阶段，他们观察画面通常是无序且跳跃的，对细节缺乏把握。所以在活动中我利用多媒体形式来呈现画面，在原有内容的基础上增加动态画面。这一改变增加幼儿阅读的兴趣，同时帮助幼儿注意画面中的细节，培养幼儿仔细阅读的习惯。在活动中，我注重提问对幼儿的启发，引导幼儿想说；创设宽松的阅读氛围，让幼儿敢说；在幼儿表达出现困难时帮助幼儿构建完整语句，促进幼儿会说。根据幼儿的实际情况，我将他们在日常生活中遇到的困难融入活动中，让幼儿通过对小刺猬求助的理解，总结出求助经验，并将求助经验运用到自己的生活当中，解决自己在生活当中遇到的困难。这让幼儿在阅读过程中不仅体验到了阅读的乐趣，同时获得了求助经验。从活动形式来看，幼儿坐着听和说的时间居多，如果能再设计一些调动幼儿多感官参与的环节，让活动呈现动静交替的状态就更好了。

小班语言试讲《小刺猬摘果子》

二、中班看图讲述活动设计——《大象救兔子》

（一）设计意图

看图讲述是中班常见的一种语言活动，可以锻炼幼儿的语言表达能力和逻辑组织能力，《大象救兔子》是一个以动物为线索，趣味性强的小故事，通过讲述故事，告诉幼儿当自己遇到危险时要及时寻找他人的帮助，朋友、同伴之间应该相互关心、相互帮助，要向大象伯伯学习，乐于帮助他人。

（二）活动目标

（1）认知目标：看懂图画，知道图片上的内容。

（2）技能目标：能根据画面说出图中的地点、人物、事件，尝试简单的描述人物间的对话，比如：“请你帮助一下我！”“我们一起玩吧！”等。

（3）情感目标：喜欢看图讲述活动，体验帮助别人的快乐情绪。

（三）活动重点与难点

活动重点：看懂图画，知道图片上的内容。

活动难点：能根据画面说出图中的地点、人物、事件，尝试简单的描述人物间的对话，比如："请你帮助一下我！""我们一起玩吧！"等。

（四）活动准备

（1）物质准备：PPT课件、魔法口袋、角色头饰。

（2）经验准备：幼儿能认真地倾听故事，会看图讲述故事以及在日常生活中有帮助他人的经历，并能根据故事内容联系自身生活经验。

（五）活动过程

1. 开始部分：魔法口袋导入，吸引幼儿注意力

（1）出示魔法口袋，依次邀请五位幼儿摸出魔法口袋中的动物图片并粘贴在黑板上。

（2）引导幼儿说出从魔法口袋中摸出来三只小兔子、一只老虎、一头大象。

（3）在它们之间发生了一件事情，到底发生了什么事呢？我们一起来看看吧。

2. 基本部分

（1）观察图片，讲述故事

① 出示图片，引导幼儿观察

（指着第一张图）老师：小朋友们，你们看故事发生在什么地方？图中有什么动物？三只兔子在干什么？

（第二张图）老师：图中又出现了谁，在干什么？老虎在追赶兔子的时候兔子会喊什么？

（第三张图）老师：哦！原来是大象伯伯来了，它伸出鼻子，翘起尾巴，就像一座桥，小兔子们就从这座桥上跑了过去，它们得救了。

播放第四张图片之前，组织幼儿猜想老虎最后的结局是什么？

② 教师小结

欺负别人是不对的，我们应该向大象伯伯学习，互相帮助，互相关心。

（2）幼儿尝试完整讲述故事

将幼儿分为四人一组进行讨论，鼓励幼儿尝试完整地讲述故事，讨论结束后再请2～3个幼儿进行展示。

（3）教师完整讲述故事

一天上午，天气晴朗，三只小兔子来到了森林里的小河边玩耍。正玩得开心的时候，一只大老虎悄悄地向小兔子们靠近，它露出锋利的爪子，张大嘴巴想吃掉小兔子们，小兔子们发现后撒腿就跑，一边跑一边喊："救命！救命！"这时候，在河里洗澡的大象伯伯看到小兔子们有危险，它连忙站在河的中央，先是伸长鼻子，接着又把尾巴高高翘起，立刻搭乘了一座桥。它对小兔子们说："快来！我帮你们过河。"于是小兔子们依次从大象伯伯的鼻子、背部、尾巴过了河，老虎怒冲冲地跑过来，大象伯伯用鼻子吸足了水朝着老虎喷了过去，一下就把老虎喷进了河里。小兔子们开心得又唱又跳，对大象伯伯说："大象伯伯，谢谢您！"大象伯伯说："不用谢，朋友之间应该互相帮助。"

(4) 幼儿角色表演

出示头饰盲盒，依次邀请五位幼儿上台抽取角色头饰，进行表演，教师和剩下的幼儿一起欣赏表演，表演结束后教师和幼儿一起点评。

(5) 教师总结

今天这个故事告诉我们，当自己遇到危险时要及时寻找他人的帮助，朋友、同伴之间应该相互关心、相互帮助，要向大象伯伯学习，乐于帮助他人。

3. 结束部分

幼儿结合生活经验，谈谈自己在生活中帮助他人的事情。

（六）活动延伸

将此次活动延伸至表演区，幼儿们可以在表演区活动中继续发挥想象，演出更精彩的故事。

中班语言试讲

《大象救兔子》

三、大班语言领域活动设计——《风在哪里》

（一）设计意图

《指南》指出，"幼儿的语言学习需要相应的社会经验支持，应通过多种活动扩展幼儿的生活经验，丰富语言的内容，增强理解和表达能力。"而《风在哪里》正来自于我们身边的自然事物，幼儿喜欢和风玩，喜欢随风奔跑，但大部分幼儿往往停留在其表象的观察，很少有人会停下来去感受风，去观察风吹过后的美好世界。《风在哪里》是一首朗朗上口的诗歌，重复的句式让幼儿更加便于记忆和理解。因此，值得我们去挖掘其内在的文学内涵，让幼儿感受文学语言的美，同时，通过仿编活动，还可以发展幼儿的语言表达能力和思维能力，进一步提高幼儿与同伴交流的能力。

（二）活动目标

(1) 认知目标：尝试使用形容词带入句型"……说，当……的时候，那是风在吹过"仿编一句完整诗歌。

(2) 技能目标：感受诗歌的意境美能用优美的声音朗诵诗歌，并用动作表现"风"。

(3) 情感目标：萌发热爱大自然的情感，能安静地倾听别人的发言积极思考，体验文学活动的乐趣。

（三）活动重点与难点

活动重点与难点：尝试使用形容词带入句型"……说，当……的时候，那是风在吹过"

仿编一句完整诗歌。

(四)活动准备

PPT、图片、音乐。

(五)活动过程

1. 导入部分:出示图片,谈话引出主题

教师引导幼儿观察画面,说说画面上有什么?师:听,是什么声音呀?(刮风了)刮风的时候,我们周围的事物有什么变化?我们除了能听到声音,还可以用什么办法知道呢?(启发幼儿可以用眼睛看,用身体感觉等)假如风吹过大树、草地、花园,它们会发生什么变化?今天,老师带来了一首诗歌,名字叫《风在哪里》,小朋友们仔细听,诗歌里说了什么?你听完有什么感觉?

2. 基本部分:学习诗歌

(1) 初步欣赏诗歌《风在哪里》,知道诗歌大概内容(听第一遍)

风在哪里?树儿说:"当我的枝叶翩翩起舞,那是风在吹过。"
风在哪里?花儿说:"当我的花朵频频点头,那是风在吹过。"
风在哪里?草儿说:"当我的身体轻轻晃动,那是风在吹过。"
风在哪里?风就在我们身边。
春天,它吹绿了大地;
夏天,它送来了凉爽;
秋天,它飘来了果香;
冬天,它带来了银装。

诗歌的名字叫什么?

你听到诗歌里说了什么?(树、花、草)你听完有什么感觉?(很舒服、很优美……)

教师小结:这首诗歌很优美,小朋友听得很认真,风吹过树儿、花儿、草儿的身上,它们都感觉到风来了。那它们是怎么说出感觉的呢?让我们一起来看一看、听一听诗歌里是怎么说的。

(2) 学习前三句诗歌,感受诗歌意境美

学习第一句。师:风在哪里?树儿说了什么?理解:"翩翩起舞"结合肢体动作表现。是谁让树儿的枝叶翩翩起舞的?

学习第二句。师:风在哪里?花儿说了什么?理解:"频频点头"结合肢体动作,是谁让花儿频频点头的?

学习第三句。师:风在哪里?草儿说了什么?理解:"轻轻晃动"结合肢体动作表现,是谁让草儿轻轻晃动的?

这三句中有哪些地方是一样的,哪些地方是不一样的?引导幼儿知道前句是以一问一答的形式出现的,并说出句式"当我……那是风在吹过"。

幼儿朗诵诗歌的前半部分,强调优美的词要用好听的声音表现。学习用语言描述风吹过时树儿、花儿、草儿的变化。(鼓励幼儿找出翩翩起舞、频频点头、轻轻晃动)你觉得哪个词最优美。

教师小结:风吹过的时候,树儿、花儿、草儿都和风一起舞蹈,心情非常愉悦!但是这首歌还没有完,我们一起再来往下看讲了什么。

(3) 学习后四句,理解风与四季的关系

教师朗读一遍。提问:为什么说春天,它吹绿了大地呢?(万物生长);为什么说夏天,它送来了凉爽呢?(天气炎热,风一吹很凉爽);为什么说秋天,它飘来了果香呢?(秋天是果实成熟的季节,风一吹人们闻到了果香);为什么说冬天,它带来了银装呢?(天气寒冷,风吹来了雪花)。

幼儿朗诵诗歌的后半部分,强调优美的词要用好听的声音表现。

教师小结:风在哪里?风其实就在我们的身边,风的本领真大,它就像一个魔术师,把大自然变得更加漂亮、更加活泼可爱,带来很多奇妙的变化。风不但能使万物生机勃勃,还能给我们带来收获和果实。风能给我们送来凉爽、用来发电;风能送来果香,让树、花、草动起来,有各种各样优美的姿态。

(4) 用"……说,当我……那是风吹过"经验迁移,尝试仿编诗歌

① 让幼儿观察图片中风来时各种物体的变化。师:风在哪里?请小朋友们用"当我……那是风吹过"句式说一句话,比如:"风在哪里?气球说:当我的身体慢慢升上天空,那是风在吹过。"

② 风还会和谁做朋友呢?风还会在哪里呢?幼儿自由讨论、自由仿编诗句。(鼓励幼儿大胆讲述)

例如:

风在哪里?红旗说:当我的身体轻轻飘扬,那是风在吹过。

风在哪里?风筝说:当我的身体自由地飞翔,那是风在吹过。

风在哪里?气球说:当我的身体轻舞飞扬,那是风在吹过。

(六) 活动延伸

科学领域——风的形成

附:诗歌。

风在哪里?树儿说:"当我的枝叶翩翩起舞,那是风在吹过。"

风在哪里?花儿说:"当我的花朵频频点头,那是风在吹过。"

风在哪里?草儿说:"当我的身体轻轻晃动,那是风在吹过。"

风在哪里?风就在我们身边。

春天,它吹绿了大地;

夏天,它送来了凉爽;

秋天,它飘来了果香;

冬天,它带来了银装。

大班语言试讲

《风在哪里》

第三节　幼儿园社会领域活动设计

一、小班社会领域活动设计——《劳动最光荣》

（一）设计意图

“五一”国际劳动节即将到来，为了让幼儿知道劳动节，了解劳动是一件辛苦又快乐的事情，尊重劳动者，珍惜劳动成果。结合本班幼儿的年龄特征，我们在班级开展“劳动最光荣”的活动，旨在通过这次活动，激发幼儿热爱劳动的情感。

（二）活动目标

(1) 认知目标：知道每年的5月1日是国际劳动节，了解我们身边的劳动者。
(2) 技能目标：能够在提示下表达自己的观点。
(3) 情感目标：热爱劳动，愿意帮助家庭成员分担劳动的辛劳，做些力所能及的事情。

（三）活动重点与难点

知道每年的5月1日是国际劳动节，了解我们身边的劳动者。

（四）活动准备

(1) 经验准备：前期幼儿了解家庭成员工作、劳动的视频或照片。
(2) 材料准备：劳动者视频，PPT，家务选择大表格。

（五）活动过程

1. 了解我们身边的劳动者

教师播放视频——我们身边的劳动者。请幼儿说说视频中有哪些劳动者。向幼儿解答什么是劳动者。

教师出示四位劳动者的图片（警察、医生、环卫工人、农民），请幼儿说说这些劳动者是怎么劳动的？这些劳动有什么作用？引导幼儿理解这些劳动者的劳动与自身的关系。

师：图片上的是谁？（警察）他是怎么劳动的？（抓坏人、保护人民的安全）如果没有警察会怎么样？警察叔叔每天辛苦工作为我们带来了安全。

师：图片上的是谁？（医生）他是怎么劳动的？（给病人看病）如果没有医生给病人看病，病人会怎么样？医生每天辛苦工作为我们带来了健康。

师：图片上的是谁？（环卫工人）他们是怎么劳动的？（扫街道）如果没有环卫工人，街道会怎么样？环卫工人每天辛苦劳动把我们的街道变得很干净。

师：图片上的是谁？（农民伯伯）他是怎么劳动的？（种植食物）如果没有农民伯伯会怎么样？农民伯伯每天辛苦耕种为我们带来了粮食。

小结：每位劳动者都有自己的劳动任务和责任，不会因为这项劳动苦或累就不去劳动。小朋友长大以后也会成为社会劳动中的一员，我们也应该向劳动者学习，学习他们不怕苦、不怕累的精神。

2. 介绍五一国际劳动节

教师讲解五一国际劳动节的来历，让幼儿知道这是全世界劳动人民的节日。

3. 了解家庭成员的劳动

（1）观看收集的幼儿家庭成员工作或劳动的视频，并请幼儿讲解视频中的人物、工作或劳动。让幼儿知道劳动者通过自己的劳动为大家服务，是值得大家尊重和学习的。

（2）通过谈话的方式，让幼儿知道父母不仅工作辛苦，回家还要照顾我们，所以我们应该帮他们分担一些力所能及的事情。

4. 活动延伸

劳动任务大分配如下。

（1）幼儿自由讨论力所能及的劳动，出示大表格记录。

（2）幼儿自由认领要做的劳动，并回家和家庭成员一起把劳动记录下来。体会劳动的辛苦和快乐。

（六）教学反思

通过“劳动最光荣”这次活动，增强了幼儿理解劳动、尊重劳动、热爱劳动的意识，幼儿在活动中认识了各行各业的劳动者，了解了各行各业的劳动，感受了各行各业劳动者的辛苦，从而激发了幼儿热爱劳动、尊重劳动者、珍惜劳动成果的情感。

小班社会试课
《劳动最光荣》

二、中班社会领域活动设计——《我长大了，真好》

（一）设计意图

升入中班以后，我发现幼儿们身体长高了，活动能力也增强了，但面对困难时他们不愿意主动想办法解决，表现得比较胆怯，对自我能力意识不足，不够自信。《指南》中指出：要培养幼儿具有自尊、自信、自主的表现，结合中班幼儿年龄特点，我设计了本次活动。

（二）活动目标

（1）认知目标：了解自己在身体以及生活能力方面的变化，理解成长的初浅含义。

（2）技能目标：能说出自己身体发生的变化以及自己学会的本领。

（3）情感目标：期盼长大，愿意学习更多的本领。

（三）活动重点与难点

（1）活动重点：了解自己在身体以及生活能力方面的变化，理解成长的初浅含义。

(2) 活动难点：能说出自己身体发生的变化以及自己学会的本领。

(四) 活动准备

(1) 物质准备：PPT、幼儿小时候的照片、视频。

(2) 经验准备：知道自己有什么本领。

(五) 活动过程

1. 导入部分：幼儿欣赏小时候的照片，激发幼儿的兴趣

(1) 教师播放 PPT，里面有较容易辨别的典型幼儿小时候的照片

教师：今天老师带来了几张照片，我们一起来看一看他们是谁？

(2) 加深难度，播放几张比较难认的照片请幼儿辨认

教师：接下来还有几张，我们来看看是谁？

总结：这些认不出来了，原来，我们小时候的样子和现在的样子会不一样，因为我们在慢慢长大。

2. 展开部分：我的身体在长大，我的本领也在变大

(1) 引导幼儿感受身体的成长

教师出示幼儿小时候的一些物品图片，发现身体在长大。

总结：我们都发现了，我们的身体、手、脚、头都和小时候不一样，因为我们的身体在长大、长高了，我们从小班变成了中班。

(2) 播放婴儿成长录像，与幼儿共同讨论视频里的幼儿长大的过程

(3) 幼儿相互观赏照片

教师：我们小朋友都带来了自己小时候的照片，请你和你的朋友交换着看一看，看看现在的你和照片上的自己有什么不一样？

教师：小朋友，你的本领比小时候大吗？你有哪些本领比小时候大了呢？

小结：瞧，我们和小时候相比，我们除了身体在长大，本领也在变大。长大了一岁，变能干了，会做很多事情了，你都会做些什么事情呢？

幼儿：我会自己穿衣服，会穿鞋子，会擦桌子、椅子，会浇花，会拖地等。

3. 结束部分：幼儿知道自己还会长大，学到更多的本领

教师：你们还会长大吗？长大了会怎么样？

(六) 活动延伸

绘画《长大后的我》。

(七) 教学反思

《纲要》提出："幼儿园要为每一个幼儿提供表现自己长处和获得成功的机会，引导幼儿认识自己，增强自尊心和自信心。"教师在观察本班幼儿具体表现后，发现幼儿面对困难胆怯，没有自信的情况，设计了本次活动，做到了因材施教。帮助幼儿认识自我，是建立幼

儿自信心的基础。活动中教师通过让幼儿观察图片、观看视频和表现自己本领的方式，让幼儿对自己的生理状况，如身高、体重、外貌特征；心理特征，如兴趣、爱好、能力等，有了较为清晰的认识，为幼儿建立自信心打下了坚实基础。活动中教师不仅关注幼儿自我认识的引导，还通过让幼儿与其他幼儿说一说“自己的变化”，以此来促进幼儿同伴交往能力的发展，做到了社会领域内各个部分的相互整合，大大地提高了本次活动对促进幼儿社会领域方面的发展效果。建议本次活动后，教师可在日常生活中创设一些对幼儿具有挑战难度的教育情境，结合具体情境逐步培养幼儿自尊、自信、自主的表现。

中班社会试讲
《我长大了，真好》

三、大班社会领域活动设计——《五月五，过端午》

（一）设计意图

又到了一年一度的中国传统节日——端午节，端午节是我国两千多年的传统习俗，每年这一天，每家每户都要挂艾叶、菖蒲、编彩绳、喝雄黄酒、赛龙舟、吃粽子等。其中端午节吃粽子，是这一传统节日的重要习俗。为了让幼儿体验中国的民间节日，了解节日的来历和习俗，感受中国的传统文化，我们设计了本次活动。

（二）活动目标

(1) 认知目标：了解端午节的习俗、名称及来历，知道端午节是我国的传统节日。

(2) 技能目标：知道制作粽子的材料，尝试动手包粽子。

(3) 情感目标：通过包粽子，体验端午节特有的习俗并感受节日的气氛。

（三）活动重点与难点

(1) 活动重点：了解端午节的习俗、名称及来历。

(2) 活动难点：尝试动手包粽子。

（四）活动准备

(1) 物质准备：《端午》多媒体课件、制作粽子需要的材料（泡好的糯米、红豆、粽叶若干、勺子、盘子）；做好的粽子样品。

(2) 经验准备：幼儿有过端午节的经验。

（五）活动过程

1. 开始部分

用古诗导入，引出主题，激发幼儿的兴趣。师：小朋友们，大家好！老师带来了一首好听的诗歌和你们一起分享，仔细听：“五月五，是端午，插艾叶，戴香囊，吃粽子，撒白糖，龙船下水喜洋洋。”通过提问，帮助幼儿初步理解诗歌内容。你们刚刚都听到了些什么？（端午、插艾叶、戴香囊……）对啦，这首诗歌描写的就是端午节。

2. 基本部分

(1) 教师引入端午节的来历和习俗

师:"小朋友们,你们知道端午节是哪一天吗?"(五月初五)

师:"端午节是怎么来的呢?

在春秋战国时期,有一位伟大的诗人名叫屈原(这张图片上的人就是屈原),他为了保护自己的国家提出政治变革主张,但是这危及了其他大臣的利益,他们都反对屈原提出的主张,最后国家战败了,屈原为此也投河自尽,老百姓们为了纪念他,将这一天取名为端午节。

端午节我们需要做些什么呢?"(幼儿回答)

(2) 播放多媒体课件,介绍端午节的习俗

师:"老师这有一小段关于端午节习俗的视频,我们带着问题一起来看看吧。"

(3) 教师与幼儿一起讨论过端午节的习俗

师:"从刚才的视频里我们知道过端午节都需要做什么事呢?"

① 赛龙舟:古时候人们齐心协力划着船去江里救屈原,慢慢就变成了今天的赛龙舟。

② 吃粽子:人们担心鱼儿吃掉屈原的身体,就往江里投放食物,他们心想鱼儿吃饱了就不会吃屈原的身体啦,随着时间的推移就变成了今天的吃粽子习俗。

③ 插艾叶,挂菖蒲:将艾叶和菖蒲挂在门上这样就可以驱蟑辟邪,保佑家人的安全。

④ 戴五彩线:古时候人们喜欢五彩色,因为五彩色代表吉祥,会给人们带来好运,所以在端午节这一天大人和小孩都要戴上五彩线。

⑤ 戴香囊:香囊上面的图案也是用五彩线缝制的,戴上不仅很香,还可以驱蚊哟。

⑥ 其他:雄黄酒大人喝小孩画额。

小结:过端午节的时候都要吃粽子,戴五彩线,赛龙舟,采艾草……

(4) 出示粽子,引导幼儿了解粽子

师:"老师今天也带来了一个礼物,你们认识这是什么吗?"(粽子)你们吃过粽子吗?你们吃过什么口味的粽子呢?(幼儿自由畅说)

小结:粽子有不同的口味,有甜的也有咸的,有的地方还有白味粽子。(图片辅助帮助幼儿了解)

我们一起来看看这个粽子是什么形状的?(三角形)你们还见过其他形状的粽子吗?

小结:粽子有三角形、四角形、方形、长形等。(图片辅助帮助了解)

(5) 教师介绍包粽子的材料和步骤

你们包过粽子吗?你们知道怎么包粽子吗?(幼儿自由畅说)

师:"今天我们一起来学学怎样包粽子吧。""你们知道包粽子需要什么材料吗?"(幼儿自由回答)出示材料图片。

小结:包粽子需要泡好的糯米、红枣、红豆、腊肉、粽叶、毛线。

出示包粽子步骤图,通过图片展示为幼儿讲解包粽子的步骤及注意事项。

(6) 教师带领幼儿共同包粽子

分发材料,带领幼儿一起包粽子。(老师把材料放在桌子上,你们先排队去洗手吧!)

3. 结束部分

幼儿包完粽子后，教师让幼儿向大家介绍自己包的粽子和给粽子起的名字。

（六）活动延伸

(1) 艺术领域：做手工粽子，装饰教室，增添端午节气氛。

(2) 游戏：赛龙舟游戏。

(3) 语言领域：学习有关端午节绘本，让幼儿自己讲述端午节来历和相关习俗。

（七）教学反思

这次端午节的活动设计，旨在让幼儿初步感知中国传统文化，激发幼儿热爱传统文化的情感。在活动引入部分，我运用了古诗导入，让幼儿在古诗中知道“五月五，过端午”，引入端午节的概念；在介绍端午节的来历时，我引用了屈原的故事，但由于幼儿对中国古代史不了解，对春秋战国时期国与国的概念不清楚，所以对屈原的故事只能有思想上的感受而不能复述屈原的故事。所以以后在故事的选择和讲述上还应更贴近幼儿的生活经验。在了解端午节的习俗时，由于幼儿有前期过端午节的经验，所以能说出端午节的习俗，并对之后的活动有极大的兴趣。特别是包粽子环节，在教师的带领下，幼儿拿材料，包粽子，忙得不亦乐乎。包好后的分享环节，也使整个活动达到了高潮。在这次活动中，幼儿们在浓浓的节日气氛中，了解了端午节的来历和习俗，跟志愿者家长学习了包粽子，既锻炼和发展了幼儿的动手能力，又增进了幼儿对中国传统文化的了解，受益匪浅。

大班社会试讲《五月五，过端午》

第四节　幼儿园科学领域活动设计

一、小班科学领域活动设计——《罐子里的秘密》

（一）设计意图

奶粉罐子、八宝粥罐子、糖果罐子、茶叶罐子等，各种样式、各种材质的罐子，是幼儿日常生活中经常接触的物品，也是幼儿喜欢玩的物品之一。在幼儿区域活动中，我发现幼儿家投放了奶粉罐子后，幼儿们喜欢把一些小物品放进罐子里，抱着奶粉罐子使劲摇晃，使它发出声音。我想这是幼儿对“声音”的一种探索行为，基于幼儿的兴趣，我设计了此次教学活动。

（二）活动目标

(1) 认知目标：感知和听辨各种物体在罐子中被撞击而发出的不同声音。

(2) 技能目标：学习运用耳朵听辨不同声音，并用语言大胆表述自己的感觉与发现。

(3) 情感目标：懂得感官的用处并知道爱护自己的感官。

（三）活动重点与难点

(1) 活动重点：感知和听辨各种物体在罐子中被撞击而发出的不同声音，并进行表述。

(2) 活动难点：学习运用耳朵听辨不同声音，找出不同罐子发出不同声音的原理。

（四）活动准备

八宝粥罐子、海绵、大米、红豆、石头。

（五）活动过程

1. 创设情境导入

今天我们班来了一位客人，我们一起来看看是谁呢？（出示大耳朵图图的图片），图图说他有一个特异功能，就是他的耳朵特别灵，他听说我们班的小朋友的耳朵也特别灵，所以他想邀请你们和他一起做游戏，你们愿意吗？这个游戏有三关。

游戏的名字是《探索物品撞击罐子的声音》。

2. 游戏的第一关

猜猜这三个罐子里有没有东西？你们可以用什么方法呢？（看、听、摸）游戏第一关的规则是只能用耳朵听。现在请每个小朋友上来选一个自己喜欢的颜色的罐子（要排好队哟），拿了罐子以后你们来猜猜你们的罐子里有没有东西？你们的罐子有东西吗？你们是怎么知道的？你们的罐子发出的是什么声音呢，请你们来模仿一下。你们的答案是所有的罐子都有东西，恭喜大家第一关通过。

3. 游戏第二关

这三个罐子里分别装了大米、红豆、石头。你们根据声音来猜出罐子里的东西。（现在请拿粉色罐子的小朋友把你们的罐子举起来，拿其他颜色罐子的小朋友要保护好你们的罐子哦，不要让它发出声音！现在拿粉色罐子的小朋友和老师一起来摇一摇。其他小朋友要认真听哦！你们猜猜粉色的罐子里装的是什么呢？小朋友们说是红豆，老师帮你们把你们说的猜想记录下来）三个罐子都听完了。你们确定了吗？我们一起来揭晓答案吧。“恭喜大家，我们进入最后一关吧。”

4. 游戏第三关

这里有个神秘的罐子，你们猜猜这个罐子里有东西吗？听一听声音，你们听到有声音吗？有东西吗？会是什么东西呢？我们一起打开看看吧，原来是海绵。我请小朋友来摸一摸海绵，再来摸一摸石头。它们摸起来的感觉有什么不一样呢？原来海绵是软的，石头是硬的，所以它们与罐子相撞发出来的声音也就不一样了。所以海绵、石头、红豆、大米它们在罐子里发出的声音都不一样，不同的物体会发出不同的声音。

5. 活动结束

小朋友们都闯关成功了，图图说我们班的小朋友的耳朵真的很灵，和你们玩游戏很开心，下次再和大家一起玩游戏。

（六）活动反思

声音这一物理现象是物质科学领域的核心概念之一，本次活动内容正是指向这一核心概念。教师从小班幼儿年龄特点和已有经验出发，选用了奶粉罐子、八宝粥罐子、黄豆、糖果、沙子等源于幼儿生活的材料；利用幼儿喜欢的动画人物佩奇，创设了佩奇到罐子商店帮妈妈买物品的游戏情境，激发了幼儿探索物品撞击罐子发出声音的兴趣。在活动中，教师注重培养幼儿的观察能力、科学思考能力和表达交流能力。教师在导入环节后引导幼儿仔细倾听物体发出的声音来猜测罐中的物体，幼儿带着好奇心有目的地去“听”，学会运用听觉感知事物的特征，这样很好地发展了幼儿利用听觉感官参与的观察能力。在教师引导幼儿猜测罐中是什么物体的过程中，幼儿结合已有经验进行猜测，这有利于培养幼儿的科学思考能力。整个活动中，教师都鼓励幼儿讲述自己在观察中的发现，如用嘴巴来模拟物体发出的声音，用语言表达自己的猜测等，这些环节都是教师有意识地在发展幼儿的表达交流能力。本次活动后，教师可以在区域环境中投放各种罐子和一些可以装进罐子里的物品，支持幼儿对声音这一现象进一步探究，帮助幼儿积累更多关于声音的感性经验。

小班科学试讲
《罐子里的秘密》

二、中班科学领域活动设计——《沉与浮》

（一）设计意图

水是我们生活中不可缺少的东西，我们每个人每天都离不开它。正因为水与我们生活密不可分，幼儿天天都接触它，爱玩它，且在玩水的过程中，他们会发现很多有趣而又新奇的现象，例如，船为什么会浮在水上？小石子为什么会沉在水里？等等。为了满足幼儿的好奇心，探索身边的科学，接触沉与浮的现象，因此我选择了与儿童生活息息相关的水和常见的物品等为实验材料，增强了幼儿们的活动兴趣。活动通过引导幼儿积极参加交流、探索等方式，培养幼儿学习科学的意识和能力，获得简单的科学知识。

（二）活动目标

（1）认知目标：观察各种不同材质物体在水中的沉浮现象，初步获得有关物体沉浮的经验。

（2）技能目标：学习用箭头符号记录物体在水中的沉浮状态。

（3）情感目标：体验沉浮活动的乐趣，对科学活动产生兴趣。

（三）活动准备

1. 经验准备

认识玻璃球、叶子、小石子、硬币、瓶盖、钥匙、木棍、泡沫板。

2. 材料准备

玻璃球、叶子、小石子、硬币、瓶盖、钥匙、木棍、泡沫板、透明盒子、毛巾、观察沉浮记录卡、记号笔、两个标有沉浮标记的盒子。

（四）活动过程

1. 看一看、说一说

师：小朋友们快看，老师这里有好多物品宝宝，你们能说出它们的名字吗？比较一下，哪一种物品宝宝拿在手上要重一点，哪种物品宝宝拿在手上要轻一点？

老师请个别幼儿尝试。

2. 猜想活动

（1）引导幼儿猜想

师：刚才我们感觉了物品宝宝的重量，现在物品宝宝想请你们带它到水里去玩玩，你们猜想一下，它们在水里会怎么样？比如，硬币放到水里会怎么样呢？

师：孩子们，硬币放到水里会沉下去。（当幼儿没有用“沉”“浮”回答时，老师引导、帮助幼儿用“沉”“浮”来表达）

师：小石子、瓶盖、钥匙呢？

（2）引导幼儿记录猜想结果

师：你们各有各的想法，请把你们的猜想记录下来好吗？老师分发记录卡，并讲解记录卡和具体记录方法。“浮”用“↑”表示，即在物品图下面画一条小竖线，上面戴个小帽子；“沉”用“↓”表示，即在物品图下面画一条小竖线，下面加个小帽子。（将第一次猜想的结果的符号，画在物品下面第一个格子里。）

（3）幼儿记录自己的猜想

3. 探索沉浮

（1）做实验

师：物品宝宝在水里到底是沉下去了，还是浮在水面上呢？我们来做实验吧！

教师分发物品，并讲解注意事项（卷起袖子，轻轻放入水中，尽量不要弄湿手，如果弄湿了，用毛巾擦拭）让幼儿将物品放入水中，观察物品宝宝在水中的沉浮，知道哪些物品宝宝会浮起来，哪些物品宝宝会沉下去。

教师去了解幼儿的实验情况，并进行个别指导。

师：小朋友们真能干，知道了这些物品宝宝在水中的沉浮情况，现在就将你们看到的记录下来吧！旁边有记录卡，如果泡沫板浮在水面了，就在记录卡上有泡沫板图片这一列的最后一格，画一个箭头朝上的符号，如果小石头沉在水底，就在记录卡有小石头图片这一列的最后一格，画一个箭头朝下的符号。

幼儿记录实验的结果。

（2）幼儿交流实验结果，总结经验

师：刚才，小朋友们做了小实验，我想请小朋友们拿着自己的记录表，上来和大家分享一下，在实验中你们观察到，哪些物品是浮在水面上的？哪些物品是沉在水底的？

幼儿交流实验结果。

（3）教师小结

师：通过今天的小实验，我们知道了像叶子一样漂在水面上的叫“浮”，像小石子一样掉到水底的叫“沉”。

4. 送物品宝宝回家

师：今天，物品宝宝玩累了，我们现在送它们回家吧！浮在水面的物品宝宝，它们的家在标有“↑”的筐子里，沉在水底的物品宝宝，它们的家在标有“↓”的筐子里。

幼儿送物品宝宝回家，并检查结果。

师：小朋友们，我们一起来检查一下，物品宝宝都回到了自己的家吗？

5. 活动延伸

幼儿回家和家长找一找，还有哪些东西放在水中会浮在水面上，哪些东西放在水中会沉下去？和爸爸妈妈讨论，怎样让沉下去的东西浮起来呢？

（五）活动反思

《纲要》提出：幼儿对周围的事物、现象感兴趣，有好奇心和求知欲；能运用各种感官，动手动脑，探究问题；能用适当的方式表达、交流探索的过程和结果等。这节课我取材是幼儿身边较熟悉的东西，来进行中班科学探究活动《沉与浮》，探索身边的科学，感知沉浮的现象，并对沉与浮的现象做出简单的分析判断，尝试用简单的标记符号记录观察和探索的结果，在这个活动中培养幼儿从小爱观察和发现的能力，让幼儿真正感受到科学并不遥远，就在我们身边。下面是我对本次活动的反思：本次活动中，我为幼儿提供了日常生活中都能接触的玻璃球、叶子、小石子、硬币、瓶盖、钥匙、木棍、泡沫板等实验材料。让幼儿通过猜测、动手操作、大胆尝试、观察、探索、实践等形式感知物体的沉浮现象并学会做简单的记录。我在活动前先让幼儿说一说哪些物体会沉下去，哪些物体会浮起来，让幼儿先猜一猜，然后让幼儿亲自动手操作和记录。通过实验得出结论：哪些物体是浮在水面上的，哪些物体是沉在水里的。在这个活动中，教师为幼儿提供了一个宽松的环境，让幼儿尽情表达和分享自己的探索结果，不仅发展了幼儿的语言表达能力，还为幼儿之间相互学习架起了桥梁。

中班科学试讲《沉与浮》

三、大班科学领域活动设计——《让谁先吃好呢》

（一）设计意图

《让谁先吃好呢》是我班本月语言区的一个精读绘本，本身是一个幽默生动的绘本故事。将这个故事转化为数学活动时，我也反复思量，寻找绘本与幼儿数学活动的结合点；通过仔细阅读故事，我发现其中隐藏两条线索，第一条是“让谁先吃好呢”，这就像一个谜，贯穿在故事之中，吸引着幼儿们；第二条是动物们按某一特征进行了高矮、大小、长短、轻重的排序。在活动设计中，我把握住了这两条主线，制定了具有适宜性、指向性的活动目标，以“让谁先吃”的故事情境为切入口，利用故事情境推动幼儿对于排序经验、比重经验的不断建构。加上平时幼儿们在科学区活动的时候有用天平玩称重游戏的经验，而且近期幼儿们对称重特别感兴趣。于是我对绘本做了一个大胆剪裁，调整活动与幼儿兴趣、经验的契合点，生成了本次数学活动。

（二）活动目标

（1）利用天平、替代砝码进行物体的称量并记录。

（2）能够根据物体的重量进行排序。

（三）活动重点与难点

利用天平、替代砝码进行物体的称量并按由重到轻的顺序进行相应的排序。

（四）活动准备

（1）PPT 课件：让谁先吃好呢。

（2）500 克规格天平 5 个，水果 5 种若干（苹果、小香梨、橘子、李子、火龙果），大号雪糕棍若干，长方形篮筐 5 个，长方形盘子 5 个，水果称重记录表（见表 9-1），记录笔。

表 9-1　水果称重记录表

水果种类	对应雪糕棍			
	10	5	1	合计
	10	5	1	合计
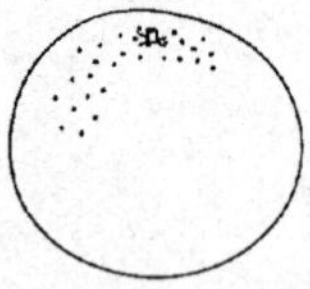	10	5	1	合计
	10	5	1	合计
	10	5	1	合计

（五）活动过程

1. 绘本故事导入，引发幼儿兴趣

师（点击课件）："今天的天气特别好，鳄鱼、小猴、犀牛、长颈鹿和小兔子约着一起出去玩。但是他们遇到了一个难题，'让谁先吃好呢'，咦？发生了什么？让我们一起去看看吧。"

师（点击课件）："小动物们走着走着，在路上看见了一个又大又香的桃子，都想把桃子吃到自己肚子里，可是桃子只有一个，谁先吃好呢？大家开始争论起来。"

2. 按动物的某一特征排序

师（点击课件）："这时候长颈鹿说不如我们来比一比吧，谁最高谁先吃。"说完小动物们就比了起来。结果谁最高呢？（长颈鹿），但是其他四位朋友不同意了，鳄鱼说："你明知道个子高是你的优势还要来比谁高，这个不公平。"

师："小朋友们觉得它们还可以用什么特点来比？"（三四个幼儿回答，根据幼儿的回答让幼儿操作为动物排序，并总结）

师："刚刚听小朋友们说了那么多，但大家还是觉得怎么比都不公平，没想出一个合理的办法。"

3. 按动物轻重排序、探索排序的方法

师（点击课件）："这时候，聪明的小猴子发现了旁边它们平时爱玩的跷跷板，对大家说：要公平我们就比体重吧，谁重谁来吃。咱们用这个跷跷板，一头放石头，一头坐小动物，称一下就知道谁最重了呀。"

师："你们觉得小猴子的这个办法好吗？你们平时都玩过跷跷板吧？平时玩跷跷板的时候会发生什么现象？"（一跷一跷的，一个跷得高、一个跷得低）

师："想一想，跷得高的表示重还是轻呢？跷得低呢？如果跷跷板是平衡的，又说明什么呢？"（跷得高表示轻，跷得低表示重，跷跷板是平衡的，表示一样重）

师（点击课件）："瞧，几个朋友找来了许多一样大、一样重的石头，忙着称自己的体重。为了公平起见，我们来帮它们数数每人称出了几块石头的重量吧。注意哦，数的时候，既不要漏数，也不要重复数。"（请个别幼儿按群数数，幼儿集体数数得出结论）

师（点击课件）："第一位来称重的是小兔子，它只有3块石头的重量；第二位来称重的是小猴子，它有5块石头的重量；看，第三位是谁？"（长颈鹿）"它有几块石头的重量呢？看谁最先数出来？"（23）（个别幼儿来数）"第四位是谁？"（犀牛）"数数看，它又有几块石头的重量？"（29）（幼儿集体数）"最后一位是谁呢？"（鳄鱼）"看谁用最快的速度数出它有几块石头的重量？"（16）

师（点击课件：动物称重记录表，见表9-1）："谁的石头最多？谁的石头最少？石头多的表示什么？石头少的呢？"（石头多表示重，石头少表示轻，石头的数量越多表示动物越重）

师（点击课件）："现在一比你知道谁最重了吗？按由轻到重的顺序来比谁排第一？谁排第二个？谁排第三？加上小兔子和小猴子呢？"（出示重量排序图，幼儿回答）

师:“小朋友们真厉害,帮助它们找到了最重的动物朋友‘犀牛’,它可以吃到这个大桃子了。可是刚刚比重的时候大家的肚子都饿了,都想吃,可是桃子只有一个也不够分呀?这时候,高个子长颈鹿望到远处草地上有一些水果(苹果、李子、小香梨、橘子、火龙果),为了让大家都能吃到,聪明的小猴子又想到了一个办法。那就是把水果也拿来称一下,重的动物朋友吃重的水果,轻的动物朋友吃轻的水果,这样大家都不会饿肚子了。”

4. 利用天平称量按水果轻重排序

(1) 出示操作材料,讲解要求方法。

师:“小猴子一个人来称可来不及,它把水果带到了我这里,想请小朋友们一起来帮它称出水果的重量。你们愿意吗?”

师(出示材料):“小猴子带来了和跷跷板差不多的工具叫作‘天平’,三种用来称量的雪糕棍。看,这一捆最大的雪糕棍代表10;第二大的这捆雪糕棍代表5;这种单个的雪糕棍代表1。(教师再次出示雪糕棍询问幼儿每捆雪糕棍代表的数量)待会儿请小朋友们用这些工具称出每个水果的重量,将水果按由重到轻的顺序排列,并将你们的结果记录在记录表上。”

师(教师示范操作并记录):“我先称一称我筐里的李子有多重吧。好啦,称完后我们发现我们用到了一个5,两个1,它们一共是7,所以我们在记录表上填写李子这一栏的时候写上数字7。(教师边说边出示相应的雪糕棍)现在请你们也来称一称吧。”

(2) 分发记录单和操作材料,幼儿分五组,操作时三人一组,教师巡回观察指导(强调只要天平指针大约指到中间红线位置,水果的重量就大约等于雪糕棒的重量)

(3) 根据每组幼儿的操作结果进行小结。

请一组幼儿上来说一说自己的操作结果,边说边用水果排序。

师:请你们告诉大家你们由重到轻的排序结果。它们由重到轻的排序对吗?你们的顺序跟它们的顺序一样吗?

师(出示课件):“现在这些水果该分给哪些动物吃呢?”(火龙果——犀牛,鳄鱼——苹果,长颈鹿——小香梨,小猴子——橘子,小兔子——李子)

5. 结束活动

师:“今天你们都很棒,帮助动物朋友们解决了问题。现在我们一起把这些水果送给它们吃吧。”

(六) 教学反思

在活动设计中,我始终把握住了两条主线:第一条是“让谁先吃好呢”;第二条是动物们按某一特征进行了高矮、大小、长短、轻重的排序。根据两条主线制定了具有适宜性、指向性的活动目标,即以“让谁先吃”的故事情境为切入口,利用故事情境推动幼儿对于排序经验、比重经验的不断建构。整个活动过程生动有趣,两条主线并驾齐驱、相互交织,若隐若现、相互贯通。在主题鲜明的情境化教学中,自然无痕地渗入正逆排序的方法,整合高效地融入称重游戏、符号的实际运用。活动目标在过程中自然展现、层层铺展、达成。活动中有效地

大班科学试讲《让谁先吃好呢》

运用了设疑、插问、启发性提问等方式,不断地帮助幼儿迁移生活经验、游戏经验、知识经验,激发幼儿对于作品内容的好奇与探究,激活幼儿多方面思维的训练。可以说,有效的提问使整个活动体现结构严谨、自然流畅的特点,有效的提问使幼儿的思维在“聚合”和“发散”间自然转换,使幼儿学习的积极性、主动性得以多元发展!同时,活动中让幼儿能充分地利用材料去操作感知,进一步帮助幼儿理解和探索。

第五节 幼儿园艺术领域活动设计

一、小班美术活动设计——《星空》

(一)设计意图

美术活动是艺术活动的一个重要内容,是幼儿们表达感受与创作的重要表现形式。艺术活动是一个激发幼儿情感表达的积极过程,也是幼儿直觉与本能的创造过程,更是幼儿大胆表现自我的主动过程。色彩美术活动能够使幼儿们与生俱来的探究本能和不断涌动着的创造激情得以自由地表现和张显。本次活动源于一次语言谈话活动《天空》,你眼中的天空是什么样的呀?在上《天空》时幼儿表现出的强烈兴趣和乐于探索的精神。结合《指南》中艺术领域小班幼儿的美术活动目标:“喜欢观看花草树木、日月星空等大自然中美的事物,”以及季节特点,我设计《星空》这样一节美术活动。希望幼儿们在感受星空绚丽的同时,利用色彩将自己的感受通过拓印的方式进行表达和创作。

(二)活动目标

(1)认知目标:欣赏图片,观察星空色彩的变化。
(2)技能目标:尝试用拓印的方式表现星空,感受颜色交汇的朦胧美。
(3)情感目标:体验玩色游戏带来的乐趣。

(三)活动重点与难点

幼儿尝试用拓印的方式表现星空。

(四)活动准备

(1)物质准备:水粉颜料滴瓶装、圆形水粉纸、水拓画原液、托盘、音乐。
(2)环境准备:星空图片。

(五)活动过程

1. 导入部分

(1)儿歌导入,教师与幼儿共同演唱儿歌
师:今天老师给你们带来一首好听的儿歌,如果你们会唱,可以跟着一起唱哦!

师：儿歌唱的什么啊？你在哪里看过星星呀？

(2) 引导幼儿观察、欣赏图片问题导入

师：今天老师还带来一些关于夜晚星空的图片，我们一起来看看吧。

这是夜晚的星空，你看到了哪些颜色呢？

这是科学家用专业摄像机拍的星空，你看到了哪些颜色呢？

这是著名画家凡·高画的星空，你看到了哪些颜色呢？凡·高爷爷画的星空跟我们看到的星空有什么不一样呢？（有点像棒棒糖，像被风吹了，这是一圈一圈的线条）

2. 幼儿自由创作星空

(1) 教师介绍材料，讲述绘画要求

星空真的太美丽了，老师也想请小朋友们来画星空，想要画出美丽的星空，我们需要使用五种颜色的油画颜料，有蓝色、紫色、黄色、红色等，还要用到圆形纸、托盘(托盘里装有魔法液哦)。

(2) 讲解操作步骤

老师先来示范，请小朋友们仔细看。选择一种颜色，把颜料瓶倒着拿，轻轻地挤一挤，把它挤到托盘上，你可以多挤一些，但是不要太多哦，挤完之后将瓶子放回原处。第二种颜色，×色，把颜料瓶倒着拿，轻轻地挤一挤，挤完之后将瓶子放回原处。第三种颜色×色，把颜料瓶倒着拿，轻轻地挤一挤，挤完之后将瓶子放回原处。这样我们的颜色就做好了。

好像还差了点什么呢？是不是还差像棒棒糖一样的线条呀！那我们怎样画这个线条呢？拿出魔法棒，放到魔法水里轻轻地搅一搅，现在颜料融合在一起，太美丽了。

把纸宝宝轻轻放进水里，把颜料遮住，现在我们开始念咒语："魔法魔法变变变"(吹口气)"你们猜我的魔法成功了吗？"提起来看一看，一、二、三，哇，成功了，这样好看的星空就变好了。

师：哇，老师的星空已经变好了，你们也想变出属于自己的星空吗？那老师放音乐你们来创作吧！当老师的音乐结束时你们要把自己创作的星空拿到老师这儿来哦！

(3) 教师巡回指导

在幼儿自由创作期间，教师巡回指导。

3. 作品展示、交流分享

哇，小朋友们画的星空真是美极了，我想请××小朋友分享一下自己的星空。

提问幼儿：你的星空真的太美了！请你给自己的星空取个好听的名字吧！如果邀请一个伙伴和你去看星空你会邀请谁呢？

(六) 活动反思

本次活动的重难点是幼儿尝试用拓印的方式表现星空，小班幼儿喜欢颜色，喜欢涂鸦。但由于缺乏生活经验，进行美术活动创作的方法单一。拓印画能给小班幼儿带来无穷乐趣，正可以弥补这些作画技巧的不足。结合小班幼儿的年龄特点，游戏是幼儿的主要活动，拓印活动开放了幼儿的双手，幼儿通过使用各种材料作画，感受拓印画的多样性与艺术美，体验拓印画艺术创作的乐趣，体验成功的快乐。

在活动材料的选择上，我选择适合小班幼儿操作的油画颜料、搅拌棒等，采用了新型湿拓画的形式来进行活动，保证幼儿们的积极性，准备的画纸也打破了传统的长方形、正方形的形式，改用圆形，让人有耳目一新的感觉，后期再采用黑色卡纸进行装裱，不仅能对幼儿作品进行加固，使绘画后吸水变形的纸恢复平整，又能美化作品，提供更好的观赏效果。

在活动过程的设计上，先用幼儿们最熟悉的歌曲《小星星》作为导入，以激发幼儿的兴趣，初步了解本次活动的主题，接着介绍材料，老师会先进行示范，保证幼儿能了解每个材料的用法和对整个创作步骤的熟悉，然后给予幼儿充分的创作时间，以保证幼儿的自由创作。整个活动以创设“我是小小魔法师”这一情境为主，调动幼儿的兴趣与参与度。

在最后的点评环节，我运用以下三种策略：①画展评价策略；②幼评师助策略；③鼓励评价策略。幼儿在自己的成果被展示，对同伴作品相互评价以及与名画家的作品相对比评价后，更加充满成就感，进而增强了自信和发展了语言表达能力，愿意在鼓励中不断尝试和表现。

小班美术试讲《星空》

二、中班美术活动设计——《海洋馆的鱼》

（一）设计意图

家长们喜欢带幼儿去海洋馆玩，海洋馆里各种各样的鱼儿成了幼儿热议的话题。海洋馆里的小鱼具有鲜明的外形特征，它们的身材大小各异，形状不同，并配有清晰的条块状、点状等花纹显得活泼可爱，非常适合中班幼儿欣赏和表现。因此，本活动从鱼儿的外形特征入手，鼓励幼儿操作彩泥表现鱼的外形和身上的条纹，帮助幼儿感受自由创作的快乐，同时促进幼儿精细动作的发展。

（二）活动目标

(1) 认知目标：通过观察、比较和交流，感受鱼可爱的外形和亮丽的色彩花纹。

(2) 技能目标：尝试使用彩泥，通过团、捏、搓等方法塑造鱼的外形，并用简单的线条、色块进行装饰。

(3) 情感目标：喜欢参与美工活动，体验自由创作鱼儿的乐趣。

（三）活动重点与难点

(1) 活动重点：观察不同鱼儿的外形特征，并说出其中的异同点。

(2) 活动难点：利用胶泥通过团、捏、搓等方法来表现鱼儿的外形特征。

（四）活动准备

(1) 物质准备：海洋馆鱼的视频、图片，彩泥、泥工板、塑料片、空鱼缸，背景音乐《水族馆》。

(2) 经验准备：幼儿玩过彩泥。

（五）活动过程

1. 欣赏视频，引发活动兴趣

师：小朋友们去海洋馆看到过什么样的鱼呢？

师：我们一起来看看这个海洋馆里的漂亮鱼儿吧！

2. 观看图片，欣赏鱼的外形、花纹和色彩

师：你们觉得这些鱼漂亮吗？哪里漂亮？它们身上都有哪些好看的颜色？

师：除了颜色不同，这些鱼的身体形状都一样吗？它们看起来像什么？

师：鱼在水里用什么游冰？在鱼的身体上面、下面、后面还有什么？

师：你最喜欢哪条鱼？它身上的花纹又是什么样子的？

教师小结：这些鱼有好看的颜色和各种各样形状的身体，有的像大圆盘；有的像橄榄球；还有的像三明治。它们身体的上面、下面、后面还有不同的鱼鳍。身上的花纹也是不同的，有的是一条条的；有的是一点点的；有的是一圈圈的……花纹有的粗；有的细；有的大；有的小；都非常漂亮。

3. 制作鱼儿

（1）出示空鱼缸和彩泥，提出制作要求

师：今天请小朋友们用彩泥来制作这些美丽的鱼。想一想，你要制作一条什么样子的鱼？它是什么颜色的？身上有哪些美丽的花纹？

（2）师生讨论制作方法

师：我们可以用什么方法制作椭圆形、三角形的身体？鱼鳍是怎么制作的？请小朋友来试一试。

教师小结：先用彩泥做出小鱼身体的形状，添上鱼鳍、鱼尾，最后做出装饰花纹。

（3）幼儿制作，教师观察指导

指导重点：幼儿用团、搓、压、捏等泥塑方法制作鱼，并使用塑料片辅助切泥塑形。

4. 作品欣赏与评价

（1）引导幼儿将自己制作好的鱼小心地粘贴在空鱼缸里上，布置成"海底小世界"。

（2）带领幼儿欣赏自己制作的鱼，着重从外形、色彩和花纹方面进行欣赏。

师：你喜欢哪条鱼？你为什么喜欢它？幼儿谈论交流，表达感受。

（六）教学反思

中班幼儿喜欢用彩泥来表现自己的想法，但在创作过程中还不能很好地表现事物的细节，如何支持幼儿的细节表现能力的发展呢？教师的引导与支持是非常重要的，教师要选择幼儿感兴趣且富有一定挑战性的内容，引导幼儿进行观察与表征。本活动选择了海洋馆里的鱼作为活动内容，不仅因为幼儿喜欢看游来游去的鱼，还因为这些鱼的造型简单、花纹明显、色彩艳丽，适合幼儿欣赏创作。活动中在教师层层递进的引导下，幼儿细致观察鱼身上的颜色、花纹、身体结构等形象特征，为后续幼儿利用彩泥制作鱼这一形象的各种细节做好了铺垫。幼儿在创作过程中，迁移以前彩泥制作的经验，进行团圆、压扁、搓

长、粘贴组合等，做出形态各异的鱼，提升了幼儿表现事物细节的能力。教师选择从平面转换为立体的表征方式，即在空鱼缸上粘贴鱼，这样鱼儿仿佛在水中游动，既激发了幼儿制作的兴趣，又让幼儿直接感受到“鱼翔浅底”的美，本活动将欣赏美和表现美结合起来，让幼儿在欣赏美、创作美的过程中，提高表现事物细节的能力。

中班艺术试讲
《海洋馆的鱼》

三、大班美术活动设计——《柳树姑娘》

（一）设计意图

春天是一个万物复苏、草长莺飞的季节，幼儿园里的一切充满了生机。草地绿了，小山坡上的杏花、梨花、桃花也相继开放，争奇斗艳，种植园旁那一排整齐的柳树也冒出了绿芽，一串串嫩绿的柳枝在微风中随风摇曳，向我们展示着生命的气息。在这特别的季节里，我们班开展了“春天在哪里”的主题活动，幼儿们在春光中走进大自然，感受着春天的气息，寻找着他们眼中的春天。有一天午饭后，我和幼儿们来到户外享受暖暖的阳光，躺在绿绿的草地上，闻着淡淡的花香，看着随风摆动的柳条，幼儿们不停地欢呼雀跃。乐乐说：“老师，快来看呀，柳树发芽了，星星点点的，好可爱。”欢欢说：“柳树的树枝好长呀，像鞭子。”彤彤说：“我觉得像绸带，还会跳舞呢！”俊熙说：“我们小区里有很多柳树，比这儿多几倍呢！谁要去看，我带他去。”乐美说：“哇！今天我要回去告诉妈妈，我在幼儿园发现了长绿头发的树！”幼儿们你一言我一语说得热火朝天，还有的幼儿说：“老师，这儿的柳树太美了，我们也种一棵在教室吧……”

《指南》艺术领域在其教育建议中指出，教师要善于让幼儿学会发现和感受自然界与生活中美的事物，让幼儿欣赏多种艺术形式和作品，萌发对美的感受和体验；鼓励和支持幼儿自发的艺术表现和创造，培养初步的艺术表现能力与创造能力。幼儿们在游园活动中对柳树的关注，对美好事物的向往与喜爱，这不正是个教育契机吗？况且柳树作为温江区的区树，与温江的故名“柳城”有着密切的关联，何不把握这一契机，顺应幼儿们的需求与兴趣点，开展一堂有关柳树的活动呢？于是有了这堂创意无限、妙趣横生的“柳树姑娘”手工活动。

（二）活动目标

(1) 认知目标：能大胆选用自己喜欢的材料、工具，利用不同的表现手法创造性地表现柳树的外形特征。

(2) 技能目标：有良好的手工操作习惯，能与同伴友好协作。

(3) 情感目标：体验创意手工活动的乐趣与成就感。

（三）活动重点与难点

能大胆选用自己喜欢的材料、工具，利用不同的表现手法创造性地表现柳树的外形特征。

（四）活动准备

1. 物质准备

有关柳树的PPT课件，白板一个，记号笔一支，水彩笔四盒，棕色及绿色丙烯颜料，排

笔若干，麻绳、吸管、皱纹纸、双面胶、麦冬草、圣菊草、干树枝、绿豆、黑豆、餐巾纸、水彩笔、报纸等自选材料若干、背景音乐《柳树姑娘》。

2. 经验准备

幼儿对柳树进行过实地的观察与认识，知道柳树的外形特征；有合作的前期经验。

（五）活动过程

1. 谜语导入，引出活动主题

师："今天老师带来了一个谜语，谁来说一说谜底是什么？有个姑娘志气大，世界各地都安家，湖水替她照镜子，春风帮她梳头发。"（幼儿自由猜想）

师："你从哪儿猜出来是柳树的呢？"

2. 播放 PPT，欣赏并分析柳树的外形特征

（1）欣赏并交流，初步感受（巩固与表述）幼儿对柳树的外形特征的认识

师："小朋友们，上次游园的时候我告诉大家，温江还有一个名字叫什么呀？"（柳城）

师："记性不错哦，今天老师把我们柳城镇里柳树种植最集中的地方拍成照片制成了PPT，我们一起来欣赏一下我们柳城随处可见的柳树吧，欣赏结束后请大家说一说你看到的柳树是什么样的？它的树干、树枝、树叶都是什么样的？"

（2）定格欣赏一幅柳树图，进一步分析柳树的外形特征，归纳并记录柳树外形的突出特征

师："刚刚小朋友观察得很仔细，现在我们再仔细来看看，柳树的树干、树枝、树叶到底是什么样的？"（引出幼儿从纹理、色彩、形状方面讲述，并及时归纳其特征：皮褶皱，柳枝长且细，叶子细长并且两头尖……）

3. 交代要求，幼儿自由合作创作，教师巡回指导

（1）幼儿自主选择合作伙伴，与同伴商量讨论准备进行手工创作（通过讨论与合作，自选材料创作柳树）

师："上次游园时，有小朋友说希望我们的教室里也种上柳树，那样我们就可以随时随地感受春天的气息了，现在我们就和小朋友一起合作来制作柳树吧。"

（2）观察创作原材料，请幼儿说说创作步骤或想法

师："这儿都有什么材料？你们想用哪种材料来做垂柳的树干（枝、叶）？为什么？"

（3）交代创作的要求

师："今天老师为大家收集了很多不同的材料和工具，你们是第一次有这么多的选择，而且是和小朋友合作创作，老师有个要求你们可要听好了，每组尽量选一个代表去拿你们需要的材料和工具，不用的材料或工具要及时送回材料台，创作中产生的垃圾不能随处乱放，要放进垃圾桶。"

（4）播放音乐，幼儿自由选择材料，与同伴合作创作

师："现在就和你的朋友按照你们刚刚说的一起来制作你们梦想中的柳树吧。"

教师鼓励幼儿根据柳树树干、树枝、树叶的突出特征，大胆地选用各种材料进行创作，并与同伴商量讨论。

4. 结束部分:展示与交流,互相评价,体验成功

教师展示幼儿作品,引导幼儿欣赏并评价。

(1) 幼儿相互评价作品,说说自己最喜欢作品的哪个部分?为什么?

(2) 教师评价总结。例如:“我今天非常高兴,看到了这么多特别有创意的作品,瞧,这组小朋友将报纸搓起来拼出了粗糙的树干;这组小朋友用麻绳制成了弯弯的柳枝,充分体现了柳条细长、轻柔的感觉……”

(3) 师:“小朋友们,春天已经在我们的教室了,这真是一件美妙的事情。”

(六) 教学反思

艺术教育不仅要把真善美的东西传递给幼儿,还要顺应幼儿的自然发展,让幼儿在做中学、玩中学,就是我们常说的“教育应还原它的原点——点化和润泽生命”。本次活动的设计和开展基于以下思考。

(1) 利用已知经验为幼儿的艺术联想服务,保障集体教学中幼儿创作的有效性,以充分感知相似联想为依托,打开幼儿想象之门。

(2) 让范品和范品的意义为幼儿服务。

前期幼儿已积累了关于柳树的相关知识,通过 PPT 课件,老师深入浅出地分析柳树特征,幼儿对于柳树已建立了丰富的背景知识。

(3) 利用多元评价提升幼儿已有的美术技能实现艺术表达与语言表达的共同发展,锻炼幼儿的思维。

在幼儿尽兴创作后,我给幼儿足够的时间让他们互评,最后再由教师进行评价。这样安排是基于以下考虑:此年龄段的幼儿评价带有很大的他律性,教师的评价往往左右他们的想法。让幼儿充分自评,而教师只是作为一个参与者、支持者、合作者一起聆听幼儿对于作品的理解,感受幼儿的内心世界。在理解幼儿作品基础上,教师适时地介入,从情感体验、表现方法、材料使用上提出相关的手工技能技巧的要求。

大班美术试讲《柳树姑娘》

参考文献

[1] 戎计双．幼儿园教育活动设计与实训[M]. 上海:复旦大学出版社,2018.

[2] 朱晓颖,严佳晨,涂远娜．幼儿教师实用教学技能[M]. 北京:北京师范大学出版社,2015.

[3] 中公教育教师资格考试研究院．幼儿园面试一本通[M]. 北京:世界图书出版公司,2012.

[4] 朱凯莉,冯国荣．幼儿园教育活动设计与指导[M]. 西安:陕西师范大学出版社,2014.

[5] 唐海燕,林高明．幼儿园片段教学精彩实录(大班)[M]. 福州:福建教育出版社,2016.

[6] 王燕媚,高敏．幼儿教师说课、听课、评课的智慧[M]. 长春:吉林大学出版社,2016.

[7] 武志丽,赵海丽．幼儿教师基本功训练实践手册[M]. 长春:吉林大学出版社,2016.

[8] 刘启艳,瓦韵青．幼儿教师专业能力发展策论[M]. 北京:中国财富出版社,2016.

[9] 梅纳新．幼儿教师说课技能训练[M]. 上海:复旦大学出版社,2015.

[10] 俞春晓．幼儿园集体教学活动设计方法与实例[M]. 北京:中国轻工业出版社,2012.

[11] 马娥,闫悦．幼儿园教育活动设计与实践[M]. 西安:陕西师范大学出版社,2012.

[12] 张家琼,王善安．幼儿园教育活动设计与指导[M]. 重庆:西南师范大学出版社,2016.

[13] 夏力．回归生活:幼儿园教育活动案例及评析[M]. 上海:复旦大学出版社,2017.

[14] 莫源秋,韦凌云．幼儿教师实用教育教学技能[M]. 北京:中国轻工业出版社,2012.

[15] 吴振东．幼儿教师教学基本策略[M]. 福州:福建教育出版社,2014.

[16] 黄瑾．幼儿园教育活动设计与指导[M].2 版．上海:华东师范大学出版社,2007.

[17] 莫源秋,韦凌云．幼儿教师实用教育教学技能[M]. 北京:中国轻工业出版社,2012.

[18] Eva L. Essa,幼儿早期教育导论[M]．马燕,马希武,王连江,译.6 版．北京:中国轻工业出版社,2012.

[19] 布鲁克菲尔德．批判反思型教师 ABC[M].,张伟,译．北京:中国轻工业出版社,2002.

[20] 苟增强．城乡统筹发展视域下学前教育人力资源配置的现状分析——基于 C 市的调查数据[J]. 沧州师范学院学报,2021(02).

[21] 宁珠珠．心理契约视角下乡村幼儿园教师队伍建设及稳定措施分析[J]. 国际公关,2020(09).

[22] 刘云艳．幼儿园教师的需要调查及启示[J]. 西南师范大学学报(哲学社会科学版),1995(04).

[23] 刘雅琴．当好幼儿园教师发展的引领者和服务者[J]. 新课程(下),2012(06).

[24] 张玉艳,仓素英,姚芳．农村幼儿园教师的素质亟待优化[J]. 幼儿教育,1994(12).

[25] 李丽．职前职后协作培养卓越幼儿园教师的探索与实践[J]. 内蒙古教育,2019(08).

[26] 韩珊,孔露,罗学梅．乡村幼儿园教师科研素养现状与提升策略研究——基于四川省广元市 375 名乡村幼儿园教师的问卷调查与分析[J]. 四川职业技术学院学报,2020(06).

[27] 阳德华,韩莹．农村幼儿园教师专业发展需求的现状及对策研究[J]. 贵州师范学院学报,2020(08).

[28] 贾云．幼儿园教师情绪劳动与专业发展关系研究[J]. 陕西学前师范学院学报,2020(12).

[29] 李志英．幼儿园教师地方文化素养的内涵、价值与培养[J]. 学前教育研究,2021(01).

[30] 王海燕,李淑君．教师资格"国考"对高师职前教师培养的启示——以学前教育专业为例[J]. 陕西学前师范学院学报,2018(11).

[31] 王文乔．贵州高校学前教育本科生试讲中存在的问题[J]. 学园,2015(14).

[32] 郭丽．高师学前教育专业学生教学技能培养的现状思考[J]. 考试周刊,2013(31).